系统优化与能源管理创意系列丛书

综合能源服务运营模式及风险管理

喻小宝　编著

上海财经大学出版社

图书在版编目(CIP)数据

综合能源服务运营模式及风险管理/喻小宝编著．—上海：上海财经大学出版社，2021.11

（系统优化与能源管理创意系列丛书）

ISBN 978-7-5642-3849-0/F・3849

Ⅰ.①综… Ⅱ.①喻… Ⅲ.①能源经济-服务市场-商业模式-运营管理-研究 Ⅳ.①F407.2

中国版本图书馆 CIP 数据核字(2021)第 164297 号

□ 策划编辑 王永长
□ 责任编辑 杨 娟
□ 封面设计 贺加贝

综合能源服务运营模式及风险管理

喻小宝 编著

上海财经大学出版社出版发行
（上海市中山北一路 369 号 邮编 200083）
网 址：http://www.sufep.com
电子邮箱：webmaster@sufep.com
全国新华书店经销
江苏凤凰数码印务有限公司印刷装订
2021 年 11 月第 1 版 2021 年 11 月第 1 次印刷

710mm×1000mm 1/16 13 印张 212 千字
定价：65.00 元

序　言

2014年4月，国务院总理李克强在新一届国家能源委员会首次会议上，阐述我国未来能源清洁、高效、安全三大方针。2015年3月5日，李克强总理在十二届人大三次会议上提出“互联网+”行动计划。李克强总理为我国开展综合能源服务提出了新的愿景，而且在2019年3月召开的两会上，全国政协委员蓝闽波提出：“目前，我国能源生产消费领域技术水平快速提升，综合能源服务产业方兴未艾。”

目前我国正处于推进综合能源发展和电力改革的重要时期，综合能源服务运营模式探索是度过这一时期的关键方式。综合能源里面拥有煤炭、水能、天然气等一次能源，以及电力二次能源、交通网等。综合能源管理模式中电力用户不仅是能源的消费者，同时也是能源的生产者，各类用户的行为特性将对电网的规划、建设、运营、相关政策制定以及用户与电网的互动方式、商业模式等产生影响。通过多类型能源网络和交通运输网络高度整合与互联互通，实现对能量流快速精准地控制，同时为用户提供定制化服务通过各种网络和储能等技术将各种各样的能源需求，最大限度地达到协调互动、优化配置和消纳利用可再生能源。

本书通过两个部分的论述来分析综合能源系统管理模式。第一模块，首先介绍综合能源服务的基本模式和发展历程、国内外综合能源系统实施现状，提出主要的几种综合能源服务运营模式，进而开展多种考虑不同要素的综合能源管理模式，包括嵌入清洁能源、考虑能源转换效率、考虑需求响应、考虑储能系统，并进行了应用分析，为读者提高可理解性；第二模块，重点开展综合能源管理风险分析，包括考虑条件风险价值的跨区域综合能源系统管理模式研究，以及运营主体信用度风险评估研究，这里重点以售电公司为对象开展风险评估，从而为各利益主体降低运营风险提供理论支撑。

感谢上海市哲学社会科学规划课题《电力市场环境下交易模式评估及市场主体信用度评估体系研究》(2018EGL005)与《长三角一体化发展背景下的跨区域电力市场交易机制研究》(2020BGL032)的资助。

喻小宝

2021 年 9 月 4 日

目 录

第一章　综合能源发展概述

第一节　什么是综合能源

一、综合能源系统

综合能源系统(Integrated Energy Systems,IES)是指各能源子系统在规划、建设和运行过程中,对各类型能源的产生、传输与分配、转换、存储、消费等多环节进行有机协调与优化后所形成的产—供—销一体化能源系统[1-2]。但理论上讲,综合能源系统并非一个全新的概念,长期存在着不同能源形式的协同优化情况,如冷—热—电联供发电机组(Combined Cooling Heating and Power,CCHP)通过高、低品位热能与电能之间的协调优化,从而提高燃料的综合利用率;冰蓄冷设备(Ice Storage Device,ISD)协调电能和冷能(或者热能),从而实现削峰填谷的目的。本质意义上,上述 CCHP 和 ISD 都属于局部的综合能源系统,满足了局部各类用户的用能需求[3]。然而,按照区域供能跨度,可以将综合能源系统分为跨区级、区域级和用户级三个类型,具体如下所述:

(1)跨区级综合能源系统(Inter-regional Integrated Energy System,IIES)连接了多个区域级 IES 与能源产地之间的能源传输系统,并以大型输电、输气等系统作为骨干网架,具有远距离能源传输等作用。同时,热力网络由于受制于就近供需特点和传输延时特性,一般仅在局部小范围内传输,所以在 IRIES 研究中一般不考虑热力联网。不同能源系统之间的互动受制于地缘政治、市场管理等因素。

(2)区域级综合能源系统(Regional Integrated Energy System,RIES)主要

指城市内部或者多个城市之间的各类型能源分配、转换和存储系统。一般情况下，RIES 由输配电系统、中低压天然气系统、供热/冷/水系统等供能网络耦合而成。电、气、热能源系统之间存在较强耦合，起到能源传输、转换与分配、平衡的“承上启下”作用。

(3)用户级综合能源系统(User-level Integrated Energy System，UIES)主要指楼宇建筑或工业园区内的电、气、热/冷等各类能源的供应系统。包括智能用电系统、用气系统、分布式/集中式供热系统等网络耦合而成，因能源转换(如 CHP、P2G、燃气锅炉等)、存储(如储能电池、电动汽车、储热罐等)等设备的广泛存在，不同能源网络间存在深度耦合。

此外，园区综合能源系统隶属于用户级，包含了工厂、住宅、商业建筑等用能单元的聚集体，如苏州工业园区、中关村科技园区、厦门国家火炬高技术产业园区等等[4]。然而，园区综合能源系统的核心依然在于各能源子系统的协同优化，且各类园区表现出明显的特点，即自然资源不统一、气候条件不相同和地形地貌不单调，促使不同园区主导的能源类型也将随之变化。

二、综合能源服务

目前对综合能源服务尚无统一的定义。从能源产品的综合、服务方式的综合、服务内容的综合对综合能源服务进行了定义。定义了综合能源系统，认为综合能源服务至少需要考虑以下几个因素：国家能源发展方针与政策；能源“产供销用”的价值流；能源的管理、技术、经济和市场；能源服务对象与模式。

鉴于上述因素，给出综合能源服务的定义如下：综合能源服务是围绕国家和政府的能源方针和政策，以实现“清洁、科学、高效、节约、经济用能”为宗旨，通过综合能源系统，为用户供应综合能源产品和/或提供能源应用相关的综合服务。

上述定义中：

(1)清洁用能包含可再生能源的开发、清洁能源的利用、传统化石能源的清洁化利用；科学用能指能源的梯级利用、能源的科学管理；高效用能指通过先进的技术、管理方法和手段，提高能源开发、转换、使用效率；节约用能指能源使用过程中减少不必要的能源浪费，使能源应用于必要的场合和时间；经济用能指政府可以通过经济手段或市场化的手段促进企业清洁用能、科学用能、高效用能和节约用能，企业通过采用先进的技术和管理，减少用能成本，获得经济效益。

(2)综合能源系统是具有各类能源存储、相互转换并为用户提供所需种类能源的能源系统及其相关的信息通信等基础设施。典型的综合能源系统一般可由分布式能源、供电、供气、供暖、供冷、储能及其能源控制和管理信息系统等组成。

(3)客户主要指政府、企业、公共事业部门、科研院所等,包括能源开发和生产、能源输送及供应与销售、能源使用单位等(如电网公司、工业和商业企业等)。能源领域不同的对象,对能源关心的角度不同,例如:可再生能源发展初期,开发商比较关注国家可再生能源鼓励政策;电网公司比较关注大规模和分布式可再生能源发电对电网安全可靠运行的新要求;政府比较关注能源的宏观管理,关心能源消费总量和消耗强度的控制;用能企业比较关注能源在产品中的成本。因此,综合能源服务应细分客户,针对不同的对象、行业等制定不同的服务策略、内容。

(4)综合服务涵盖能源管理、技术、经济、市场等方面。方式可以是咨询、委托运维、合同能源管理、项目总承包等。

第二节　综合能源的发展历程

一、综合能源系统

综合能源系统作为能源变革情形下的全新产物,所包含的各能源子系统、信息化关键技术和市场运营模式[5—6],均得到了巨大的发展。现阶段,在我国出台的相关促进政策、规章制度和市场化改革条件下,以时间作为横轴,呈现运营服务模式作为纵轴,将发展过程大致分为三个阶段[7],具体如图 1—1 所示。

(一)能源本身互联阶段

近期:第一阶段是产业园区能源自身的互联阶段,以电力系统为中心,多类型能源网络物理上实现互联互通,实现横向角度的多能互补[8]。大力推动产业园区综合能源系统试点和示范工程,因地制宜、积极建设一批不同规模和类型的试点和示范工程,推动综合能源信息基础设施的建设,包括园区综合能源系统智能化能源生产消费基础设施、信息通信基础设施以及多能协同综合能源网络建设。与此同时基本完成机制制度的准备。

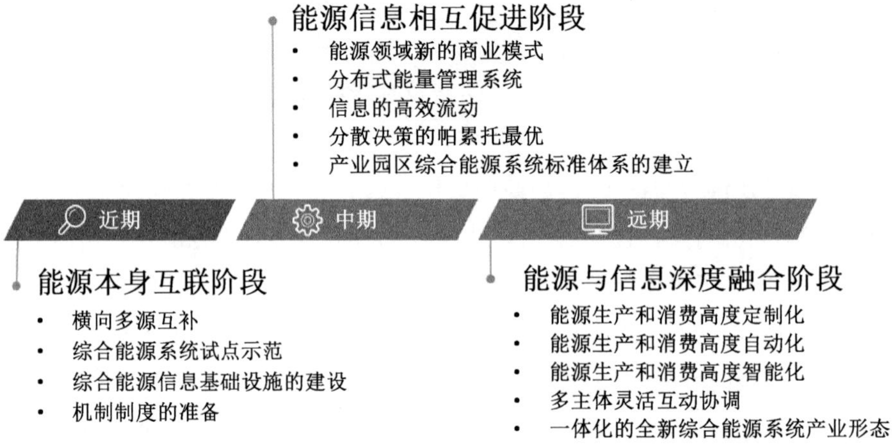

图 1—1　综合能源系统发展各个阶段

（二）能源信息互相促进阶段

中期：第二阶段是产业园区综合能源系统能源基础设施和信息基础设施互相促进的阶段，信息引导能量，同时能量实现价值提升。一方面，互联网深度应用促进产业园区综合能源系统产生新的商业模式，形成第三方综合能源服务和能源金融等一批新型业态[9]；在另一方面，分布式能量管理体系形成，信息的高效流动使分散式决策代替了集中式决策的全局系统优化，实现产业园区综合能源系统资源配置的最优。与此同时，产业园区综合能源系统标准体系逐步建立，形成一批关键技术规范和标准。

（三）能源与信息深度融合阶段

远期：第三阶段是产业园区综合能源系统的能源基础设施和信息基础设施的深度融合，能源生产及消费各环节达到深度自动化、智能化和定制化，能源系统多参与主体之间，并实现灵活协调和互动，产业园区综合能源系统多形态、规模化发展，形成新型综合能源系统产业格局，园区综合能源系统产业体系基本完善，成为经济发展和增长的重要动力。并形成比较完善的产业园区综合能源系统市场机制，建成统一开放的现代能源市场体系；形成开放、共享的产业园区综合能源系统生态新环境，整体能源利用效率明显提高，可再生能源比重占主导地位，公众参与程度大幅度提高，为能源生产和消费革命提供有力支撑。

二、综合能源服务

国家和政府的能源发展方针与政策一般从能源安全、能源的可持续发展、能源及其排放的市场化等出发，确定今后一段时期能源发展的目标，是能源领域“安全用能、可持续用能、价值用能”的行动纲领和指南。以下简要介绍欧盟、美国加州和浙江省的能源方针和政策。

欧盟在 2008 年第一阶段气候和能源一揽子计划取得很大进展的基础上，于 2014 年 1 月 22 日在比利时首都布鲁塞尔签订了欧盟 2020—2030 年气候和能源政策框架，框架确定了至 2020 年温室气体排放减少 20%、可再生能源份额达到 20%、能效改进 20%(即 2020 年“3 个 20%”的目标)及电网实现 10%互联；至 2030 年温室气体排放减少 40%、可再生能源份额达到 27%、能效改进 27%及电网实现 15%互联的目标(以 1990 年为基准)。并加强了对一次能源消耗总量、终端能源消耗总量、排放等的监视。

2015 年美国加州参议院签署了第 350 号法案，确定了至 2030 年加州将实现：温室气体排放减少 40%(以 1990 年为基准)、电力生产中可再生能源发电份额增加至 50%、能效提升 1 倍、鼓励广泛使用电动交通。

自 2014 年浙江成为我国第一个清洁能源示范省以来，持续开展能源消费总量控制、能源结构优化和节能减排工作。《浙江省能源发展“十三五”规划》中提出：到 2020 年，全省能源消费总量控制在 2.2 亿 t 标准煤以内，“十三五”时期年均增长 2.3%；全社会用电量达到 4 220 亿 kW·h，“十三五”时期年均增长 3.5%。到 2020 年，全省非化石能源、清洁能源、可再生能源(含省外调入水电)和煤炭占一次能源消费比重分别达到 20%、31.9%、12.5%和 42.8%；供热用煤占煤炭消费比重 85%以上；天然气消费比重达到 10%左右。到 2020 年，全省一次能源生产量达到 3 226 万 t 标准煤(全部为非化石能源)，年均增长 11.9%，其中，可再生能源 1 805 万 t 标准煤。到 2020 年，单位地区生产总值能耗下降指标达到国家要求，单位能耗水平保持在全国前列，能源领域单位地区生产总值碳强度达到国家要求。

三、综合服务管理

(一)能源管理

综合能源服务除了要加强能源开发、输送和供应等项目及其资产的管理，更要注重服务用能企业（特别是高耗能企业）科学能源管理体系的建立，政府要出台政策鼓励企业采用高效能源管理体系。根据对企业的调查，发现与发达国家相比，国内政府与企业缺乏对能源管理的重视，多数用能企业未建立有效的能源管理体系。指出实施能源管理后的前 2 年即可降低成本 5%～15%。澳大利亚政府 EEO（能效机遇）项目，是针对大型高耗能企业开展的强制性项目，要求企业根据详细的评估框架（类似于能源管理体系）开展能源评估，每年公开报告已识别的和已实施的能效机会。政府部门在技术专家的支持下，核实企业对评估框架的符合程度以及公开报告的准确性。企业不一定必须采用认证审计员，但必须证明自身采用了具有相应专业知识和经验的人员，这些人员可在公司内部或外部挑选。能效机遇项目不强制企业采取节能措施，亦不要求企业预先设定能效目标。DAIEE（丹麦工业能源效率协议）是自愿协议，参与企业必须按照欧洲标准 EN16001 建立能源管理体系，并由外部认可的认证机构进行认证。如果企业参加并且遵守自愿协议，可享受碳税减免待遇。

（二）能源技术

除了要将可再生能源大规模开发、远距离输送与分布式开发、就地使用相结合，进一步加强综合能源系统、可再生能源、分布式发电等技术的研发，更要大力推广并促进清洁能源利用与能源梯级相结合的技术。特别是在终端燃煤锅炉替代方面，可根据具体生产工艺用能特点和用能需求，推广小型/微型的分布式、以清洁能源为燃料、以热定电的（冷）热电联产技术。要加快中小型/微型热电联产机组的国产化研发。同时，要加强用能终端典型用能系统（如压缩空气系统、过程加热系统、风机/水泵系统、蒸汽系统）能效诊断技术的研发与推广，大力推广应用高能效设备。

（三）能源经济

能源产业是一个高科技、高资金投入、高风险和高回报、回收期较长的产业。这“四高一长”的特点决定了能源产业的发展需要全社会资本的支持。综合能源服务则要根据这些特点开展能源金融服务，如能源市场预测、投资分析、技术经济比较、国家能源政策和金融咨询服务等。

（四）能源市场

综合能源服务要关注能源价格并预测其发展趋势，分析其对能源供应、企业用能成本等的影响，同时要通过排放交易市场使企业用能排放成本最小。

第三节　综合能源管理模式

电力市场化改革的一个重要趋势是传统垂直体系下的电力企业业务逐步被拆分，借鉴欧美等市场化改革较早的国家经验，在被拆分后，各能源企业包括电力企业，开始在市场机制下进行横向整合，例如德国莱茵集团、苏格兰电力等大型公用事业企业，提供的能源和服务不再局限于某一个领域，而是提供多种能源与相关服务。2009 年，中国国际经济交流中心智能能源研究组提出了“智能能源网”的构想，这是一种与综合能源管理相类似的构想，通过信息化系统，实现各能源网的调峰、储能等功能，实现各种能源的智能互动架构。

多能源的综合管理是信息化技术不断发展的重要趋势，在传统能源系统基础上，通过新能源并网、信息化技术等，在一定程度上实现技术与管理的融合，并产生协同效应，实现降低成本、提高效能、减少篇幅、提升服务等目的。综合能源管理系统是以大数据、能源互联网等为支撑的大型开放式能源管理服务平台，采用分层分布式结构，通过综合管理中心，结合各种负荷需求情况，对多种能源的生产、转换、消费等信息进行智能化处理，从而实现对整个能源系统的监控与管理。

一、系统特点

一般而言，综合能源管理系统具有以下几个特点：

（一）创新能源生产模式

以化石能源消耗最小、能源总效率最大为目标，通过对传统单一能源的综合管控，优化能源间的互补转换效率，并通过实时监控和预测，统筹各类能源之间的优化配置方案。

（二）创新消费模式

以用户为中心，充分注重用户的用能及服务需求，实现用户间的互补，结合移动互联网，为能源供应服务商和用户之间创造双向互动平台。为用户提供例如用能建议、查询等人性化服务，让用户通过灵活的价格机制，主动地参与到能源管理中，享受到更加经济、优质、舒适的能源服务。

（三）实现能源供需互动

在动态能源价格机制下，充分发挥储能装置、电动汽车等的负荷调节功能，在电力需求低谷储存电能，在用电高峰售电获取经济效益，实现电力系统负荷的灵活调节。

二、管理模式

（一）总管模式

电、热、冷、气的调度与运行由能源管理平台统一管理，所有终端设备采集的数据都直接发送给能源管理平台，同时能源管理平台可以直接遥控、遥调所有的终端设备。

（二）协管模式

电、热、冷、气的调度与运行由各自分管部门负责管理，所有终端设备采集的数据发送给各分管部门的数据中心，由各单位的管理中心遥控、遥调所有的终端设备。各数据中心与能源管理平台建立专网通道进行通信，能源管理平台接收各个分管部门数据中心转发的数据，根据接收的数据进行分析计算，实现能源管理功能。

（三）复合模式

能源管理系统也可以采用总管与协管相结合的复合模式运行。这种模式依据当前实际，可以把具备政策和技术条件的能源行业或区域进行总管，不具备条件的进行协管，同样可以实现能源管理的全部功能。

1. 系统平台

系统平台由总线、平台基础服务、治理及运行开发环境三部分组成。

2. 全景数据中心

全景数据中心以统一模型、图形和实时运行数据为核心内容，以统一编码规范为先导，以模型标准为参考，进行电、热、冷、气等相关能源数据的汇集和整合，消除冗余和不规范的信息，形成一个面向全局的、统一的、标准的数据中心。

3. 基于数据中心及总线的专业应用

综合能源管理系统的建设以信息多维度分析和跨专业业务整合为两大切入点，设计开发一系列满足业务需求的基于全景数据中心和实用化业务的应用，主要包括数据整合存储及服务，技术数据分析的综合监控、定制化分析、有效性分析、关联分析等，数据管理和数据安全方面也进行了相应的开发工作。

4. 可视化综合展示

可视化综合展示主要涵盖系统监视、综合展示、业务整合三大部分内容。

系统监视主要侧重于对一次、二次运行状况的智能分析及故障处理；综合展示主要侧重于全景状态、综合分析结果、决策结果的展示等；业务闭环管理部分主要侧重于梳理各专业的信息、流程，实现跨专业的信息及流程整合。

5. 分布式总线规划

系统建设以分布式总线方式建设，通过总线实现横向多业务系统的互联、纵向多级能源管理系统的贯通。

三、商业模式

在综合能源管理的推动下，会催生一些新的产业链，结合传统产业发展，组合出新的商业模式。同时，在综合能源管理的背景下，能源开发与利用方式发生变化，更多以分布式能源模块和集中能源模块相结合的模式，在子模块自平衡的基础上，实现各类模块的协调互补，达到协同优化供需侧能源利用效率的目标。本节提出三种具有代表性的商业模式，包括“物联网＋”“互联网＋”和“能源＋”三类，分别对三类商业模式及关键技术进行分析。

（一）“物联网＋”商业模式分析

“物联网＋”商业模式是针对当前电力设备制造行业发展问题的解决方案之一，在综合能源管理背景下，为设备制造产业带来新机遇[10]，主要分为四个层面：第一，装备研发层面，加大新型电量计量设备，实现多表合一、能量网关和智能传感等；第二，融资租赁层面，优化配网、微网投资策略，增加 PPP 投资模式，实现电网投资效益最大化；第三，用能服务层面，在传统电能服务基础上，增加远程服务，提高服务质量，以此为依据完善设备管理和能效管理流程；第四，数据银行层面，在综合能源管理背景下，结合大数据基础，增加能耗分析，实现节能挖掘、数据增值的目标。

“物联网＋”商业模式涉及产业主要可以分为六类，包括：新能源产业、储能产业、电动汽车产业、电力设备产业、节能产品和智能装置研发等。

第一，新能源产业模块。

在综合能源管理与我国能源改革的大背景下，新能源发展进入了利好时期，一方面，政策大力支持，财政补贴增加；另一方面，新能源发电技术不断成熟，促进了发电成本的逐步降低[11]。与此同时，我国承诺：2020 年非化石能源占一次能源消费比重将达到 15%，单位 GDP 排放二氧化碳较之 2005 年下降 40%～45%。由此可见，在内外部环境均有利发展的前提下，新能源产业是当前电力商业模式中重要发展模块之一，主要包括四类新能源发展：第一，风力发电模块，鼓励政策长期存在，不断实现规模化发展，海上风电发展迅速，造价成本持续下降，而上网电价趋于稳定，这些优势为风电模块发展奠定基础；第二，太阳能发电模块，规模化应用启动，晶体硅趋于主流，成本以每年 10%持续下降，塔式、碟式趋于主流发展，这些趋势变化为太阳能发电模块发展带来优势；第三，生物质发电模块，激励政策长期存在，技术进一步成熟，多元化、直燃、混燃、气化趋势明显，从而为生物质发电模块发展提供良好环境；第四，分布式发电模块是此次电力改革重点之一，提出离网式风—光—储系统和并网式风—光—储系统，光伏建筑一体化和冷热电三联供成为主流趋势，奠定了分布式发电模块发展基础。

第二，储能与电动汽车产业模块。

储能技术已在微网与分布式发电、电力辅助服务、用户侧需求响应及电动汽车车电互联四个领域实现商业化[12]。尤其是在综合能源管理格局下，储能将扮演能源芯片的关键角色，实现能源系统的数字化，辅助能量管理，实现电网的最优运行。未来在储能与电动汽车产业，价格的逐年降低，形式多样化发展，寿命进一步延长，性能不断提升，成为未来发展趋势。完善产业结构，加大政策支持，放开市场机制，为产业发展提供了路线。

第三，智能传感产业模块。

智能传感产业是综合能源管理发展的设备基础产业，综合能源管理关键数据采集传感装置主要包括五种类型：①多表集抄，涉及水电气热集抄；②虚拟计量，用于 VPP 项目的虚拟交易量计量[13]；③能效计量，用户 EPP 项目的能量计量与能效考核；④智能控制，主动需求响应与考核指标校准；⑤能量路由，带有本地控制策略的能量网关，负责本地用能信息采集与处理。目前，智能传感产业相关设备的生产在市场中存在较大空缺。

(二)"互联网+"商业模式分析

"互联网+"商业模式是综合能源管理背景下最具代表性的电力发展模式，将能源发展与互联网技术相结合，催生新兴产业和新兴模式[14]，主要包括五类：

电能服务、数字电力、数据服务、信息集成和金融服务。其中，信息集成为电网企业提供信息服务，金融服务为企业提供 PPP 等金融业务支撑，数据服务为用户提供数据增值服务以及数据存储、云计算等基础服务，数字电力提供新能源＋智能化的电力产品，电能服务协助用户参与电力交易。

第一，电能服务产业模块。电能服务产业被称为能源界的“第三产业”，主要对水、电、热、气等能源消费，采取设备托管、负荷托管、电费托管、能源托管和虚拟调度等措施，实现智慧用能。电能服务群体面很广，主要面向需求侧用户，包括企业用户、高新园区、中小用户和能源公司等。电能服务产业模块为综合能源管理的关键产业链提供了支撑，对设备制造、节能改造和 PPP 金融等提供了良好的平台。

第二，数据服务产业模块。数据服务产业模块是综合能源管理与大数据背景下共同催生的一个新型模块，通过积累高质量和有价值的数据，形成数据资产，在管理决策中致力于数据价值的发现，构建海量数据计算系统，提供生产级数据应用，在数据运营基础上与伙伴、客户分享数据价值，提升获取数据的能力和效率。

能源大数据在政府、发电、电网和用户四个主体均有所价值发现，第一，在政府层面，进行社会经济状况分析与预测，以及相关政策制定与决策支持；第二，在发电层面，实现新能源发电功率预测与智能控制，提高发电层最优运行效率，核算发电与储能最优经济配比，制定最优发电计划；第三，在电网层面，实现电网资产精细化管理，新能源并网控制与智能电网调度，管理含分布式能源的双向电网运行，以及对配电网设计与发展规划制定；第四，在用户层面，分析用户用电行为和能量预测，制定有针对性的用户精细化个性营销方案。

以电网公司典型大数据应用为例，从六个环节展开：第一，在用电采集方面，国家电网公司已在 27 个省公司部署，累计实现采集覆盖用户数 2.42 亿户，每年数据增量超过 200TB。第二，在营销系统方面，包括客户基础档案、业扩报装流程、每月抄表核算、收费账务、分布式电源等几类信息数据。第三，在客户服务方面，网站、移动 App、微信、短信等电子渠道协同运营，有大量外部用户服务与监控数据。第四，在电能服务方面，DSM 目标责任考核、有序用电管理、需求响应、售电市场分析、节能服务业务管理、用户用能、客户档案、电量电费等数据。第五，在 GIS 系统方面，电力设备设施、电网运行状态、电力技术、生产管理等多种信息数据。第六，在天气预报方面，在配电环节，可服务于新能源功率预测和母线负荷预测等；在用电环节，可服务于智能微网管理等领域。

（三）“能源＋”商业模式分析

综合能源管理核心理念涵盖了新能源、储能、电动汽车、信息化等关键部分，其潜在商业模式可从设备制造、信息化、市场化、电网构建等角度出发进行深度挖掘。其中，“能源＋”商业模式主要围绕四个中心，即设施、交易市场、微网和聚合器，不同中心存在多种电力商业模式。

第一，电力交易产业模块。电力交易产业模块是综合能源管理核心模块之一，电能作为能源互换的标准类型，电力交易产业链的完整性关乎整个综合能源管理的发展。以电力交易为核心，在能源供给侧和需求侧均采用市场竞争的方式，提高供给侧效率和需求侧效率。其中，需求侧管理产业涉及设备制造基础产业和节能服务配套产业。电力体制改革为电力交易模式创新提供了可能性，交易模式打破以往常规的电网公司唯一的购售载体（不考虑地电），新电改环境下会出现多种交易模式，尤其是独立售电商的出现，例如批发市场中的双边交易和集中交易、零售市场中的售电商之间的交易、分布式电源用户参与市场交易等。这些新电力交易模式的出现为“能源＋”商业模式的发展奠定了基础，为相关主体提供了商机。

第二，智能微网产业模块。综合能源管理神经末梢产业链覆盖范围广泛，智能微网以自给自足为目标，以能量管理为核心，主要覆盖的商业模式[15－16]包括：微网规划建设、运营管理、能源服务、增值服务等。例如在微网环境中，可以促进电动汽车与可再生能源的有机集成，一方面可再生能源发电为电动汽车降低对化石燃料的依赖，另一方面电动汽车可以协助解决可再生能源的间歇性问题。云中心覆盖的商业模式包括：运行数据分析、金融支持业务、智慧用能服务、能效监控评估等。电力交易中心涉及的商业模式包括：电能销售业务、需求响应结算、个人信用评估等。例如智能微网下 BOT-CO 双效模式组合，通过整合电力建设、运营、传输和维护多方面，以云中心和交易中心为中枢，实现电力多环节有机集成。BOT-CO 双效模式是由 BOT 建设模式和 CO 建设模式通过电力流、信息流进行贯通，以电力传输为枢纽，以微网建设为平台，进而实现微网信息全覆盖的一种模式组合。该模式不同于以往常规微网模式，它将微网周边技术、衍生品、信息进行有机结合，全过程考虑电力流和信息流的走向，这些都体现出能源互联的价值，为综合能源管理在微网领域的发展提供了良好的技术平台。

第三，虚拟发电厂模块。虚拟电厂模块是综合能源管理在需求侧的一个重要手段，能够实现平缓负荷曲线，提高负荷率，提高能源利用效率[17]。例如区块链技术在虚拟电厂中的应用，从源端看可建立基于区块链技术的调度系统，同时提供电力辅助服务，从网侧看有利于传输能量的准确计量和合理分布，从荷端看能够促进负荷侧深度参与能源系统的互动，从储能侧看能充分调动储能设备参与调度的积极性。虚拟电厂设计四个层次：一是智能微网层，将本地发电与负荷预测结果上报云端，按照 DER 自身特点制本地策略，并根据大数据行为分析与特殊情况的专家经验辅助；二是电网调度层，构建输配电网能量管理体系，核定 VPP 交易边界与成本，确定交易电量，按照发电计划考核 VPP 并计算惩罚系数；三是电力交易层，提供可交易电量与调峰调频辅助，着重电力交易日前市场；四是云中心层，利用节点发电与负荷预测汇总与优化，交易量申报与电价核准，形成可用发电计划并提交电网调度中心[18-19]。

第二章　综合能源系统实施现状

第一节　国外综合能源系统实施现状

一、欧盟 ELECTRA 示范项目

（一）项目概况

欧盟 ELECTRA 示范项目的主要目标是充分、高效、规模化地利用可再生能源。该示范项目以欧洲智能电网的稳定运行为立足点，结合不同规模、不通电压等级的电网特点，从多个方面进行示范项目的建设。

（二）项目主要措施

在欧盟 ELECTRA 示范项目中，传统的集中控制被抛弃，取而代之的是分层分布式的控制策略。该项目提出"网元互联"的概念，网元定义为包含分布式能源、储能单元和主动负荷的既定区域。网元互联的基本结构如图 2－1 所示，不同网元之间的相互联系、能源流通有利于各种分布式能源的接入、消纳以及就地平衡[20－21]。

该项目主要从运行控制方面、三联供系统层面、中压网络层面、用户层面、储能方面和电力市场配套机制方面推进项目落地。主要措施如表 2－1 所示：

- 在项目的运行控制上，采用"网元互联"的方式，对项目进行分层、分区域的控制，克服集中控制的不足；
- 对于三联供系统，优化冷热电三联供系统的部件匹配和参数匹配，达到不同运行工况的多目标优化；
- 对于整个系统中的中压网络，主要包括其电压的控制和频率的控制；

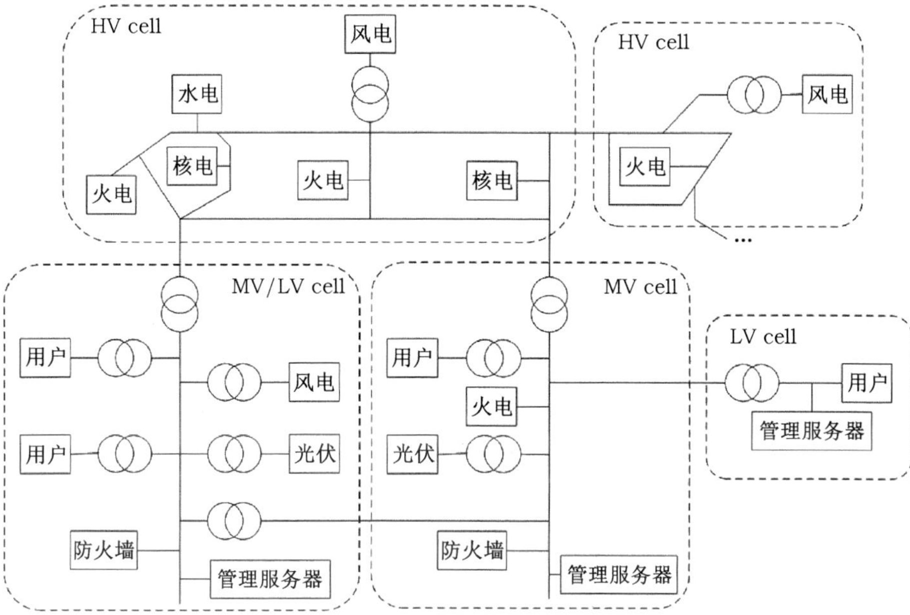

图 2—1　网元互联基本结构示意图

- 对于用户侧，结合建筑物的冷、热、电的符合规律和供能设备的运行状况转换相应的供能方案；
- 对于储能环节，主要是通过需求侧管理，使储能单元配合分布式能源的特性，将储能与分布式能源协调、综合优化，促进分布式能源的消纳，同时实现削峰填谷、节能减排；
- 电力市场机制主要是为项目的推进提供基础和保障，配套的电力市场激励机制有利于促进新技术的应用、促进可再生能源的消纳。

表 2—1　　欧盟 ELECTRA 示范项目主要措施

序号	主要方面	主要措施
1	运行控制方面	建立网元互联，实现分层分布式控制
2	三联供系统层面	多目标优化系统部件和参数匹配
3	中压网络层面	着重电压控制、频率控制
4	用户层面	结合用户特征和设备状况进行方案切换

续表

序号	主要方面	主要措施
5	储能方面	配合分布式能源,实现综合优化
6	电力市场配套机制方面	制定激励机制,为项目推进提供保障

二、欧盟 E-DeMa 示范项目

(一)项目概况

E-DeMa 是欧盟智能电网计划的项目之一,该项目的主要目标是建设具有高渗透率的分布式能源社区。该项目将多个主体有机整合到一个系统中,进行虚拟的能源交易。交易主体主要包括能源供应商、设备运营商、能源销售商、用户等,交易内容主要包括电量和备用容量等[22-23]。

(二)项目主要措施

在 E-DeMa 项目中,能源的输送、配置、控制、协调等是通过智能能源路由器实现的。如图 2—2 所示,智能能源路由器连接供电端和用电端,起到用电智能监控作用,实现需求响应,通过智能调度合理安排分布式能源向电网和社区用户的供给。

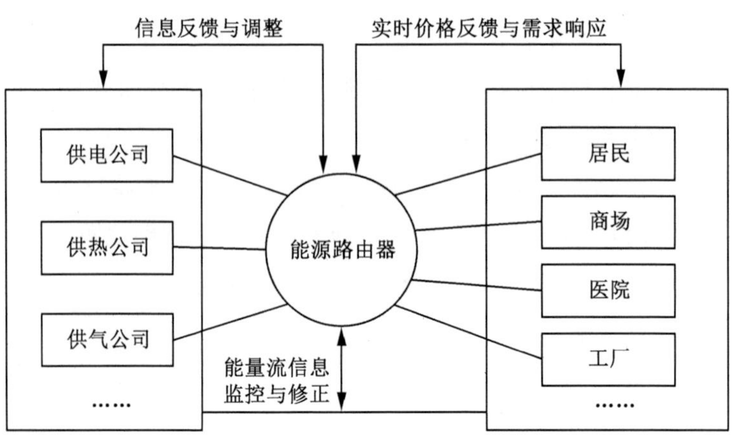

图 2—2 智能能源路由器原理示意图

智能能源路由器主要包括智能电表和逆变器等组件。一方面,从供能侧到用能侧，智能能源路由器会结合供能端供能情况和用户端负荷情况，选取最优的能量传输路径。当智能能源路由器接收到能量，其会对网络承载和用户负荷进行重新计算，根据实时的最新状况重新分配能量传输发送的地址。另一方面，从用能侧到供能侧，智能能源路由器能够帮助用户了解不同时段的电价差值，从而达到节约用电的效果。

在规模较大、结构复杂的能源网络中，使用智能能源路由器有利于提高整个能源系统的运行效率，同时提高系统的可靠性。

三、英国曼彻斯特示范项目

（一）项目背景

曼彻斯特能源消耗可观而可再生能源占比很少。据统计，曼彻斯特的能源消耗主要集中在电力消耗和家庭取暖上，每年在能源上消耗超 2 亿英镑。而曼彻斯特高度依赖于传统的化石燃料，化石燃料占能源消耗的绝大部分，仅有 3%为可再生能源，另外，电网损失能量在 5%～10%左右[24]。

基于以上能源问题，曼彻斯特大学对综合能源系统进行了研究。在综合能源系统的规划和运行研究中，曼彻斯特大学构建了综合能源电—热—气—水系统与用户交互平台，取得良好的效果[25−26]。

（二）项目主要措施

该项目旨在有效满足能源用户的电力、燃气和区域供暖需求，如图 2—3 所示，综合能源电—热—气—水系统与用户交互平台主要从 3 个方面整合了曼彻斯特能源系统，分别为能源利用模式、能源节约策略和需求响应。

曼彻斯特示范工程的主要措施如表 2—2 所示：

- 针对能源利用模式，该平台旨在实现能源的梯级、高效利用。主要通过不同种类能源之间的转换，如余电和余热的转换，促使各类能源的充分利用。
- 针对能源节约策略，该平台旨在促进能源之间的综合协调。主要通过发展区域范围内的分布式冷—热—电联供技术，实现冷、热、电的综合开发、综合供给，实现三种能量流的耦合、协调和平衡。
- 针对需求响应，该平台旨在通过需求侧的管理实现削峰填谷。主要构建了集成用户监控终端，采集用户各类用能信息，构建包含多种能源在内

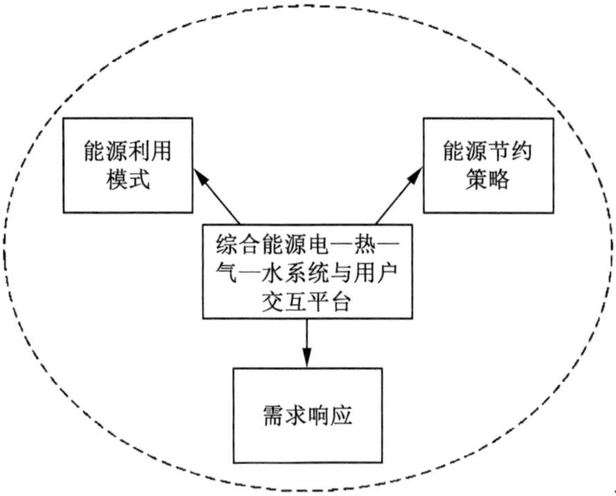

图 2—3　曼彻斯特能源系统示意图

的需求侧管理平台。结合能源系统中能源利用模式和能源节约策略的特点，引导用户侧调整用能，从而调整能源负荷的运行状态，实现削峰填谷。

表 2—2　欧盟 ELECTRA 示范项目主要措施

序号	主要方面	主要措施
1	能源利用模式	利用能源之间的转换实现能源梯级利用
2	能源节约策略	发展区域范围的分布式冷—热—电联供技术
3	需求响应	集成用户监控终端，调整能源负荷运行状态

四、德国朗根费尔德示范项目

(一)项目背景

能源转型是德国的重大工业工程之一，主要包括可再生能源的利用、化石能源高效利用以及多种能源综合利用三个方面。目前，德国可再生能源发电在总发电量中占的比重已达 25%以上，但尽管如此，德国的 CO_2 排放量还在增加，主要是因为用量不断增长的廉价煤炭，所以能源问题亟待解决[27]。

欧盟分布式能源实验室在智能通信与量测、分布式能源并网管理与控制等方面均进行了一系列深入的研究，取得了一定的成果。针对德国目前存在的能源问题，欧盟分布式能源实验室开发了社区能源管理系统，这一系统被应用于德国朗根费尔德。

（二）项目主要措施

该项目的核心是基于智能社区的概念，在智能社区的基础上增加了交互平台，如图 2—4 所示。在智能社区中，分布式能源、电动汽车等不同表现形式的清洁能源技术得到充分利用，通过现代通信技术、测量技术、控制技术等为用户提供优质用电服务。朗根费尔德社区能源管理系统在智能社区的理念上进一步增加了交互平台，通过此交互平台，用户能够充分参与到整个能源系统中，实现能源与用户之间信息流的充分交汇，基本原理与曼彻斯特综合能源电—热—气—水系统与用户交互平台类似。

朗根费尔德社区能源管理系统包括 3 种工作模式：用户用能成本最低模式、新能源最大消纳模式和电网支撑模式[28]。

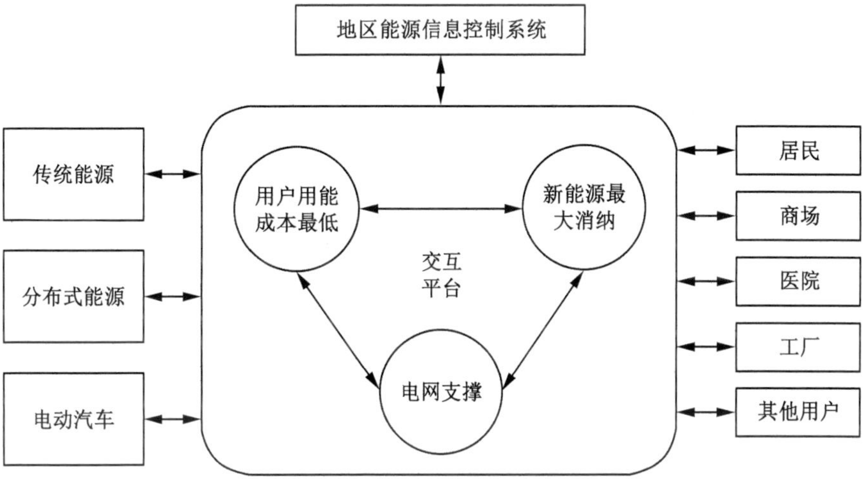

图 2—4　朗根费尔德社区能源管理系统示意图

德国朗根费尔德示范工程的具体措施如表 2—3 所示：

- 用户用能成本最低模式：目标是在满足电网安全稳定运行的基本要求下，实现社区用户的用能成本最低。在此模式下，社区能源管理系统的主要考虑因素是电网侧的实时电价、各子系统级别的“可调度负荷容量”

和“可调度电源容量”。此模式的重要特征是：各子系统用户基本独立运行，内部新能源产生的电能只在子系统用户内部流动。

- 新能源最大消纳模式：目标是在满足电网安全稳定运行的基本要求下，实现社区新能源最大消纳，进而实现社区用能的低碳化和自给自足。在此模式下，智能社区能源管理系统的主要考虑因素是电网的安全稳定运行的基本因素、子系统级别的“可调度负荷容量”和“可调度电源容量”。此模式的重要特征是：新能源由智能社区综合能源管理系统统一调度，并在各个子系统用户之间优化流动。此种模式的能源优化调度需用到上级电网（配电网）的资源，如配变、配电线路等。
- 电网支撑模式：目标是在电网需要社区提供能量支撑的情况下（例如，峰谷差大、电网电源发生故障等），社区综合能源管理系统集合社区所有的电源和可调负荷资源，对电网提供能量支撑，优化电网的运行效率，提高电网的供电能力、供电可靠性。社区可按照与电网的合约获得利润，最终分配给各个子系统用户。在此模式下，智能社区低碳能源管理系统的主要考虑因素是电网需要的能量支撑数值、各子系统内部的“可调度负荷容量”和“可调度电源容量”。此模式的重要特征是：新能源由社区综合能源管理系统统一调度，并且社区用户可能会暂时牺牲舒适度，或只保留重要负荷供电，对电网提供电力支撑。

表 2—3　德国朗根费尔德示范工程主要措施

序号	模式	目标	考虑因素	特征
1	用户用能成本最低模式	使用户用能成本最低	电网侧实时电价，可调度负荷容量，可调度电源容量	各子系统用户基本独立运行
2	新能源最大消纳模式	实现新能源最大消纳	电网安全稳定运行，可调度负荷容量，可调度电源容量	新能源统一调度，需要上级电网资源
3	电网支撑模式	提高电网供电能力和供电可靠性	电网所需能量支撑，可调度负荷容量，可调度电源容量	新能源统一调度，对电网提供电力支撑

五、日本柏叶智慧城市示范项目

（一）项目背景

日本是世界开展智慧城市建设较早的国家，智慧城市理念的关键在于信息技术的应用，倡导在各行各业中充分利用新一代信息技术，将传统的工业技术与先进的信息技术相结合，实现智慧化。日本在建设智慧城市中的出发点主要考虑自然资源贫乏、灾害频发的国情，更多注重于实现节省能源的“3E”（Energy Security，Environment，Efficiency）标准和“低碳可持续”发展的智慧化[29]。

日本智慧能源的建设起步于智能电网，日本的柏叶智慧城市已建成一定范围的社区智能电网。日本智能电网有三个特点：①智能化整合、分配、调节各类能源供给系统，实时监控、调节区域供电、用能单位的现实用能与计划用能，实现能源间的智能调节和高效利用；②以建筑太阳能、小型风能、生物质能、垃圾发电、区域储能装置等作为电力供给的重要来源，通过区域电网和电动车辆的运营，来实现对化石能源的减少使用；③建立区域的能源管理系统，充分利用现代智能技术和大数据应用，通过区域内公共建筑、商业企业建筑、居民建筑的用能计划，建立用能规划，并通过对各用能单元的实施监控和智能调度，向用户的可视化智能终端推送合理化用能建议。

（二）项目主要措施

日本柏叶智慧城市能源系统基本结构如图 2—5 所示。基本思路为：建设以太阳能、风能等可再生能源为主的新型能源配送网，基于新型能源配送网络，结合用电建筑的节能设备，形成社区能源管理系统（CEMS），并与家庭能源管理系统（HEMS）和商业办公建筑能源管理系统（BEMS）形成联动，同时利用可视化终端设备鼓励用户自觉节电，有效调配不同时段内家庭、商业、工业和其他民用建筑的用电需求，实现动态可变的智慧电网监管目标。

日本柏叶智慧城市能源系统管理具体措施（如表 2—4 所示）：

- 通过 CEMS 实施区域能源一体化管理。运用 CEMS 将整个区域的能源信息集中起来进行统一处理，把简单的节约能源发展成为能源循环与能源储备。通过自有的区域电网，将外来电力和区域内自建的各类电源进行智能化调节使用，实现区域电力的调节分配、电力削峰和智能供电，并实现节约能耗、减少二氧化碳排放等目标。
- 将柏叶智慧城市能源系统的核心 CEMS 与 BEMS 和 HEMS 进行信息交换。从服务和满足家庭、社区需求出发，通过使用各种现代技术减少家庭、社会的能源消费开支，提高能源资源的利用效率。重点通过可再生能源的开发和利用，推广能源资源需求的智能化、可视化管理，例如通过

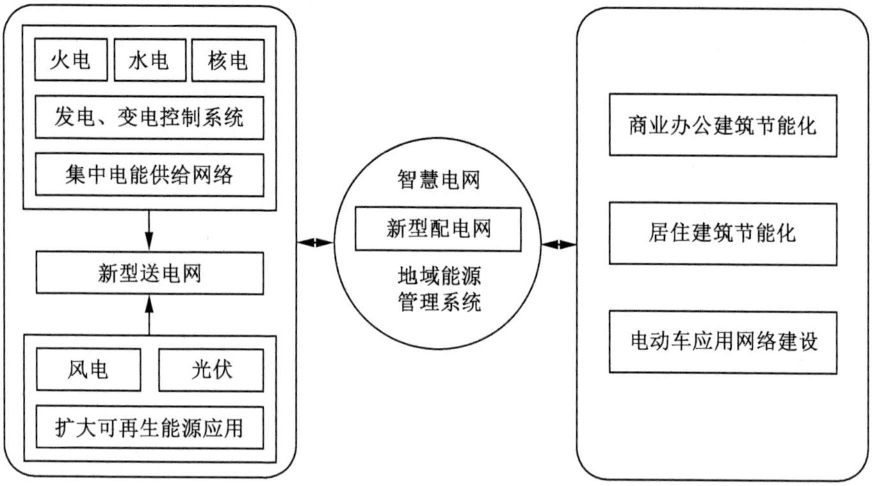

图 2—5　柏叶智慧城市能源系统示意图

用电量、燃气、用水量的可视化图像或数字表达提醒人们节约使用。

- 发展智能终端系统。通过大数据和智能化的分析，建立省电、灾害等多种用电模式，将民居、办公、大型商场的电视、空调、电灯等用电器形成一个系统，根据不同模式向用户推荐。通过区域调度中心将各用能单元及区域、区域间的预测用电量和实际使用量等信息进行智能分析并给出自动配置方案。
- 积极研发能源创新技术。在柏叶智慧城市，除利用可再生能源与蓄电池实现能源的自产自销与节能减排外，还致力于能源创新技术的研发。例如从二氧化碳利用的角度出发，研发一种将二氧化碳转化为新能源的技术，即在太阳光、新型催化剂、常温常压等反应条件下，将二氧化碳与水反应转化为甲烷和乙烯，这种新型能源技术能够实现碳排放量减半。
- 做好应急备灾措施。该项目在未来建设中，规划新建建筑都将安装太阳能发电装置，并设置区域蓄电装置，以保障电力调度智能化的基础设备和自然灾害发生时的应急电源。该系统还担负备灾任务，要求在停电时能保证以连续三天日负荷的 60％的电力向居民供电，同时也负担灾害发生时消防电梯、照明设备、供水设备及其他公用区域的电力提供，为能源使用提供安全保障。

表 2—4　日本柏叶智慧城市能源系统主要措施

序号	主要方面	主要措施
1	一体化管理	运用 CEMS 将整个区域的能源信息集中、统一处理
2	信息交换	将 CEMS 与 BEMS 和 HEMS 形成联动，进行信息交换
3	智能终端	通过大数据和智能化分析，形成不同供用电方案
4	能源创新技术	研发创新技术将二氧化碳转化为新能源
5	应急备灾	通过建筑太阳能发电装置、区域蓄电装置等保障应急电源

六、加拿大耶洛奈夫镇示范项目

（一）项目背景

耶洛奈夫镇人口约为 2 万，以旅游业为主，周边水域较大，全年采暖期较长。该镇存在的问题主要如下：①没有较为完善的市政热网系统；②忽视用能效率；③未充分利用当地可再生能源；④居民节能意识薄弱。因此，耶洛奈夫镇借助综合社区能源方案（Integrated Community Energy Solutions，ICES）技术，结合综合能源系统概念，对小镇的能源系统进行了改造。

（二）项目主要措施

如图 2—6 所示，耶洛奈夫镇基于自身的优势和问题，对可再生能源进行充分利用[30]。主要包括以下两方面的措施：

- 建立能源管理中心，实现多种能源综合利用。当地工业、商业、农业、居民等均通过能源管理中心的协调调度合理用能，使多种能源得以综合开发、管理和使用。
- 利用余热、废热和地热等，减少废物排放，加大对废物的回收再利用。以供热为例，耶洛奈夫镇供热系统在传统的供热系统基础上，增加了地源热泵、水电供热、太阳能热风系统等，在很大程度上提高了能源的利用效率和可再生能源的利用率。

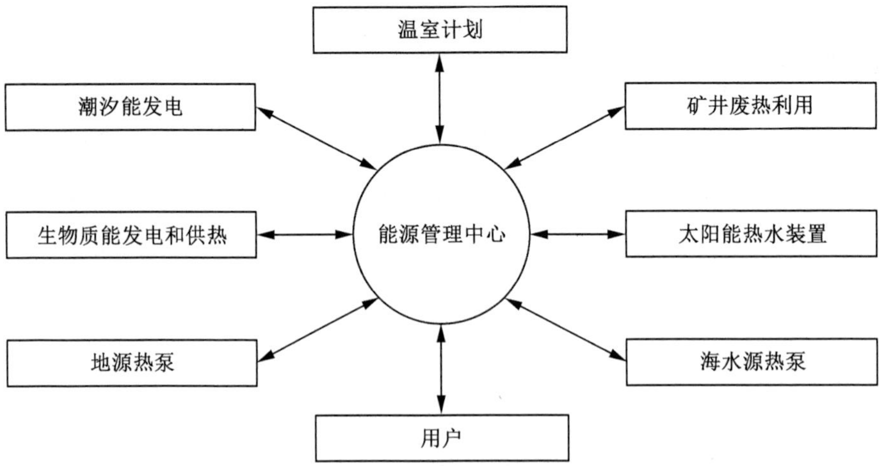

图 2—6　耶洛奈夫镇能源系统示意图

第二节　国内综合能源系统实施现状

一、北京延庆区主动配电网示范项目

(一)项目背景

北京延庆区拥有丰富的可再生资源,同时拥有我国最大的微电网示范集群,可再生能源渗透率极高,为主动配电网示范工程的建设提供了有利条件[31]。

主动配电网是采用主动管理分布式电源、储能设备和客户双向负荷的模式,具有灵活拓扑结构的公用配电网。一方面,主动配电网络可以通过协调不同的能源资源,满足本地负载需求;另一方面,主动配电网络有助于提高配电网的安全性。

(二)项目主要措施

如图 2—7 所示,延庆区示范工程通过"区域自治,全局优化"实现能量的分层分级平衡。延庆区配电网改造采取了分区供电的方式,直流配电可以增大电缆传输容量,同时可以将直流负荷区直流母线连入交流负荷区直流接入点,实现互相支持[32]。带有储能装置的主动配电网络项目可以利用大数据技术分层分级精确管理，实现对分布式能源预测、用户用能行为分析等功能，延庆区示范工程构建了基于能源大数据平台的能源管理中心。

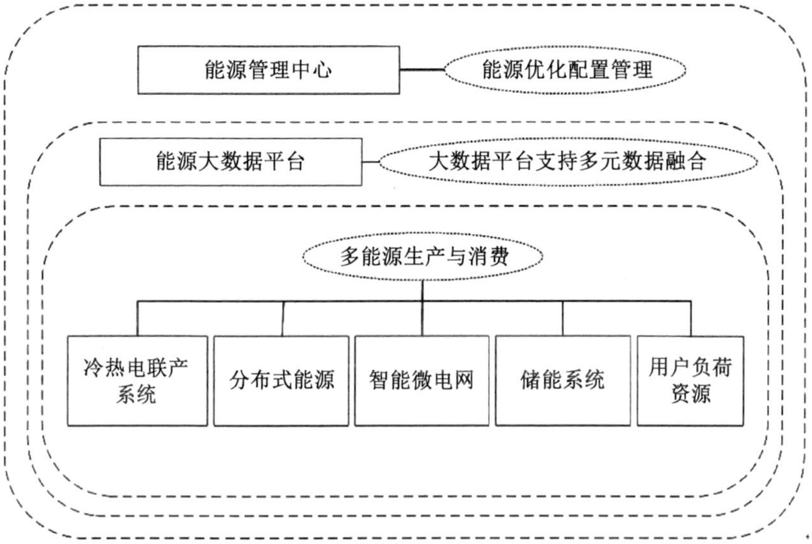

图 2—7 北京延庆区能源结构示意图

延庆区主动配电网项目主要措施如下：

● 支持分布式能源灵活安全接入。延庆区示范工程整个能源系统支持分布式电源的灵活安全接入，提升了能量传输网络的优化配置能力和分布式能源的消纳能力，提高了供电可靠性、用户电能质量和配电网设备利用效率。

● 通过需求响应转变刚性负荷为柔性负荷。延庆区示范工程利用综合需求响应技术，通过多种能源协同控制，平抑新能源波动，实现了示范区高渗透率分布式新能源的充分消纳。通过需求响应技术引导用户响应系统调度需求，调整与优化用户用电行为，将传统意义上的不可控的刚性电力负荷转变为可控的柔性负荷。使电力负荷具有弹性，既具有增减特性又具有可转移特性，此时，系统可根据实际的可再生能源发电出力情况，优化调整用户的电能消费行为，实现可再生能源发电曲线与用户负荷需求同步变化(见表 2—5)。

● 建设智能微电网。基于微电网结构的电网调整能够方便大规模的分布式能源互联并接入中低压配电系统，使得分布式发电应用于电力系统并发挥其最大的潜能。将各种不同类型的分布式电源和储能装置，通过一定的电网结构连接起来形成一个微型电网系统，提高小型电源的利用率，特别是目前备受关注的新型清洁能源发电，如风电、光伏发电等。

表 2—5　　北京延庆区主动配电网项目主要措施

序号	主要方面	主要措施
1	分布式电源	整个能源系统支持分布式电源的灵活安全接入
2	柔性负荷	通过需求响应转变刚性负荷为柔性负荷
3	智能微电网	将不同类型电源和储能装置有机连接，形成智能微型电网系统

二、上海迪士尼度假区示范项目

（一）项目概况

上海迪士尼度假区是迄今中国规模最大的中外合资现代服务业项目，离不开强有力的能源供应，但上海迪士尼的能源供应并不完全倚靠电力，而是采用了分布式能源系统。上海迪士尼度假区是全球首个采用分布式电源技术的度假园区[33]。以高效、环保、节能的方式集中向园区供电，改善了区域用电方式，保护了核心区电网的安全运行。

（二）项目主要措施

上海迪士尼度假区能源系统示意图如图 2—8 所示，该项目采用“冷、热、电、压缩空气”分布式能源多联供技术，尽可能地利用了发电产生的废热。上海迪士尼在与乐园一条马路之隔的能源站铺设了蒸汽、冷气、热水和电力 4 个管道，天然气燃烧发电，然后将废热分三部分，一部分废热用来制造蒸汽，用在需要压缩空气的电动游戏中；一部分废热用来对水进行加热，输送到厨房、酒店等；采用溴离子技术的中央空调则可以将第三部分废热制冷，为酒店、餐厅等提供室内需要的冷气。如果不利用天然气分布式能源利用模式，要获取蒸汽、冷气、热水、电力 4 种能源产品需要分别建设不同的能源供给站，不仅占地面积大，而且效能利用率低。

度假区能源系统采取的主要措施及其优势（如表 2—6 所示）：

● 该项目采用了能源梯度利用模式，有效降低能源损耗，最大限度利用能

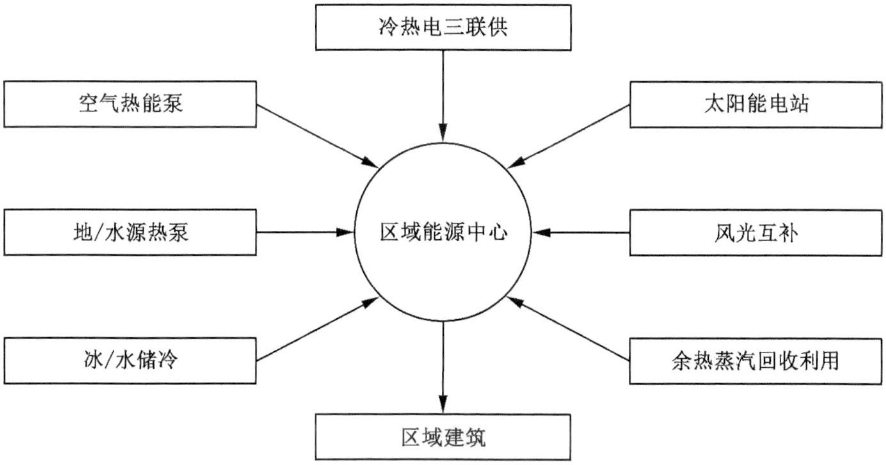

图 2—8　上海迪士尼度假区能源系统示意图

源，一次能源利用率达 80%以上，相比于传统模式，资源利用效率得到很大的提升。

- 该项目采用了能源站集中控制系统与用户侧能源管理系统有效集成，保证站内各系统始终处于高效运行状态。
- 该项目使用了大温差制冷技术，降低了系统的整体能耗，提高了设备效率。
- 该项目采用了冷热调峰设备，满足了用户侧不同时段的能源需求，同时通过多种储能技术的低谷收集高峰释放，提高整个系统的能源利用效率。
- 该项目具备黑启动功能，在区域电网发生故障时，项目的黑启动功能可以确保能源系统区域内用户的用能安全，避免过分依赖区域外的能源供应，可在关键时刻对区域能源网络起到较强的支撑作用。

表 2—6　上海迪士尼度假区示范项目主要措施

序号	主要措施	措施优势
1	能源梯度利用模式	提升资源利用效率
2	能源站集中控制与用户侧能源管理系统集成	保证各系统始终处于高效运行状态

续表

序号	主要措施	措施优势
3	大温差制冷技术	提高设备效率
4	冷热调峰设备	提高能源利用效率
5	黑启动功能	减少对区域外能源供应的依赖,支撑区域能源网络

三、中新天津生态城示范工程示范项目

(一)项目概况

天津生态城是中国和新加坡两国政府合作的旗舰项目,是一个有综合需求的能源供应场所。在天津中新生态城示范项目中,能源系统集成多种能源输入、多种产品输出及多种能源转换单元,通过电、冷、热能等相关环节的密切配合,实现能源的高效梯阶利用[34-35]。

中新天津生态城智能电网综合示范工程是一项内涵丰富、涉及面广、体现智能电网众多领域研究成果的综合性工程。工程结合生态城的定位、特点及发展条件,构建清洁、安全、高效、可持续的能源供应系统和服务体系,打造以信息化、自动化、互动化为主要技术特征的生态城智能电网系统。

(二)项目主要措施

中新天津生态城智能电网综合示范工程从电力流、信息流、业务流统一融合的角度,按照“6 大环节、12 大工程”特点和要求,设计 8 大核心应用系统与信息总线的总体架构进行统筹管理和监视控制。其中,8 个应用系统为微网控制系统、配电自动化系统、设备综合状态监测系统、电能质量监测系统、用电信息采集系统、电动汽车充电监控系统、用户用能服务系统和可视化平台。各应用系统总体方案架构如图 2—9 所示。

示范工程在发、输、变、配、用、调度 6 大电力环节中重点开展 12 项示范性工程,如图 2—10 所示,具体如下:

- 分布式电源接入。支持风电、光伏等可再生能源的充分、灵活接入,区域内可再生能源利用比例将不低于 20%。
- 储能系统。结合智能营业厅,采用 15kW×4h 的锂离子电池作为储能设施,以照明和电动汽车充电桩等作为微网负荷,配以监控设备构成低压

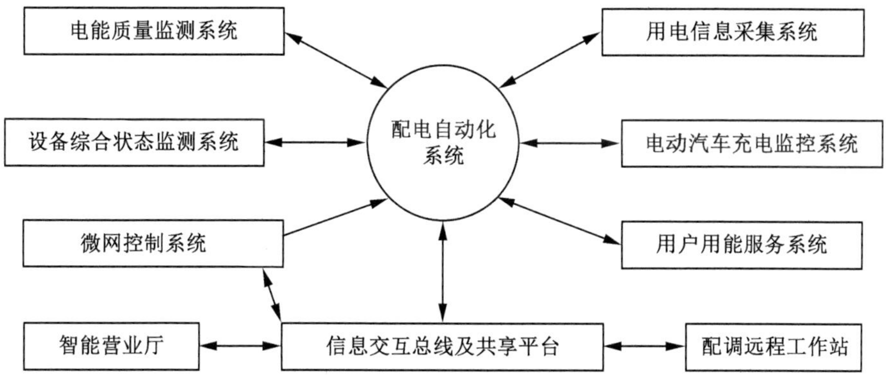

图 2—9　生态城智能电网应用系统架构

交流微网，与外部电网进行相连。

- 和畅路 110kV 智能变电站。建设和畅路 110kV 智能变电站，全站按照一次设备智能化、二次设备智能化、数据平台标准化的配置原则进行建设。
- 配电自动化。以提高供电可靠性、改善供电质量、提升电网运营效率和满足客户需求为目的，根据本区域配电网现状及发展需求建设智能型配电自动化主站。
- 设备综合状态监测。对生态城内 110kV 及以上输电线路、智能变电站、配电设备进行统一的设备状态在线监测。安装基于先进传感技术的监测装置。
- 电能质量监测。建设电能质量监测系统，实现对生态城分布式电源并网点、110kV 变电站、电动汽车充电站、电能质量敏感用户等的电能质量监测。
- 用电信息采集。以双向、宽带通信信息网络为基本特征，实现对一般工商业户、居民用户、分布电源点、储能装置、电动汽车充电站/桩的全覆盖、全采集、全费控。
- 智能用电小区/楼宇。通过家庭智能交互终端或交互机顶盒实现用户与电网之间的互动，建立家庭安防系统，实施电力光纤到户，建设风光互补路灯等配套设施等。

- 电动汽车充电设施。对生态城电动汽车发展进行需求分析，形成电动汽车充电网络，满足生态城绿色出行的供电需求。
- 通信信息网络。建立覆盖面全的高速通信信息网络，实现对发—输—变—配—用电等环节运行状况的无盲点监控，实现实时和非实时信息的高度集成、共享与利用。
- 可视化平台。综合采用三维虚拟现实技术、多媒体动画技术等为工具，通过实时在线分析和仿真等手段，实现全程、全景、全维度可视化展示功能。
- 智能营业厅。以可靠通信为支撑，以用电信息采集系统、用户用能服务系统为主要信息源，以智能家居、智能楼宇、传统客户为服务对象，通过实体营业、自助营业、网络营业、手机营业等多种方式，实现传统业务与智能业务融合运营。

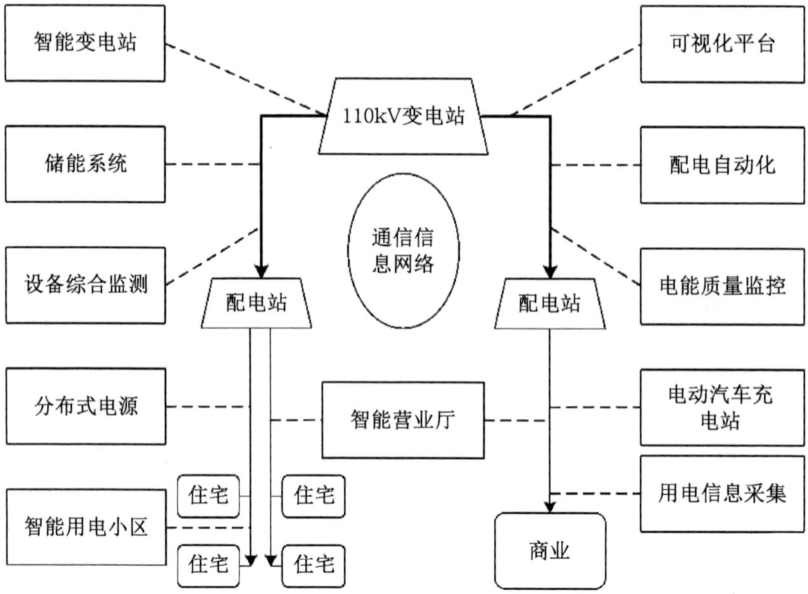

图 2—10　中新天津生态城示范工程示意图

四、崇明岛示范工程示范项目

（一）项目背景

崇明岛具有丰富的可再生能源，主要包括风能、太阳能、生物质能、潮汐能、地热能等，具有低碳、绿色、可持续发展的良好生态优势。

崇明岛绿色智能电网建设来源于国家科技支撑计划课题“以大规模可再生能源利用为特征的智能电网综合示范工程”，以建设“低碳化智能国际生态岛”为目标，以全岛大规模可再生能源的综合利用为主线展开，平稳接入岛内大规模间歇性风电、光伏电站、生物质能发电、高密度分布式电源等新能源以及储能装置和电动汽车充电装置，实现岛内可再生能源平稳接入电网和分层分区消纳，达到经济可行性和模式可复制性的绿色智能电网示范作用。

（二）项目主要措施

崇明岛能源管理模式示意图如图 2－11 所示，该示范项目建设具有弹性的能源系统，实现供电的智能可靠、服务的智能互动和能效的智能管理。

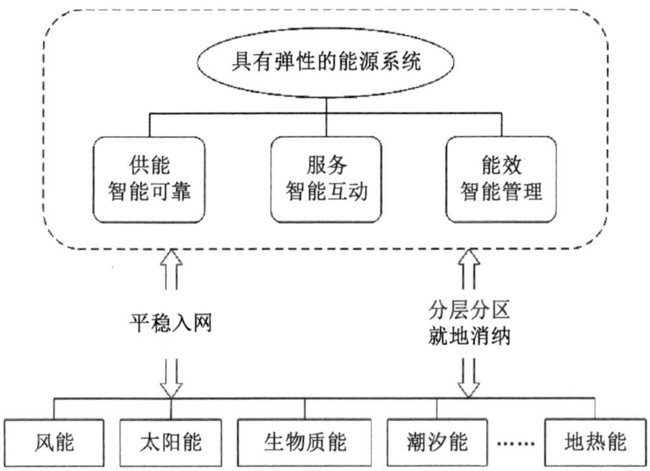

图 2－11　崇明岛能源管理模式示意图

该项目的主要措施与特点如表 2－7 所示：

- 该示范工程通过构建灵活且具有弹性的智能用电系统，实现了工业、商业、环岛电动汽车供能体系和生态农业等，同时实现了用户层与电网的友好交互，充分发掘了可再生能源的潜力。

- 该项目率先完成了首套兆瓦级钠硫储能电站的工程化应用，国内首次实现了配网层独立运行风电场和兆瓦级集装箱式储能系统的联合优化运行示范工程。
- 崇明生态岛将中国的生态文明理念运用于不同层次的生态建设中，构建出了适合本土发展的创新模式。该示范工程实践证明了多能协同可以有效促进环境和经济协调发展，其建设理念和成功经验为我国发展建设生态文明发挥了良好的示范作用。

表 2—7　　崇明岛示范工程主要措施

序号	主要措施	取得成果
1	构建智能用电系统	完善供能体系，实现友好交互，发掘可再生能源潜力
2	发展兆瓦级储能系统	在兆瓦级储能系统的发展上取得突破
3	运营生态文明理念	运用生态文明理念构建适合本土发展的创新模式

第三章　综合能源服务运营模式

第一节　电—热协同优化模式

电—热综合能源系统主要包含了两大能源子系统、四大能源子模块和若干个元件。其中，两大能源子系统包括了电能子系统和热能子系统；四大能源子模块包括了能源输入模块、能源转换模块、能源存储模块和能源输出模块；若干个组件包括了常规机组、风机、光伏、燃料电池、热电联产机组（CHP）、电制热设备等单元组件，以及电、热子系统之间通过热电联产、电制热等机组发生耦合，其协同运行基本结构如图3—1所示。

一、电—热综合能源系统能源网络构成

电网包含光伏发电和风能发电作为可再生能源发电、电力储能系统以及电负荷等；热管网包含与电网实现能量转换的电热锅炉、热力储能系统以及热负荷等。

二、电—热综合能源系统各个模块基本运行原理

（一）能源输入模块

电—热综合能源系统能源输入模块由天然气管网和大电网组成，大电网通过变压器向系统提供电能，同时系统在电力富余的情形下可以通过升压返送回电网，天然气则是通过压缩机向系统输入。

（二）能源转换模块

电—热综合能源系统能源转换模块涉及的系统元件较多，其中风机和光伏

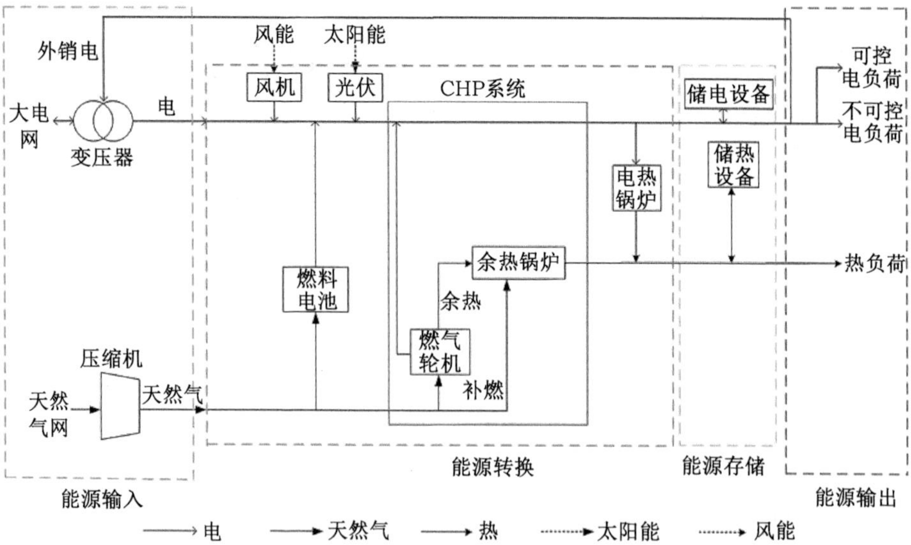

图 3—1　电—热综合能源系统结构示意图

机组分别将风能和太阳能(清洁可再生能源)转换为电能;燃料电池则是将天然气通过化学反应直接转化为电能;燃气轮机通过天然气燃烧发热,引起汽轮机转动进行发电,余热可通过余热锅炉转换为热能;电热锅炉将电能直接转换为热能。

(三)能源存储模块

电—热综合能源系统储能设备包括储电和储热设备,分别对电和热进行充放,具有能量缓存的作用。

(四)能源输出模块

电—热综合能源系统能源输出模块主要是能源消费环节,包含电负荷和热负荷,其中电负荷又包括可控的电负荷和不可控的电负荷,通常利用可控的电负荷进行需求侧响应。

三、电—热综合能源系统主要元件

(一)风力发电

风机的发电原理是将风的动能通过风轮机转换为机械能,进而拖动发电机发电。风力发电机组是由叶片、轮毂、主轴、增速齿轮箱、调向机构、发电机、塔架、控制系统及附属部件组成的。

（二）光伏发电

光伏发电是利用半导体电子器件吸收太阳光辐射能，并将其转变成为电能。目前应用最广泛的太阳能电池为单晶硅太阳能电池、多晶硅太阳能电池、薄膜太阳能电池等。太阳能光伏发电系统主要由光伏电池模拟器、充电控制器、超级电容和正弦波逆变器等组成。

（三）热电联产系统

热电联产（combined heat and power，简称 CHP），是指以天然气为主要燃料带动燃气轮机、微燃机或内燃机、发电机等燃气发电设备运行，供应用户用电，系统发电后排出的余热通过余热回收利用设备向用户供热。

（四）燃料电池

燃料电池是一种按照电化学原理，将燃料（天然气等）和氧化剂（空气等）中的化学能通过氧化还原反应直接转化为电能的能量转化装置。

（五）储能装置

储能系统用于平衡可再生能源发电的波动性，改善电能质量。同时储能装置还可以起到能量缓冲的作用，将富余的冷热电能进行存储在高峰时放出，有利于系统的经济运行。

（六）电制热设备

在电—热综合能源系统中，电能属于高品质能源，可通过电制热设备制取热能。电热锅炉是一种典型的电制热设备，可将电能直接转化为热能，是一种把水加热至有压力的热水或蒸汽的热力设备。电热锅炉极大地减少了常规燃煤锅炉带来的污染。

第二节 电—热—冷协同优化模式

电—热—冷综合能源系统主要包含了三大能源子系统、四大能源子模块和若干元件。其中，三大能源子系统包括了电网、热管网和冷管网；四大能源子模块包括了能源输入模块、能源转换模块、能源存储模块和能源输出模块；若干个元件包括了常规机组、风机、光伏、燃料电池、冷热电联产机组（CCHP）、电制热设备、电制冷设备等单元，电、热、冷子系统之间通过冷热电联产系统(CCHP)、电制热、电制冷等发生耦合，其协同运行基本结构如图 3－2 所示。

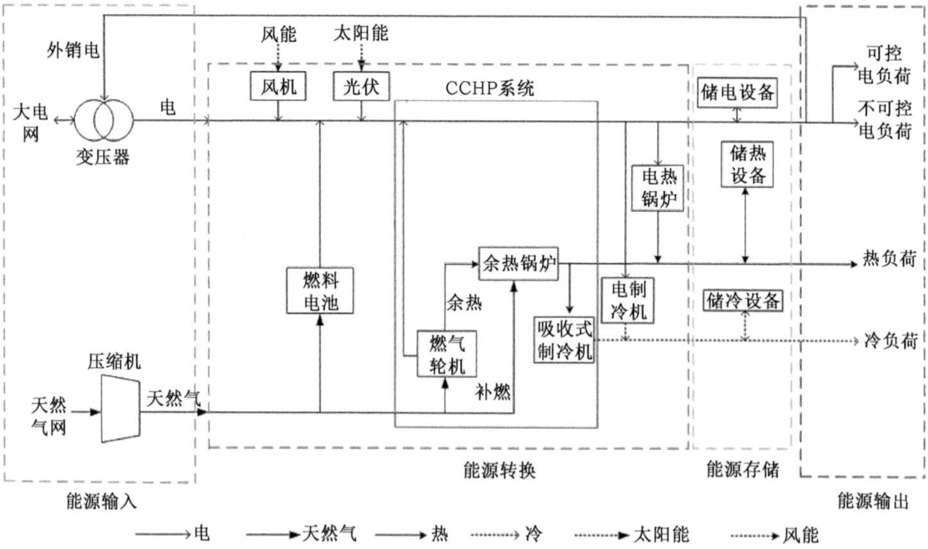

图 3－2　电—热—冷综合能源系统结构示意图

一、电—热—冷综合能源系统能源网络构成

电网包含光伏发电和风能发电作为可再生能源发电、电力储能系统以及电负荷等；热管网包含与电网实现能量转换的电热锅炉、热力储能系统以及热负荷等；冷管网包含与电网实现能量转换的电制冷机、冷储能系统以及冷负荷等。

二、电—热—冷综合能源系统各个模块基本运行原理

(一)能源输入模块

电—热—冷综合能源系统能源输入模块运行原理与电—热综合能源系统基本一致。

(二)能源转换模块

在电—热—冷综合能源系统能源转换模块，风机和光伏机组分别将风能和太阳能(清洁可再生能源)转换为电能；燃料电池将天然气直接转化为电能；燃气

轮机通过天然气燃烧发热进行发电，余热通过余热锅炉和吸收式制冷机转换为热能和冷能；电制冷机和电热锅炉将电能直接转换为冷能和热能。

（三）能源存储模块

电—热—冷综合能源系统储能设备包括储电、储热和储冷设备。

（四）能源输出模块

电—热—冷综合能源系统能源输出模块包含冷负荷、热负荷和电负荷。

三、电—热—冷综合能源系统主要元件

电—热综合能源系统中的 CHP 机组结合制冷机组构成电—热—冷综合能源系统中的 CCHP 机组。同时，与电—热综合能源系统相比，电—热—冷综合能源系统主要元件除了包含风力发电、光伏发电、燃料电池、储能装置和电制热设备之外，还包括电制冷设备。

（一）冷热电三联供系统

冷热电三联供（CCHP）系统以天然气为主要燃料带动燃气发电设备生产电力供应用户的电力需求，发电排出的余热通过余热回收利用设备向用户供热、供冷。通过这种方式大大提高整个系统的一次能源利用率，实现了能源的梯级利用。CCHP 系统通常由燃气轮机（或内燃机、微燃机）、余热锅炉、吸收式制冷机组成，也有将燃气轮机和溴冷机进行组合，可实现冷热电三联供，图 3—3 为常见的较为简单的 CCHP 系统示意图。

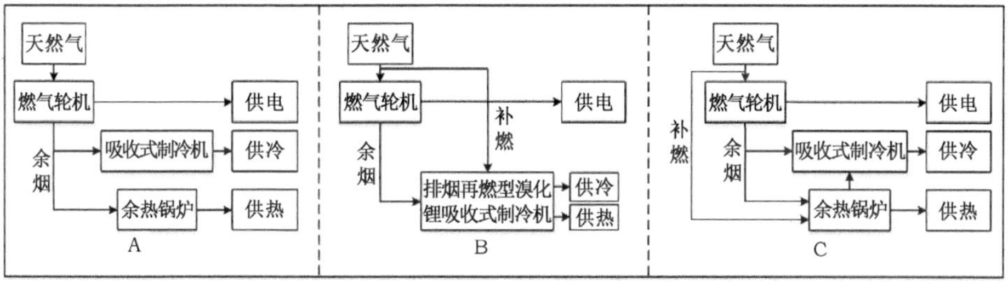

图 3—3 常见冷热电三联供机组示意图

（二）电制冷设备

电—热—冷综合能源系统可通过电制冷设备制取冷能。电制冷设备目前比较主流的是离心式制冷机，通过输入一定的高品位能量给压缩机，压缩机通过一

个等熵过程将能量的品位提高，使能量由低温体（蒸发器）传递到高温体（冷凝器）。

第三节　电—热—冷—气协同优化模式

电—热—冷—气综合能源系统主要包含了四大能源子系统、四大能源子模块和若干个元件。其中，四大能源子系统包含了电、热、冷和气不同能源子系统；四大能源子模块包括了能源输入模块、能源转换模块、能源存储模块和能源输出模块；若干个组件主要包括了常规机组、风机、光伏、燃料电池、冷热电联产机组、电制热设备、电制冷设备、电制气设备等单元，电、热、冷、气能源子系统之间通过冷热电联产系统、电制热、电制冷、电制气等发生耦合，其协同运行基本结构如图3—4所示。

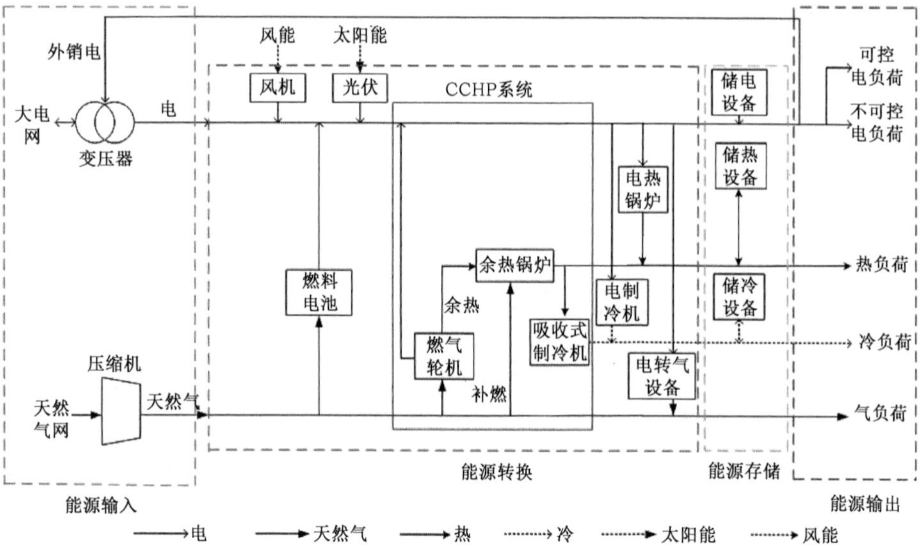

图3—4　电—热—冷—气综合能源系统结构示意图

一、电—热—冷—气综合能源系统能源网络构成

电网包含光伏发电和风能发电作为可再生能源发电、电力储能系统以及电

负荷等;热管网包含与电网实现能量转换的电热锅炉、热力储能系统以及热负荷等;冷管网包含与电网实现能量转换的电制冷机、冷储能系统以及冷负荷等;气管网包含与电网实现能量转换的燃料电池、电转气设备以及气负荷等。

二、电—热—冷—气综合能源系统各个模块基本运行原理

(一)能源输入模块

电—热—冷—气综合能源系统能源输入模块运行原理与电—热—冷综合能源系统基本一致。

(二)能源转换模块

在电—热—冷—气综合能源系统能源转换模块,通过能源转换设备实现能源形式的转化或能源品位的变化。风机和光伏机组分别将风能和太阳能(清洁可再生能源)转换为电能;燃料电池将天然气直接转化为电能;燃气轮机通过天然气燃烧发热进行发电,余热通过余热锅炉和吸收式制冷机转换为热能和冷能;电制冷机、电热锅炉和电转气设备将电能直接转换为冷能、热能和天然气能。

(三)能源存储模块

电—热—冷—气综合能源系统储能设备包括储电、储热和储冷设备,能够起到削峰填谷,缓解燃气轮机与冷热电负荷热电比不匹配的问题。

(四)能源输出模块

电—热—冷—气综合能源系统能源输出模块包含冷负荷、热负荷、电负荷和气负荷。

三、电—热—冷—气综合能源系统主要元件

与电—热—冷综合能源系统相比,电—热—冷—气综合能源系统主要元件除了包含风力发电、光伏发电、冷热电三联供系统、燃料电池、储能装置、电制热设备和电制冷设备之外,还包括电制气设备。

电—热—冷—气综合能源系统可通过电转气设备制取氢气和天然气。电转气根据最终产物是氢气和天然气分为电制氢和电制天然气,本章所研究的电转气指电制取天然气。电制氢是将多余的电能通过电解水产生氢气并进行存储利用,能量转换效率可达80%左右。电制天然气是在电制氢的基础上,在催化剂

的作用下将氢气与二氧化碳反应生成甲烷和水，能量转换效率达约 75%～80%[36]。综合来看，电制天然气的能量转换效率约为 50%～60%之间，由于能量转换效率较低，电转气设备仅在系统面临弃风弃光的情况下，消纳低成本的富余电能，从而达到消纳可再生能源发电的目的。除此之外，电转气设备的运行可以为电力系统提供调频服务和备用服务，参与电气协调优化运行、参与智能交通运行、缓解电力/天然气阻塞等问题[37]。

利用燃气进行三联供的主要优势在于：①能源综合梯级利用，综合能源效率高，热电三联供系统的效率可高达 90%左右，能量利用率、节能率显著提升；②没有或有很低的输变电损耗，无须建设配电站，建设成本较低；③区域供电可靠性提高，不受大规模停电事故影响；④具有良好的环保性能，减少环保压力；⑤可以实现移"电峰"同时填"气谷"，在用气高峰时多用电，在用电高峰时多用气；⑥土建和安装成本相对较低。

第四节　各种协同优化模式对比分析

由以上分析可知，综合能源系统包含多种能源设备，一般可分为耦合元件和非耦合元件。其中耦合元件为可以实现能源形态转化的设备，能够实现不同子系统之间的耦合，包括 CCHP、电热锅炉、电制冷机等；非耦合元件则仅涉及单一系统内部能源的生产、使用和存储，包括新能源发电设备、储能设备以及各种类型的负荷。

按照从能量输入到能量输出的过程，综合能源系统主要可分为能量输入模块、能量转换模块、能量存储模块和能量输出模块。首先，通过各种能量生产技术将不同的一次能源转化成电能、热能和冷能；其次，通过能量转换技术将二级能量载体中的电能转换成热能、冷能和气能至三级能量载体中；再次，利用能量存储技术将能量进行存储，在负荷低谷时刻存储能量，在负荷高峰时刻释放能量，以更有效地利用能源；最后，向终端用户提供不同形式的能量以满足用户需求[38-39]。

根据对电—热协同优化模式、电—热—冷协同优化模式和电—热—冷—气协同优化模式三种典型综合能源系统协同优化模式的分析，从能源网络构成、系统模块构成、系统能源输入模块运行原理、系统能源转换模块运行原理、系统能源存储模块构成、系统能源输出模块构成、系统主要元件几个方面对三种模式进行对比分析。

一、能源网络构成

如表 3—1 所示，电—热协同优化模式的综合能源系统包括电网和热管网；电—热—冷协同优化模式包括电网、热管网和冷管网；电—热—冷—气协同优化模式包括电网、热管网、冷管网和气管网。

表 3—1　典型综合能源系统能源网络构成对比

系统类型	电网	热管网	冷管网	气管网
电—热协同优化	√	√	×	×
电—热—冷协同优化	√	√	√	×
电—热—冷—气协同优化	√	√	√	√

二、系统模块构成

三种典型综合能源系统均可划分为能源输入模块、能源转换模块、能源存储模块和能源输出模块四大模块。

三、系统能源输入模块运行原理

三种典型综合能源系统的能源输入模块均是由天然气管网和大电网组成，主要包括天然气和大电网的电能输入系统。

四、系统能源转换模块运行原理

综合能源系统中主要包括 8 种类型的能源转换，分别为：清洁可再生能源→电能(A)、天然气→化学反应→电能(B)、天然气→发热→电能(C)、天然气→余热→热能(D)、天然气→余热→冷能(E)、电能→热能(F)、电能→冷能(G)、电能→天然气(H)。如表 3—2 所示，电—热协同优化模式包括 A、B、C、D、F；电—热—冷协同优化模式包括 A、B、C、D、E、F、G；电—热—冷—气协同优化模式包括 A、B、C、D、E、F、G、H。

表 3—2　　典型综合能源系统涉及的能源转换类型对比

系统类型	A	B	C	D	E	F	G	H
电—热协同优化	√	√	√	√	×	√	×	×
电—热—冷协同优化	√	√	√	√	√	√	√	×
电—热—冷—气协同优化	√	√	√	√	√	√	√	√

五、系统能源存储模块构成

如表 3—3 所示，电—热协同优化模式的综合能源系统具有储电设备和储热设备；电—热—冷协同优化模式和电—热—冷—气协同优化模式均具有储电设备、储热设备和储冷设备。

表 3—3　　典型综合能源系统能源存储模块构成对比

系统类型	储电设备	储热设备	储冷设备
电—热协同优化	√	√	×
电—热—冷协同优化	√	√	√
电—热—冷—气协同优化	√	√	√

六、系统能源输出模块构成

如表 3—4 所示，电—热协同优化模式的综合能源系统需要输出用户所需电负荷和热负荷；电—热—冷协同优化模式包括电负荷、热负荷和冷负荷；电—热—冷—气协同优化模式包括电负荷、热负荷、冷负荷和气负荷。

表 3—4　　典型综合能源系统能源输出模块构成对比

系统类型	电负荷	热负荷	冷负荷	气负荷
电—热协同优化	√	√	×	×
电—热—冷协同优化	√	√	√	×
电—热—冷—气协同优化	√	√	√	√

七、系统主要元件

如表 3—5 所示，电—热协同优化模式的综合能源系统包括风力发电机组、光伏发电机组、CHP 联供系统、燃料电池、储能装置和电制热设备；电—热—冷协同优化模式比电—热协同优化模式增加了电制冷设备，CHP 联供系统升级为 CCHP 三联供系统；电—热—冷—气协同优化模式比电—热—冷协同优化模式增加了电制气设备。

表 3—5　　典型综合能源系统主要元件对比

系统类型	风电机组	光伏机组	联供系统	燃料电池	储能装置	电制热设备	电制冷设备	电制气设备
电—热协同优化	√	√	CHP	√	√	√	×	×
电—热—冷协同优化	√	√	CCHP	√	√	√	√	×
电—热—冷—气协同优化	√	√	CCHP	√	√	√	√	√

综上，电—热—冷—气协同优化模式的综合能源系统涵盖能源网络类型更多，能源转换类型更丰富，能源梯级利用的效果更好，能源利用效率更高，能满足的用户能源需求类型更加全面。

第四章　考虑清洁能源的综合能源系统管理

第一节　系统运行模型

一、模型概述

为了提高能源利用效率，增加本地清洁能源消纳比例，提出一种以售电公司为综合管理者的多能互补系统，如图 4—1 所示。该多能互补系统主要由三个子系统构成，包括电力子系统、CCHP 子系统和地源热泵（GSHP）子系统。

电力子系统包含四种电源，太阳能发电、风电、燃气发电和电网购电。其中，太阳能和风能作为一种可再生清洁能源，可以在合适时段为地源热泵系统运行提供充足电能；燃气发电也属于分布式能源发电，具有可控性强、容量小等特点；在低谷时段可以通过购买电网谷电，满足地源热泵系统运行和电力负荷需求，从而降低整个系统运行成本[40]。

CCHP 子系统主要包括燃气轮机、HRGS 系统、蒸汽轮机、压缩制冷、吸收制冷和热交换系统，具体如图 4—2 所示。CCHP 子系统能够实现对三种负荷的提供，首先燃气轮机通过消耗天然气来产生电能，同时产生大量“副产品”，通过 HRGS 系统进行处理，蒸汽轮机利用高压蒸汽产生电能和热能，进而通过吸收制冷产生冷负荷，通过热交换产生热负荷[41—42]。

GSHP 子系统主要提供冷负荷和热负荷，地源热泵将地热能通过热泵机组转化为冷负荷和热负荷。地源热泵利用土壤常年保持的恒温特性，因此，夏季地源热泵子系统只能提供冷负荷，冬季提供热负荷。白天地源热泵机组运行主要靠太阳能发电，夜间依靠电网提供的谷电。此外，当地源热泵能够满足热负荷需

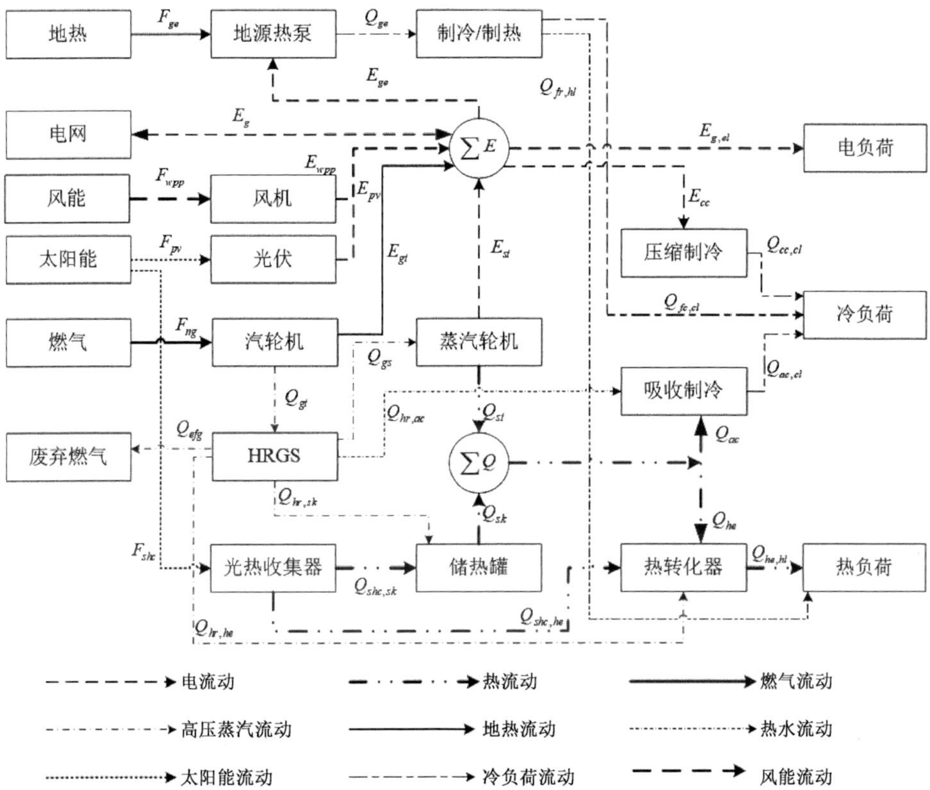

图 4－1　新 CCHP 系统能量流动示意图

求时，燃气发电产生的热量通过储热系统进行储存，在热负荷高峰时段由地源热泵和储热系统共同提供热负荷[43]。

一般而言，CCHP 系统运行方式主要包括两种：以电定热(FTL)和以热定电(FEL)。但是，这两种管理模式都存在较大的资源浪费，因而本章提出几种可行的优化运行策略来提高整个系统的运行效率和能源利用效率，具体运行模式在后面会进行详细介绍。此外，本章构建的 CCHP 系统运行满足一定的前提条件[44]，具体如下：

(1)地源热泵机组的 COP 和 EER 值是固定值，即地源热泵的热负荷或冷负荷转化效率是固定的；

(2)由于光伏发电存在一定的随机性，在考虑光伏发电时，假定对这种随机

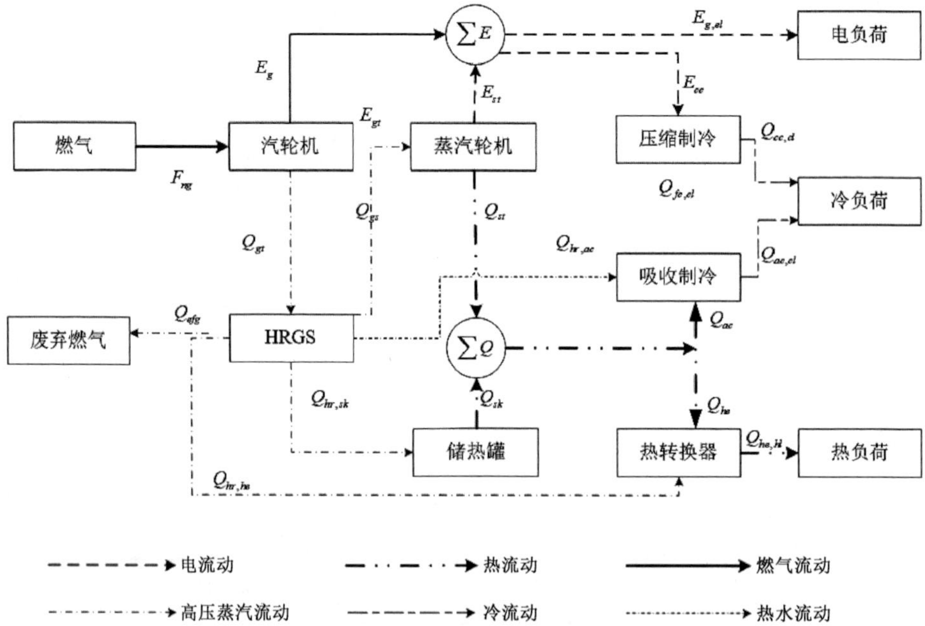

图 4—2　热电冷联产子系统能量流动示意图

性能够进行较好的预测，满足调度需求，从而降低对系统运行不确定性的影响；

(3)CCHP 系统与电网相连，当自身发电供给不足时，从电网购电，当自身发电供给过剩时，可以向电网售电；此外，考虑峰谷分时电价，高峰时段以自身发电供给为主，低谷时段以电网购电为主。

二、运行效率评估指标

在 CCHP 系统中，优先由地源热泵满足热负荷需求和冷负荷需求，地源热泵运行所需电能优先由光伏发电来满足，从而降低燃气消耗量，减少二氧化碳排放量。考虑到 GSHP 系统和光伏发电的运行成本较低，但是基本造价较高，因此，将从能源利用效率、环境减排效率和经济效率三个方面对 CCHP 系统进行评估[45]。

(一)能源利用效率

ER 表示 CCHP 系统的能源利用效率，具体表达如下：

$$ER=\frac{Q_{hl}+Q_{cl}+E_{el}}{F_{ng}+F_{pv}+F_{shc}+E_{ge}} \tag{4-1}$$

式中，Q_{hl} 表示热负荷，Q_{cl} 表示冷负荷，E_{el} 表示电负荷，F_{ng}、F_{pv}、F_{shc} 和 F_{ge} 分别表示燃气消费量、光电消耗量、太阳能光热量和地源热泵消耗量。

光伏发电主要与太阳辐射强度有关，它遵守 Beta 分布。光伏发电产量可以计算为：

$$F_{PV}=\eta_{PV}\times S_{PV}\times\theta \tag{4-2}$$

式中，η_{PV} 是光伏效率。S_{PV} 是 PV 的总面积。θ 是太阳辐射强度。

太阳能集热器的能量输入主要与太阳热强度有关，计算公式为：

$$F_{Solar}=A_p I_{FC}\left[1+\frac{1}{3}\left(\frac{T_a}{T_s}\right)^4-\frac{4}{3}\left(\frac{T_a}{T_s}\right)\right] \tag{4-3}$$

式中，A_p 是集热板的面积。T_s 是太阳温度，等于 6 000K。T_a 是集热板的环境温度。I_{FC} 是平板集热器的辐射。

（二）环境减排效率

CRR 被定义为来自 CCHP 系统和新 CCHP 系统的二氧化碳排放量的差异，其表示为：

$$CRR=(\gamma_{ng}F_{ng}^{ng}+\psi E_g^{ng})-(\gamma F_{ng}+\psi E_g) \tag{4-4}$$

式中，γ_{ng} 和 γ 表示 NG CCHP 系统和 Solar 和 GSHP 辅助 CCHP 系统的天然气燃烧所产生的单位二氧化碳排放量。E_g^{ng} 和 E_g 是两个系统的电量购买量。

（三）经济效率

TOC 定义为多种清洁能源辅助的新 CCHP 系统总运营成本，表示为：

$$TOC=p_gE_g+p_{ng}F_{ng}-(p_{pv}^{online}E_{pv}^{online}+p_{ng}^{online}E_{ng}^{online})+\mathrm{Cost}_{other} \tag{4-5}$$

式中，E_g 是从电网购电量，E_{ng} 是价格。F_{ng} 是天然气的消耗量，对应价格为 p_{ng}。E_{pv}^{online} 和 E_{ng}^{online} 是指从系统到电网的售电量，对应价格分别为 p_{pv}^{online} 和 p_{ng}^{online}。Cost_{other} 是其他运营成本。

三、目标函数与约束条件

（一）目标函数

目前，对于 CCHP 系统运行的目标一般可以分为两种：以电定热、以热定电[46-47]，但是本章所提出的新 CCHP 系统将地热和储热两种方式与传统 CCHP 结合，一方面能够提高能源利用效率，这意味着在相同能耗需求下达到更低的成本投入，另一方面减少了燃气的消耗量，进而降低了碳排放量，如何平衡能源利用效率、投入成本和碳减排量，是本章设置目标函数的重要参考因素，具体的目标函数如下：

$$f_1 = ER = \max\left\{\frac{\sum_{t=1}^{T}\left[Q_{hl}(t)+Q_{cl}(t)+E_{el}(t)\right]}{\sum_{t=1}^{T}\left[F_{ng}(t)+F_{pv}(t)+F_{shc}(t)+E_{ge}(t)\right]}\right\} \tag{4-6}$$

$$f_2 = CRR = \max\sum_{t=1}^{T}\left\{\left(\gamma_{ng}F_{ng}^{ng}(t)+\psi E_{g}^{ng}(t)\right)-\left(\gamma F_{ng}(t)+\psi E_{g}(t)\right)\right\} \tag{4-7}$$

$$f_3 = TOC = \max\sum_{t=1}^{T}\left\{p_g E_g(t)+p_{ng}F_{ng}(t)-\begin{bmatrix}p_{pv}^{online}E_{pv}^{online}(t)+\\ p_{ng}^{online}E_{ng}^{online}(t)\end{bmatrix}+\mathrm{Cost}_{other}\right\} \tag{4-8}$$

式中，t 是时间指数；T 是总运行时间；f_1、f_2 和 f_3 是新 CCHP 系统的 ER、CRR 和 TOC 的目标函数。

（二）约束条件

这种模式的约束可以分为五个部分：能量平衡约束、燃气—蒸汽联合循环约束、辅助供热子系统约束、电源输出约束和其他模块约束。

1. 能量平衡约束

（1）电力平衡

$$\left(E_{pv}(t)+E_{st}(t)+E_{gt}(t)\right)\cdot(1-e)=E_{ge}(t)+E_{cc}(t)+E_{g,el}(t) \tag{4-9}$$

$$E_g(t)+E_{g,el}(t)=E_{el}(t) \tag{4-10}$$

式中，$E_{pv}(t)$代表太阳能光伏发电量。$E_{st}(t)$代表 t 时刻汽轮机的发电量。$E_{gt}(t)$代表燃气轮机在 t 时刻的发电输出。e 是 CCHP 系统的台站服务功耗比。$E_{ge}(t)$代表 t 时刻的地源热泵电力需求量。$E_{cc}(t)$代表压缩机在 t 时刻的电力需求。$E_g(t)$ 代表从公共电网购买的电量。$E_{g,el}(t)$代表系统在 t 时刻的总发电量。$E_{el}(t)$代表 t 时刻该地区所需的电力负荷。

(2)热平衡

$$Q_{st}(t)+Q_{sk}(t)=Q_{ac}(t)+Q_{he}(t) \tag{4-11}$$

$$Q_{he}(t)+Q_{shc,he}(t)+Q_{hr,he}(t)=Q_{he,hl}(t) \tag{4-12}$$

$$Q_{he,hl}(t)+Q_{fr,hl}(t)\geqslant Q_{hl}(t) \tag{4-13}$$

$$Q_{hr,he}(t)\cdot Q_{hr,ac}(t)=0 \tag{4-14}$$

式中，$Q_{st}(t)$表示在t时刻由ST产生的热能。$Q_{sk}(t)$表示在t时刻由SK产生的热能。$Q_{ac}(t)$代表吸收式制冷机在t时刻的热能。$Q_{he}(t)$在t时刻代表热交换器的热能。$Q_{shc,he}(t)$代表在t时刻从太阳能集热器到热交换器的传热量。$Q_{hr,he}(t)$代表在t时刻从HRGS到换热器的热传递量。$Q_{he,hl}(t)$代表热交换器产生的热能。$Q_{fr,hl}(t)$代表GSHP在t时刻产生的热能。$Q_{hl}(t)$表示t时刻该区域所需的热负荷。$Q_{hr,ac}(t)$表示在t时刻从HRGS到吸收式制冷机的热量传递。

(3)冷平衡

$$Q_{cc,cl}(t)+Q_{fc,cl}(t)+Q_{ac,cl}(t)\geqslant Q_{cl}(t) \tag{4-15}$$

式中，$Q_{cc,cl}(t)$表示压缩机在t时刻产生的冷量。$Q_{fc,cl}(t)$表示在t时刻由GSHP产生的冷却能量。$Q_{ac,cl}(t)$表示在t时刻由吸收式制冷机产生的冷却能量。$Q_{cl}(t)$表示t时刻该区域所需的制冷负荷。

2. 燃气—蒸汽联合循环约束

(1) 汽轮机模块

$$Q_{gt}(t)=\frac{E_{gt}(t)\cdot(1-\eta_{el,gt}-\eta_{loss,gt})}{\eta_{el,gt}} \tag{4-16}$$

式中，$Q_{gt}(t)$代表燃气轮机在t时刻产生的热能。$E_{gt}(t)$代表燃气轮机在t时刻产生的电力。$\eta_{el,gt}$代表燃气轮机的电能转换效率。$\eta_{loss,gt}$代表燃气轮机的热损失率。

(2) HRSG模块

$$Q_{gs}(t)=Q_{gt}(t)\cdot\eta_{gs} \tag{4-17}$$

$$Q_{hr,he}(t)+Q_{hr,ac}(t)=Q_{gt}(t)\cdot\eta_{hr} \tag{4-18}$$

$$Q_{hr,sk}(t)=Q_{gt}(t)\cdot\eta_{sk} \tag{4-19}$$

$$Q_{efg}(t)=Q_{gt}(t)\cdot\eta_{efg} \tag{4-20}$$

$$\eta_{gs}+\eta_{hr}+\eta_{sk}+\eta_{efg}=1 \tag{4-21}$$

式中，$Q_{gs}(t)$代表在 t 时刻蒸汽轮机的热能。$Q_{hr,sk}(t)$表示在 t 时刻从HRGS到储罐的热能传递。$Q_{efg}(t)$代表在t 时刻排出的燃气的热能。η_{gs} 代表高压蒸汽效率。η_{hr} 代表热媒水的效率。η_{sk} 代表 HRGS 的热能效率。η_{efg} 代表耗尽的燃气和 HRGS 的损失。

(3)蒸汽轮机模块

$$Q_{st}(t)=Q_{gs}(t)\cdot\omega(t)\cdot\eta_p\cdot\eta_{es} \tag{4-22}$$

$$E_{st}(t)=\Big(Q_{gs}(t)-Q_{st}(t)\Big)\Big(1-\eta_{loss,st}(t)\Big)\cdot\eta_{st} \tag{4-23}$$

式中，$Q_{st}(t)$代表蒸汽轮机在t 时刻提供的热能。$\omega(t)$表示在t 时刻从汽轮机抽取的蒸汽的比例。η_p 代表管道运输效率。η_{es} 代表提取的蒸汽的运输效率。$E_{st}(t)$表示在t 时刻由汽轮机产生的功率。η_{st} 代表汽轮机的发电效率。$\eta_{loss,st}(t)$表示在t 时刻汽轮机的热损失率。

3. 辅助供热子系统约束

(1)光热模块

$$Q_{shc,sk}(t)+Q_{shc,he}(t)=F_{shc}(t)\cdot\eta_{shc} \tag{4-24}$$

式中，$Q_{shc,sk}(t)$代表太阳能集热器在t 时刻为储罐产生的热能。$Q_{shc,he}(t)$代表太阳能集热器在t 时刻为换热器产生的热能。η_{shc} 代表太阳能集热器的热转换效率。

(2)储热模块

$$\rho\cdot C_p\cdot\Big(V_w(t)+V_k(t)\Big)\frac{dT_L}{dt}=Q_{shc,sk}(t)+Q_{hr,sk}(t)-Q_{sk}(t)-U_kA_k(T_L-T_a) \tag{4-25}$$

式中，ρ 代表水箱中水的密度。C_p 代表恒定压力下的比热。$V_w(t)$，$V_k(t)$代表t 时刻罐内和罐外的水量。$T_L(t)$代表t 时刻罐内水的温度函数。$T_a(t)$代表 t 时刻的环境温度。U_k 代表水箱的传热系数。A_k 代表水箱的面积。

(3)GSHP 模块

$$Q_{ge}(t)=[\alpha F_{ge}(t)+(1-\alpha)E_{ge}(t)]\cdot\eta_{ge} \tag{4-26}$$

$$Q_{fr,hl}(t)=Q_{ge}(t)\cdot COP_{fr} \tag{4-27}$$

$$Q_{fc,cl}(t)=Q_{ge}(t)\cdot EER_{fc} \tag{4-28}$$

$$Q_{fr,hl}(t)\cdot Q_{fc,cl}(t)=0 \tag{4-29}$$

式中，$Q_{ge}(t)$代表 GSHP 在 t 时刻产生的热水或冷水。α 代表地热能转化为 Q_{ge} 的效率，一般值为 0.7。η_{ge} 代表 GSHP 的效率。COP_{fr} 代表 FR 的热能效率。EER_{fc} 代表 FC 的冷却能量效率。

4. 电源输出约束

$$0 \leqslant E_{pv}(t)+E_{pv,ex}(t) \leqslant F_{pv}(t) \tag{4-30}$$

式中，$E_{pv}(t)$代表 t 时刻的光伏发电。$F_{pv}(t)$表示在 t 时刻的实际光伏发电量。$E_{pv,ex}(t)$表示在 t 时刻不可用的 PV。

(5)其他模块约束

$$Q_{he,hl}(t)=[Q_{he}(t)+Q_{shc,he}(t)+Q_{hr,he}(t)] \cdot \eta_{he} \tag{4-31}$$

$$Q_{ac,cl}(t)=[Q_{hr,ac}(t)+Q_{ac}(t)] \cdot \eta_{ac} \tag{4-32}$$

$$Q_{cc,cl}(t)=E_{cc}(t) \cdot \eta_{cc} \tag{4-33}$$

式中，η_{he} 代表热交换器的热转换效率；η_{ac} 代表吸收式制冷机的冷却能量效率。η_{cc} 代表压缩冷却器的冷却能量效率。

第二节　系统运行模式分析

综合能源管理系统可分为三种运行模式：传统的 CCHP 运行模式、GSHP 辅助的 CCHP 运行模式以及多种清洁能源辅助的新 CCHP 运行模式[48]。通过优化三种运行模式下目标函数的最优值，探讨了最优能源管理运行模式。由于光伏发电的不确定性，在对系统运行进行控制时存在随机性，这里采用倒推法解决此问题，即根据负荷预测及光伏发电预测，将光伏电量从电量需求中扣除，对剩下所需电负荷、热负荷、冷负荷的关系进行系统控制。通过对常规燃气 CCHP 系统所产生的电负荷、热负荷和冷负荷之间的关系，再结合地源热泵提供的冷热负荷及储热系统的热负荷来对系统运行进行优化控制[49]。

一、以热定电模式

FTL 模式是指在热负荷和电负荷都不足的情况下，优先满足热负荷供应，将余电进行处理的一种管理模式。图 4-3 显示的是 FTL 运行模式，横坐标是燃气系统供应的热量，纵坐标是该系统供应的电量。图中的曲线是燃气系统产生的电量与热量的最佳比例曲线，即燃气发电的同时产生的相对应的热量。该曲线最左边节点表示系统启动机组最小开机产生电量和热量，最右边节点表示系统机组最大供应电量和热量。根据电力负荷与热负荷需求关系，可以将情景分为三种。

(1)当 $q_r < Q_{\min}$ 时，如图 4－3 中区域①所示。在这种情景下，由于热负荷需求没有达到机组运行最小开机所产生热量，因而关停燃气系统，由 GSHP 系统和光热系统供应热负荷，从电力负荷由外网和光伏发电供应。例如 A 点，燃气系统将以 A' 点状态下运行，即不运行。

(2)当 $Q_{\min} \leqslant q_r < Q_{\max}$ 时，如图中区域②所示。在这种情景下，热负荷需求处于燃气系统正常供应范围内，因而启动燃气系统，按照热负荷需求控制机组运行状态，并产生相应的电负荷，对于不足电负荷将由外网和光伏发电供应，剩余电负荷向外网出售。例如 B 点，燃气系统将以 B' 点状态运行，两点之间的偏差由外网补上；在 C 点，燃气系统将以 C' 点状态运行，两点之间的电负荷偏差向外网出售。需要强调的是，燃气系统发电生热最优曲线是由历史数据和机组参数拟合得来。

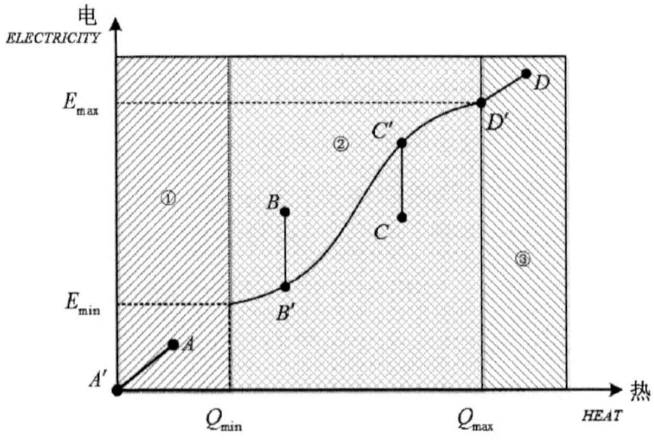

图 4－3　FTL 运营模式示意图

(3)当 $q_r \geqslant Q_{\max}$ 时，如图中区域③所示。在这种情景下，热负荷需求已经超出燃气系统可供应范围，因而燃气系统将以最大功率运行，热负荷不足部分由 GSHP 系统供应，电负荷处理情况同情景(2)。例如 D 点，燃气系统将以 D' 点状态运行，即满负荷运行，两点之间的偏差与外网互补。

二、以电定热模式

FEL 模式是指在电负荷和热负荷都不足的情况下，优先满足电负荷供应，将余热进行处理的一种管理模式[50—51]。图 4—4 显示的是 FEL 模式，当电负荷小于燃气系统最小电力输出时，燃气系统停止运行。否则，燃气系统会根据负荷需求进行运行，当电负荷超过系统最大电力输出，会按照最大功率进行运行。同样根据电负荷与热负荷需求关系可以分为三种情景。

(1)当 $E_r<E_{min}$ 时，如图中区域①所示。在这种情景下，由于电负荷需求未达到最小开机所产生电能，因而关停燃气发电系统，由光伏发电和外网购电两种途径来满足电负荷需求。例如 A 点，燃气系统将以 A'点运行，即停止运行。

(2)当 $E_{min}\leqslant E_r<E_{max}$ 时，如图中区域②所示。在这种情景下，电负荷需求处于燃气系统正常供应范围，通过控制燃气系统输出功率来响应电负荷，并产生相应的热负荷，对于不足的热负荷需求由 GSHP 系统和储热系统供应，剩余热负荷优先转向储热系统，其余部分浪费。例如 B 点，燃气系统将以 B'点状态运行，两点之间的热量偏差转入储热系统；在 C 点，燃气系统将以 C'点状态运行，两点之间的热量偏差由储热系统和 GSHP 系统供应，储热系统优先。

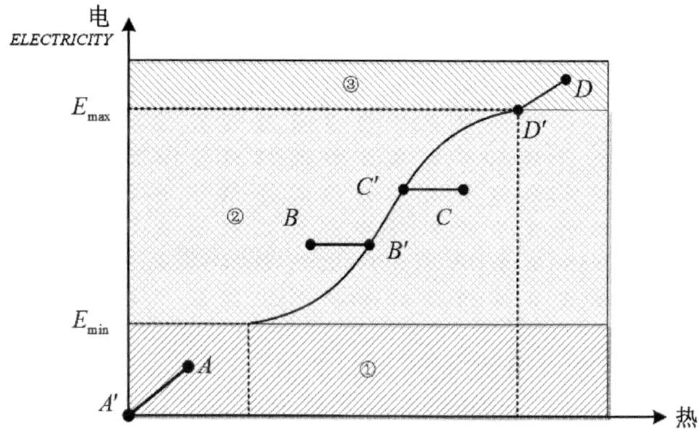

图 4—4　FEL 运营模式示意图

(3)当 $E_r\geqslant E_{max}$ 时，如图中区域③所示。在这种情景下，由于电负荷需求超过系统最大功率输出，燃气系统将持续以满负荷运行，不足部分由外网供应，热负荷不足由储热系统和 GSHP 系统供应，多余部分进入储热系统。例如 D 点，燃气系统将以 D'点状态运行。

三、综合模式

ECT 模式是指控制系统将根据设定的最优目标对 CCHP 系统进行调整，确保在满足电负荷和热负荷需求的前提下，达到最优状态[52—53]。图 4—5 显示的是 ECT 模式，该模式考虑系统整体最优，但电负荷与热负荷需求不符合最优输出曲线时，会通过系统计算得到最优运行方案，具体可分为四种情景。

(1)当 $q_r<Q_{\min}\cap E_r<E_{\min}$ 时，如图中区域①所示。在这种情景下，由于电负荷与热负荷需求均为达到最小开机要求，系统选择关停燃气机组，由外网和光伏发电供应电能，GSHP 系统和光热系统供应热负荷。例如 A 点，燃气系统将以 A'点运行，即停止运行。

(2)当 $q_r\geqslant Q_{\min}\cup E_r\geqslant E_{\min}$ 时，如图中区域②所示。在这种情景下，由于电负荷与热负荷其中一个需求已经超过了最小开机要求，系统选择以最小功率运行燃气机组，满足负荷需求，不足的电负荷需求由外网和光伏发电供应，不足的热负荷需求由 GSHP 系统和光热系统供应；多余的电负荷向外网出售，多余的热负荷转向储热系统。例如 E 点，燃气系统选择以 E'点运行，外网和光伏发电响应剩余电负荷需求，储热系统储存多余的热负荷。

(3)当 $Q_{\min}<q_r<Q_{\max}\cap E_{\min}<E_r<E_{\max}$ 时，如图中区域③所示。在这种情景下，电负荷与热负荷需求均处于机组可供应范围内，选择以一定的功率运行燃气系统，但是同时会考虑整个 CCHP 系统，根据负荷需求设定约束条件，并计算出最优目标函数下的机组输出功率，从而达到整体最优。需要说明的是，目标函数的设定是考虑多时段总体最优，但是在分时点进行计算时，仅考虑该时点的最优方案。例如 B 点，燃气系统选择以 B'点运行，不足的电负荷需求由外网和光伏供应，多余的热负荷转向储热系统或者浪费；在 C 点，燃气系统选择以 C'点运行，不足的热负荷由储热系统、GSHP 系统和光热系统供应，多余的电能向外网出售[54—55]。

(4)当 $q_r\geqslant Q_{\max}\cup E_r\geqslant E_{\max}$ 时，如图中区域④所示。在这种情景下，电负荷或者热负荷一种需求超过了机组最大可供应量，燃气机组选择以最大功率运行，不足的电负荷和热负荷处理方案同情景(3)。例如 D 点，燃气系统选择以 D'点

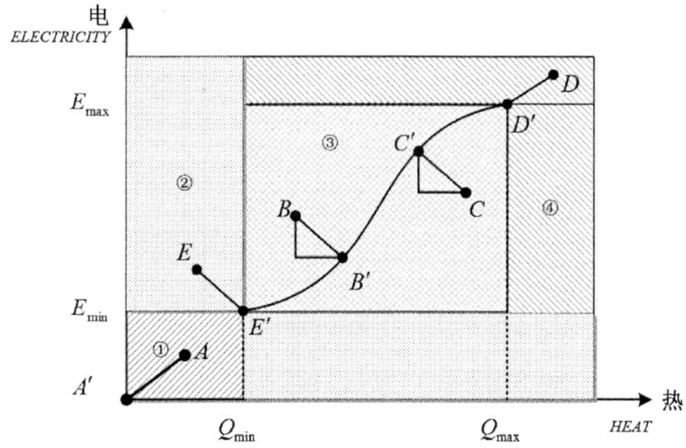

图 4－5　ECT 运营模式示意图

运行，即满负荷运行，不足的电负荷需求由外网和光伏供应，不足的热负荷由储热系统、GSHP 系统和光热系统供应。

第三节　应用分析

一、基础数据与前提假设

为了对比分析传统 CCHP 系统和分布式能源辅助 CCHP 系统的整体效率，以及对比分析三种运营模式的利弊，本章选取中国某科技展览园区作为仿真系统[56]。该园区分为 A 区和 B 区，目前 B 区已经投入使用，根据园区发展规划，A 区也将建成使用，并且负荷预测与 B 区相同。B 区规划商务办公建筑面积 58.7 万 m^2，商业和娱乐建筑面积约为 3.1 万 m^2，酒店建筑面积约为 16.74 万 m^2，客房 1 300 间。考虑区域同时使用系数及集中供冷、供热的管道等温升的损耗，B 区的空调冷负荷为 72MW，空调设计热负荷为 44MW。B 区主要用电负荷是照明、电梯、办公设备、空调系统等，电压等级为 10KV 和 380V。

发电设备选用的是四台瓦锡兰 20V34SG 型，发电出力为 9 730kW，热耗率为 7 779kJ/kW·h，效率为 46.3%。余热利用设备采用的是四台双良 YRX390(96/79)-640H2 型，制冷量为 6 850kW，制热量为 7 100kW，用电功率为 15kW。

冷负荷调峰设备采用的是四台电动离心式冷水机组，制冷量为 4 220kW，电功率为 835kW。热负荷调峰设备采用两台燃气锅炉，饱和温度 158 摄氏度。循环水设备采用十台出力为 1 070m^3/h 循泵，扬程为 0.27MPa，电功率为 110kW[57]。具体 B 区电、热、冷总量等能源站参数指标如表 4—1 所示：

表 4—1　　能源站负荷类指标参数年值

参数指标	天然气消耗量	年发电量	年供热量	年供冷量
量纲	万 Nm^3/年	亿千瓦时	GJ	GJ
参数值	4171.584	1.7925	241673.5	439732.4

(1)为了便于模拟，假定冷热负荷并不同时出现，其中，5 月 1 日到 10 月 1 日为冷负荷供给时段，其余时间为热负荷供给时段，地源热泵在 5 月 1 日到 10 月 1 日提供冷负荷，其余时间提供热负荷，与负荷需求时段相匹配。

(2)对于运行模式而言，假定燃气系统运行处于理论最佳状态，即功率输出满足本章提出的最优曲线，尤其是对 FTL 和 FEL 运行模式。

(3)为适应 CCHP 调度需求，需基于历史数据对太阳能辐射强度和光热强度进行回归拟合与预测，预测结果的精确程度直接影响调度方案。由于本章的研究重心是分析 DERs CCHP 系统的经济效益，故对光伏、风电和光热预测方法不进行研究，而是选取年平均辐射强度和光热强度作为输入数据[58—59]。

通过输入上述参数的数据，利用 GAMS 软件进行仿真运行，其中，部分相关工程造价数据如表 4—2 所示。

表 4—2　　相关工程造价数据　　单位:万元

工程或费用名称	建筑工程费	设备购置费	安装工程费	合计
热力系统	345.94	4 003.04	354.20	4 703.19
燃料供应系统	5.80	33.62	2.46	41.88
水处理系统	8.12	17.68	9.42	35.22
供水系统	13.48	24.35	7.25	45.07
电气系统	9.28	311.16	96.38	416.81
控制系统	0.00	106.67	50.87	157.54
附属生产工程	40.14	19.13	12.46	71.74

光伏发电上网价格为＄155.4/MW・h，燃气轮机发电上网电价为＄87.020/MW・h，天然气价格约为＄374.87/ton。为充分利用光伏发电和风力发电，维持系统负荷供需平衡，新 CCHP 系统可向公共电网进行买电或者卖电。谷、平、峰时段电价分别为＄52.08/MW・h、＄99.37/MW・h 和＄160.86/MW・h，GSHP 单位造价为＄300/kW。用户的电负荷、热负荷和冷负荷情况如图 4－6 所示。

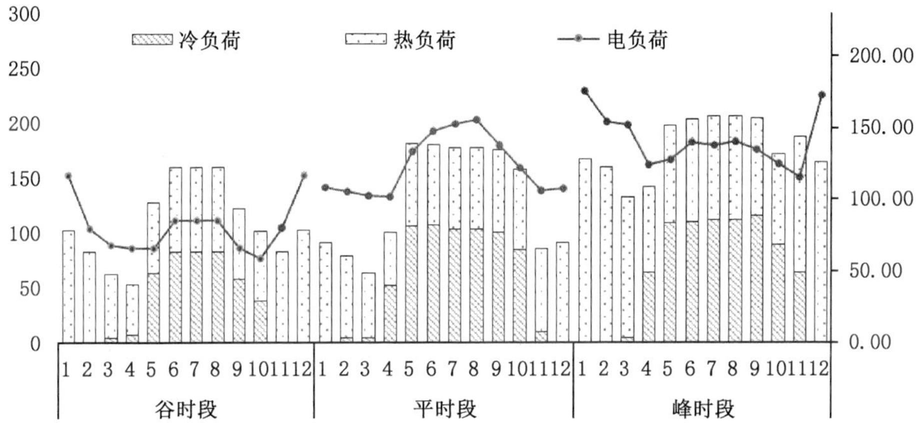

图 4－6　不同时段电、冷、热负荷单位小时需求量

二、以热定电模式结果分析

在 FTL 模式下，不考虑优化目标，仅以满足热负荷供应为首要目标，在此基础上再对电负荷和冷负荷进行满足。*ER*、*TOC*、*CRR* 的价值分别为 61.5％、21 078.932 万元和 192.344 万吨。风能、太阳能和 NG 输入量分别为 586 784MW・h、573 212MW・h 和 64 253.79kg。图 4－7 是 FTL 模式的电负荷、热负荷和冷负荷供应情况。

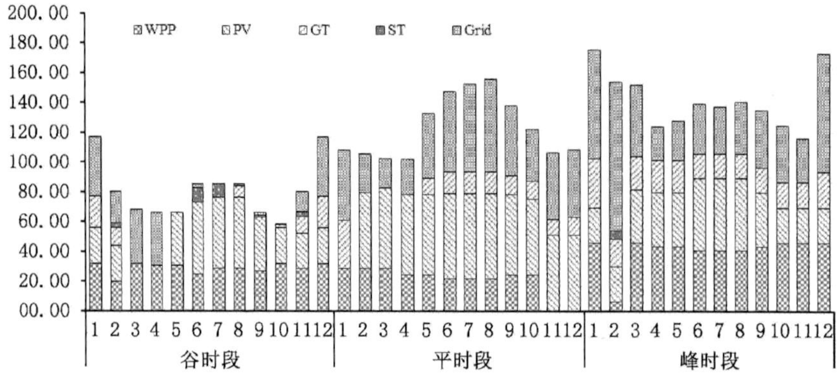

（a）电负荷供应情况

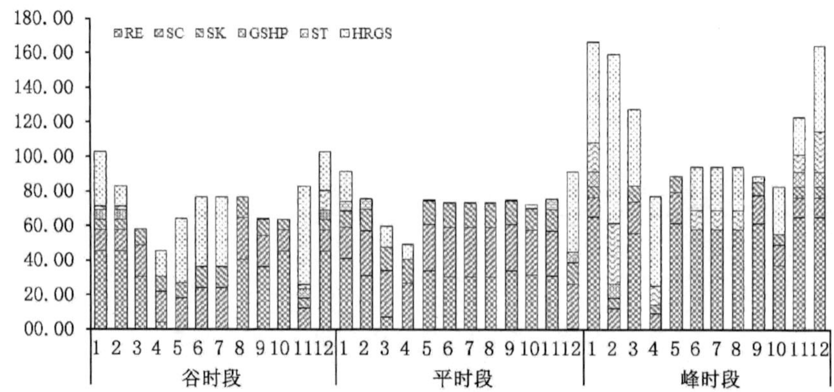

（b）热负荷供应情况

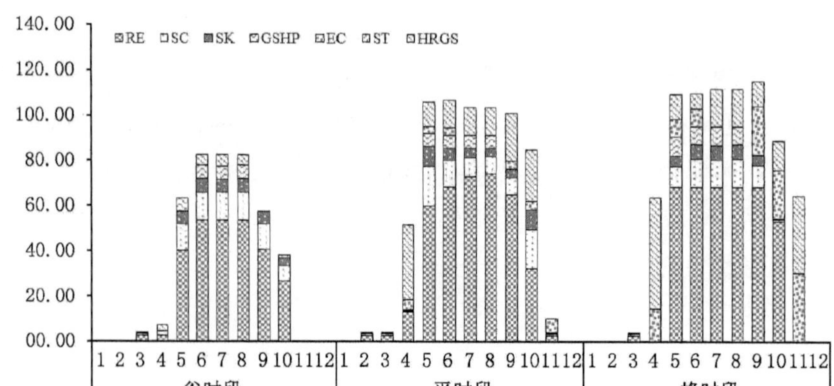

（c）冷负荷供应情况

图 4－7　FTL 模式下电、冷、热负荷供应情况

从图 4—7 中可以看出，由于优先满足热负荷，燃气发电无法满足电负荷需求，因而从电网购电电量较大，平均占比达到了 28%。对于热负荷而言，为了保障其优先级，燃气系统供给了大量的热负荷，平均占比达到了 82.33%；受到热负荷的热量产生影响，冷负荷的产生也是主要由燃气系统响应。

三、以电定热模式结果分析

在 FEL 模式下，不考虑优化目标，仅以满足电负荷供应为首要目标，在此基础上再对热负荷和冷负荷进行满足。*ER*、*TOC*、*CRR* 的价值分别为 67.3%、19 038.332 万元和 171.354 万吨。风能、太阳能和 NG 输入量分别为 608 732MW.h、585 678MW·h 和 52 871.79kg。图 4—8 是 FEL 模式的电负荷、热负荷和冷负荷供应情况。

从图 4—8 中可以看出，由于优先满足电负荷，燃气系统产生的热量无法满足热负荷需求，因而由电锅炉生热，平均占比达到了 19.33%。受到热负荷的热量产生影响，冷负荷的产生主要由压缩制冷系统响应。

四、综合结果分析

对于 ECT 运行模式，根据分析可知有三种目标最优情景，将依次对三种情景进行对比分析。

（一）能源效率最优结果

在此优化模式下，不考虑 *TOC* 和 *CRR*，仅仅将最大 *ER* 作为最优目标。*ER*、*TOC*、*CRR* 的价值分别为 81.5%、19 078.932 万元和 172.344 万吨。风能、太阳能和 NG 输入量分别为 624 354MW·h、600 341MW·h 和 55 154.79kg。图 4—9、图 4—10、图 4—11 是 ER 优化模式的电负荷、热负荷和冷负荷供应情况。

为了最大化 *ER* 值，系统在满足电力、制冷和供暖负荷需求的前提下，降低能耗。对于热负荷供应，热能主要由 SC、SK 和 RE 提供，热能不足，由 HRGS 的热介质水和 ST 的提取蒸汽补充。来自 HRGS、RE 的热介质水和 ST 的剩余提取蒸汽的剩余被用于冷却。SC、SK、RE 的热能平均比例为 87.22%。

对于冷负荷供应，主要由 HRGS、ST 和 RE 提供。由 EC、SC 和 ST 补充剩余的热能。HRGS、ST 和 RE 的热能平均比例为 70.28%。

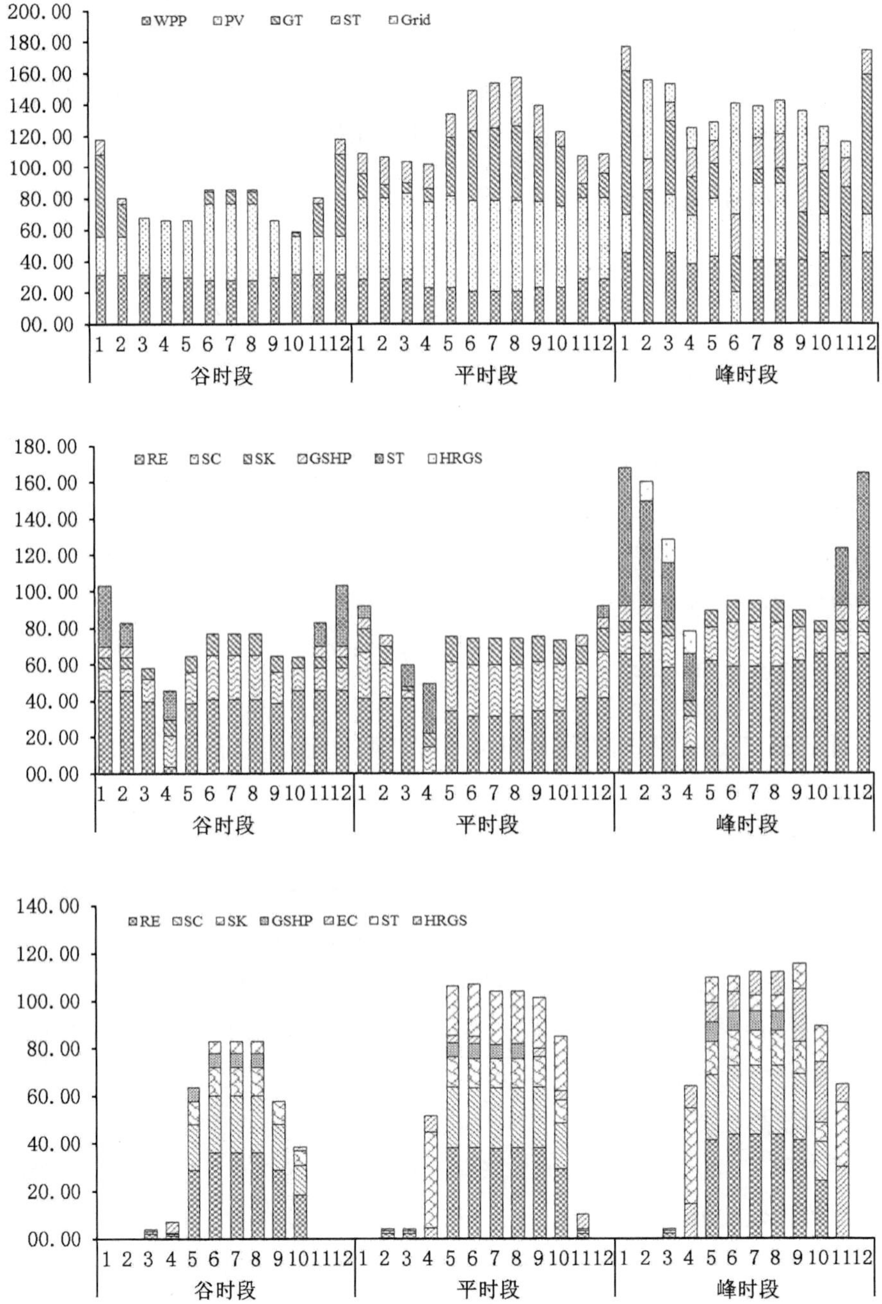

图 4—8　FEL 模式的电负荷、热负荷和冷负荷供应情况

从图 4—9 可以看出，平时段与谷时段的电负荷供应主要由风能和太阳能响应，而在峰时段，电负荷供应主要由燃气发电和外部购电响应，这与安全性考虑有关，高峰时段对电力供应的敏感性更强，需要更为稳定的电力供应。但总体而言，由于应用环境是电力负荷较为稳定的世博园区，故而负荷波动较小。

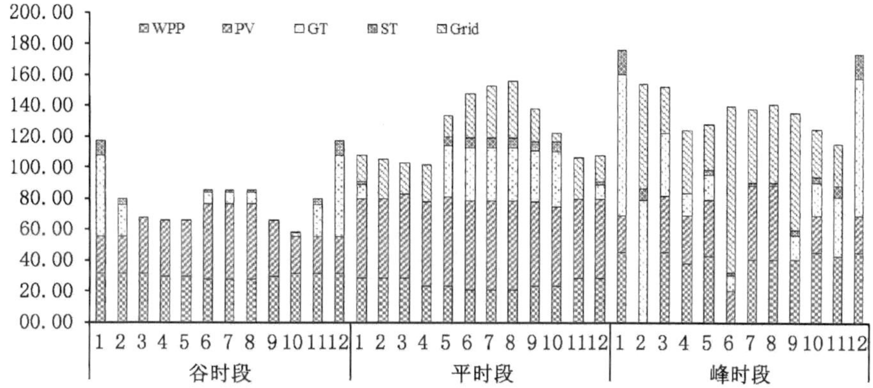

图 4—9　ER 优化模式下电负荷供应情况

从图 4—10 可以看出，对于热负荷而言，除峰时段的热负荷在冬季有明显增长之外，其他时段的热负荷供应也很平稳，这对于机组的效率提升起到了重要作用。对于热负荷的供应，主要由电锅炉和光热来响应，尤其是电锅炉，热负荷供应比例平均达到了 49.9%。

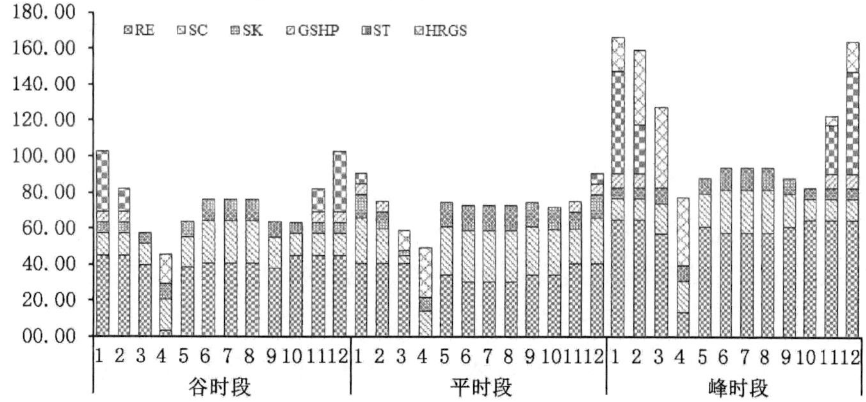

图 4—10　ER 优化模式下热负荷供应情况

从图 4—11 可以看出，冷负荷的供应比较集中，主要是集中在 5 月到 10 月之间，通过压缩余热产生大量冷负荷，以及地源热泵系统提供的稳定冷负荷，供应比例达到 6.7%。

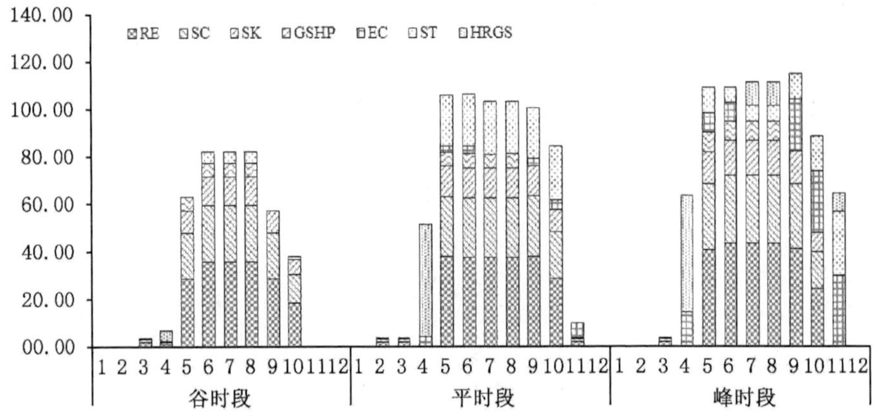

图 4—11 ER 优化模式下的冷负荷供应情况

(二)环境效益最优结果

在这种优化模式下，将 CCHP 系统的最大 *CRR* 作为最佳目标，而不考虑 *ER* 和 *TOC*、*ER*、*TOC*、*CRR* 的价值分别为 80.3%、19 736.742 万元和 120.511 万吨。风能、太阳能和 NG 输入量分别为 644 244MW · h、619 173MW · h 和 49 384.44kg。

从图 4—12 可以看出，就电负荷供应而言，CRR 模式结果与 ER 模式结果相差不多，都是由风能与太阳能占供应的主导位置，电网购电负荷主要出现在峰时段和平时段。为了最大化 CER 值，系统将优先利用风能和太阳能来满足电力、供暖和制冷的负荷需求。然后，从电网购买的电力也被视为电力负荷的重要途径。与 ER 优化结果相比，电网的电力收购从 770MW · h 降至 762MW · h。

从图 4—13 可以看出，热负荷供应仍然以电锅炉响应，平均供应比例达到了 49%，略低于 ER 模式下的供应比例。与 ER 优化相同，热负荷也主要由 ST、SC、GSHP 和 RE 提供，热能不足，热能来自 HRGS 的热介质和 ST 的提取蒸汽。ST、SC、GSHP 和 RE 的热能平均比例为 87.24%。与 DR 优化不同，冷负荷主要由 RE、SC、GSHP 和 ST 提供(见图 4—14)。HRGS、EC 和 SK 用于满足供需

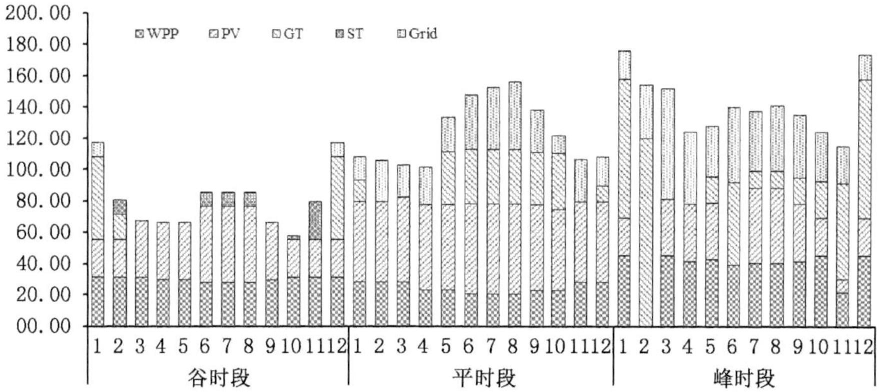

图 4－12　CRR 优化模式下的电力供应情况

不足时刻。RE、SC、GSHP 和 ST 的热能平均比例为 78.34%。

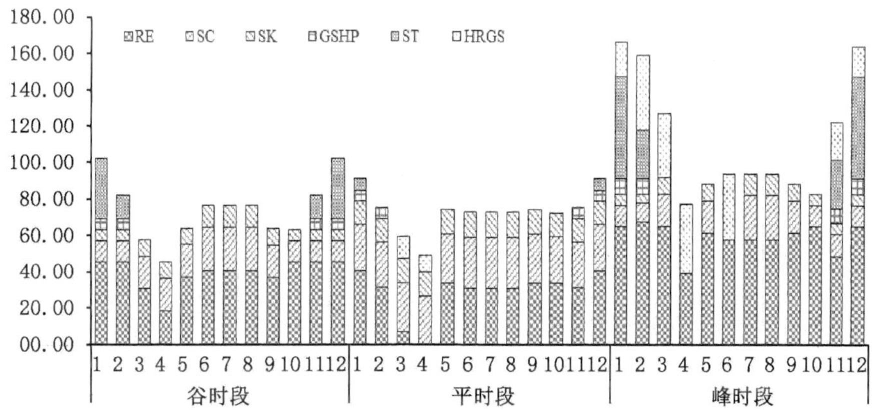

图 4－13　CRR 优化模式下的热负荷供应情况

（三）经济效益最优结果

在这种优化模式下，CCHP 系统的成本最小，是在不考虑 *ER* 和 *CRR* 前提下的最佳目标。*ER*、*TOC*、*CRR* 的价值分别为 66.7%、18 787.149 万元和 143.233 万吨。风能、太阳能和 NG 输入量分别为 508 539MW・h、553 953MW・h 和 96 786kg。图 4－15 是 TOC 优化模式的电负荷、热负荷和冷负荷供应情况。

从图 4－15 中可以看出，TOC 最优模式下的电力供应主要由燃气发电供应，风电和太阳能供应有所减少，但降低最为明显的是外网购电量。为了尽量减

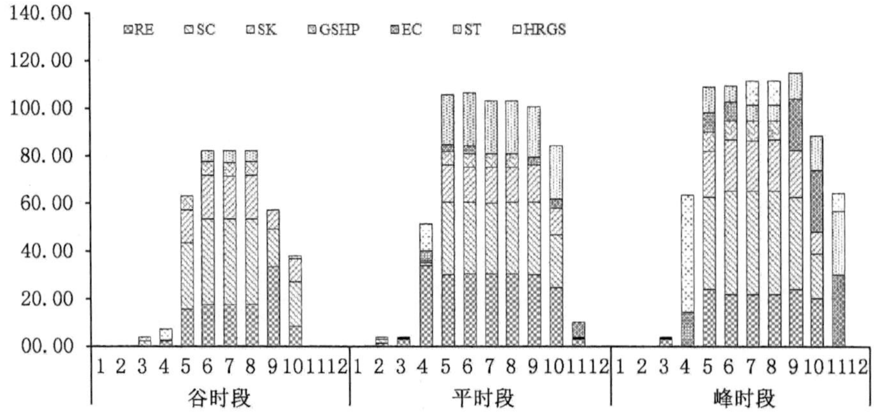

图 4－14　CRR 优化模式下的冷负荷供应情况

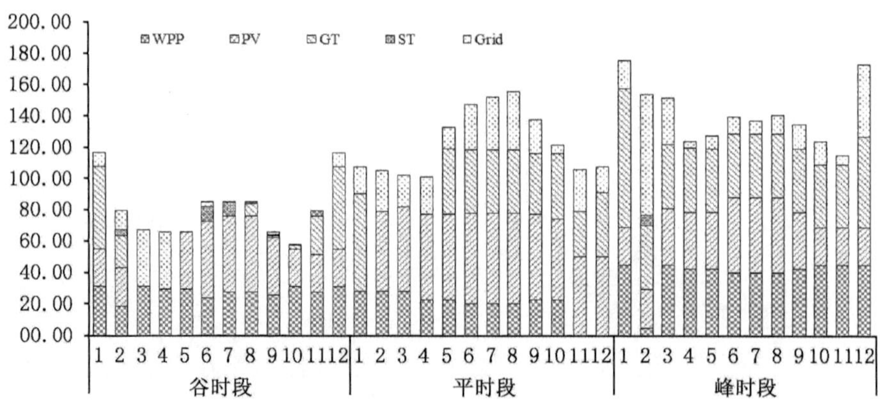

图 4－15　TOC 优化模式下的电力供应情况

少 TOC 值，系统将充分利用可用的风能、太阳能和 NG 来满足电力、供暖和制冷的负荷需求，从而减少电网的电力采购，购电量降到了 624 MW·h。

从图 4－16 中可以看出，除 GSHP 供应热负荷不变，其他供应来源均有所变动，尤其是 RE 供应比例，从之前的 49％降低到了 37％。与 ER 优化不同，加热负荷主要由 ST、SK 和 RE 提供，热能补充来自 HRGS、SC 的热介质水。ST、SK、RE 的热能平均比例为 72.11％。

从图 4－17 可以看出，冷负荷供应与热负荷供应情况相似，除 GSHP 供应

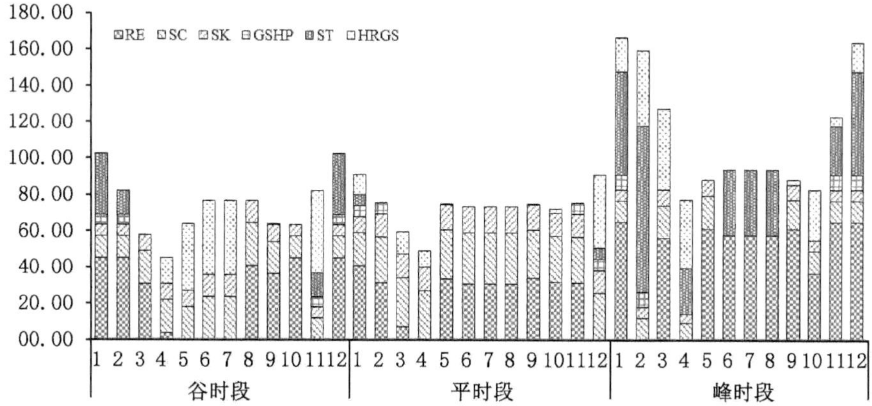

图 4－16　TOC 优化模式下的热负荷供应情况

源较为稳定外，其他都有所变化。与 DR 优化相同，冷负荷主要由 HRGS、ST、GSHP 和 RE 提供。由 EC、SC 和 ST 补充不足的热能。HRGS、ST、GSHP 和 RE 的热能平均比例为 77.12%。

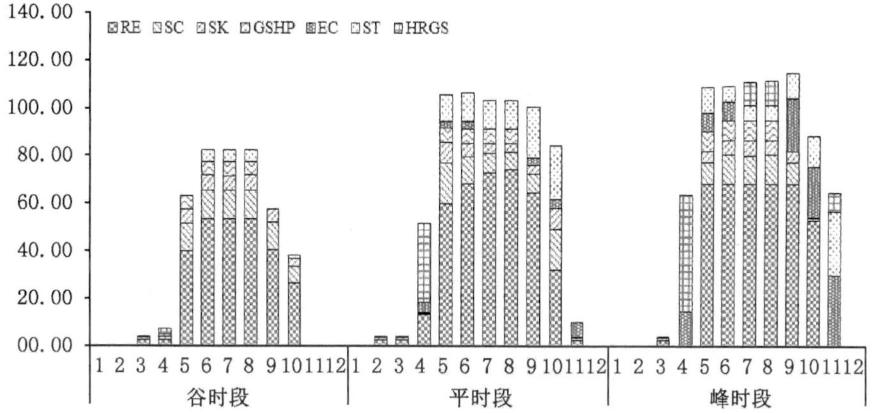

图 4－17　TOC 优化模式下的冷负荷供应情况

五、运行模式对比与敏感性分析

（一）不同模式效率对比

为了对比各模式下 ER、CRR 和 TOC 各项效率指标的结果，从以下几个方面分别进行研究，首先对系统从电网的购电量情况进行对比，结果如图 4—18 所示。

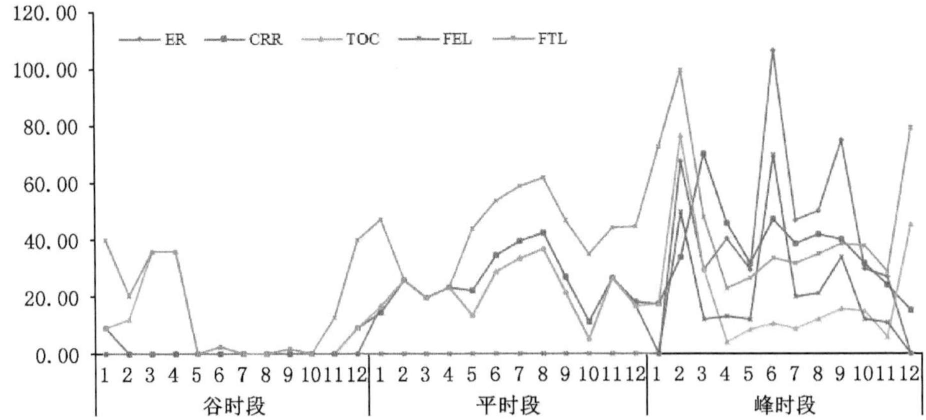

图 4—18　不同运营模式下的 CCHP 系统能源效率对比

从图 4—18 中可以看出，FTL 模式下从电网购电量明显高于其他模式，其总的购电量为 1 250MW·h，尤其是在 1 月、2 月和 12 月份其购电增长明显加快，而且在平时段，该模式总的电网购电量高达 505.91MW·h，占比达到了 40.4%。对比三种 ECT 模式可知，ER 模式、CRR 模式和 TOC 模式三者的电网购电量分别是 770.58MW·h、762.56MW·h 和 624.62MW·h，仅从该项指标来看，TOC 模式下的总购电量是最少的，而且在电价最高的峰时段，三种 ECT 模式的购电占比分别为 65.17%、57.46%和 39.95%，由此可以看出，同样是 TOC 模式下的占比最小。

其次，从能源利用总效率、总成本和碳排放量来看，具体对比结果如表 4—3 所示。

表 4—3　　不同运营模式参数对比结果

参数	单位	模式				
		ER	CRR	TOC	FEL	FTL
ER	%	81.50	80.30	66.70	61.50	67.30
TOC	万元	19 078.93	19 736.74	18 787.15	21 078.93	19 038.33
CRR	万吨	172.34	120.51	143.23	192.34	171.35

从表 4—3 可以看出，虽然 TOC 的购电量最少，但是其能源效率较低，在三种优化模式中排名最后，仅有 66.7%，而能源利用效率最高的是 ER 模式下的 81.5%，CRR 模式能源利用效率仅次于 ER 模式，也达到了 80.3%。相比各种模式下的总成本发现各自差异不大，总高为 FEL 模式下的 21 078.93 万元，高于 TOC 模式 2 291.78 万元，但是 FEL 模式下的碳排放量比 TOC 模式多了 25.59%。

综上所述，无论是从能源效率、碳排放量，还是系统总成本，三种优化模式都明显优于 FEL 和 FTL 模式，但是各自优化模式也存在各自的问题，尤其是对能源价格、分时电价等的敏感性较大。

（二）敏感性分析

对于 CCHP 系统而言，影响性能的关键因素很多，例如吸收式制冷机组效率和燃气价格等，这里选取 COP 变化对能源效率及总成本的影响为例。吸收式制冷机组的 COP 可能影响 CCHP 子系统的运行，决定了系统风能、光能和天然气输入量。NG 价格影响 CCHP 系统的总运营成本。不同优化模式下吸收式制冷机组 COP 变化对能源效率的影响情况如图 4—19 所示。

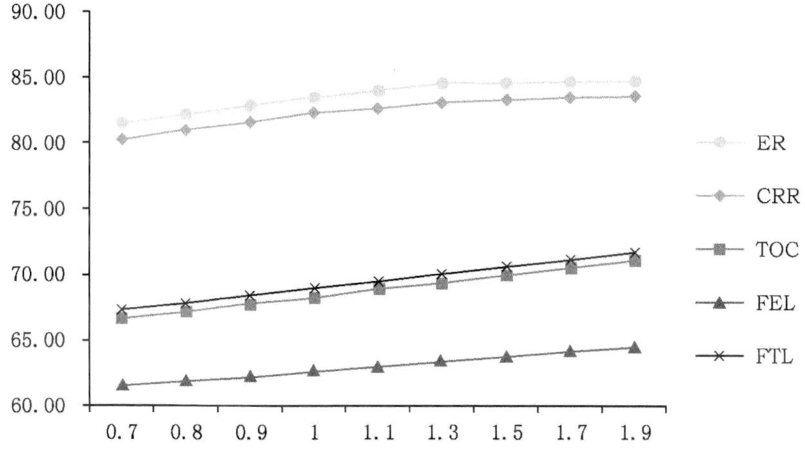

图 4—19　不同优化模式下吸收式制冷机组 COP 变化对能源效率的影响情况

从图 4—19 可以看出，随着吸收式制冷机组 COP 的改善，所有模式的能源效率都有所增长。对于能源效率的改进，ER 模式下的 CCHP 系统能源效率改进最大，当吸收式制冷机组 COP 从 0.7 升高到 1.9 时，ER 模式的能源效率从 81.5%增长到了 84.73%。吸收式制冷机组 COP 从 0.7 上升到 1.3 时，ER 模式的能源效率从 81.5%迅速增加到 84.47%，而当吸收式制冷机组 COP 从 1.3 升高到 1.9 时，ER 模式的能源效率优化从 84.47%缓慢上升到 84.73%。相比其他模式的效率增长情况，很明显当能源效率越高时，随着 COP 的增长，能源效率增长越缓慢。

从图 4—20 可以看出，随着吸收式制冷机组 COP 的改善，所有模式的总成本都有所下降。对于成本的降低，TOC 模式下的 CCHP 系统成本减少比例最大，当吸收式制冷机组 COP 从 0.7 升高到 1.9 时，TOC 模式的成本从 18 787 万元下降到了 15 983 万元。吸收式制冷机组 COP 从 0.7 上升到 1.1 时，TOC 模式的成本从 187.87 万元迅速下降到 17 328 万元，而当吸收式制冷机组 COP 从 1.1 升高到 1.9 时，TOC 模式的成本从 17 328 万元缓慢下降到 15 983 万元。

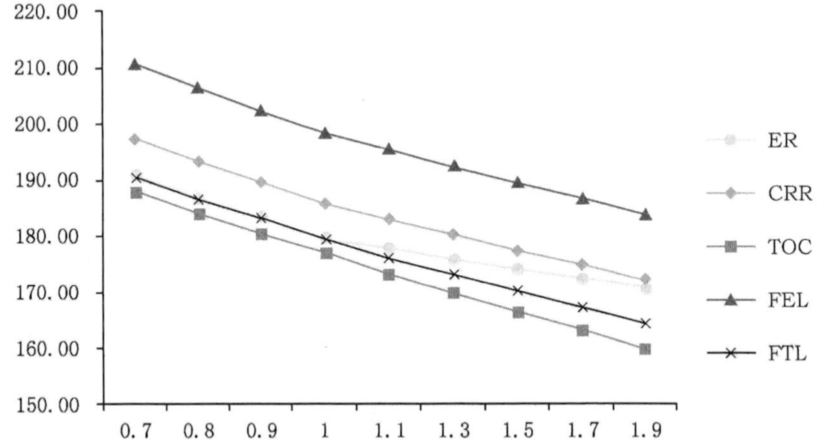

图 4—20　不同优化模式下吸收式制冷机组 COP 变化对总成本的影响情况

综合以上分析，相比各种模式可知，ECT 三种优化模式下的 CCHP 系统能够利用风能和太阳能满足电力、供暖和制冷的负荷需求，有着更好的能源效率、经济效益和环境效益。对比不同优化模式，ER 优化显示出最佳的能源利用性能，TOC 优化显示出最佳的经济性能，CER 优化显示出最佳的环境性能。

第五章　考虑能源转换效率的综合能源系统管理

第一节　多能转换设备特性分析

在综合能源系统中，清晰地展现系统架构是十分有必要的。传统的单一能源系统中，电源侧只考虑了单一的供能来源，即风电、光伏、电储能以及外部电网满足电负荷需求；外部气网满足气负荷需求；空气源热泵、热蓄能以及外部热网满足热负荷需求[60]；其中，冷负荷需求由空调进行满足，具体能源系统运行结构如图 5－1 所示。

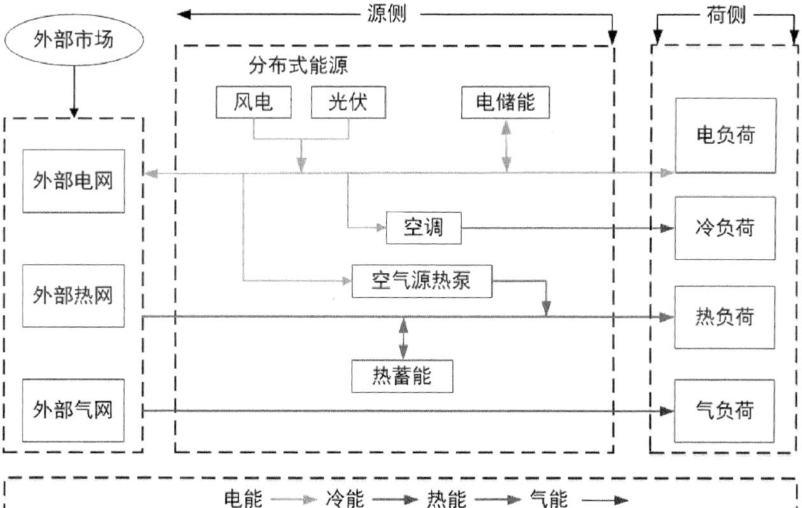

图 5－1　传统综合能源系统

由图 5—1 可知，在传统的单一供能系统中，由于不同能源之间无法进行相互转化，导致园区各个能源的利用效率偏低。同时，为了满足园区各类能源需求，消耗了较多的原材料，以及产生的多余能源又不能被有效利用，直接增加了系统用能成本[61]。此外，过多的原料消耗会产生大量的副产物，主要包括二氧化碳、二氧化氮等温室气体不能够得到有效控制，对环境污染也产生了较大影响。因此，在单一的供能系统基础上，主要考虑多种能源转换设备，包括 P2G 设备、CCHP 联供设备、空气源热泵、电制冷机等，可以逐步实现电—热、电—气、电—冷、热—冷等各能源之间的转化利用，以及增强各个能源子系统之间的耦合关系，具体多能源转换设备特性[62]。

基于单一供能系统存在的问题，以及各个能源转换设备特性，本章电源侧主要考虑了风电、光伏、电储能装置和外部电网进行供电[63]；气源侧主要考虑了外部气网和燃气轮机进行供气；热源侧主要考虑了空气源热泵、外部热网、蓄热装置和余热锅炉进行供热。而且，不同能源之间通过多能转换设备进行转化利用，具体包括 P2G 设备、CCHP 机组、电制冷机等，促进了多源协同运行，具体系统运行结构如图 5—2 所示。

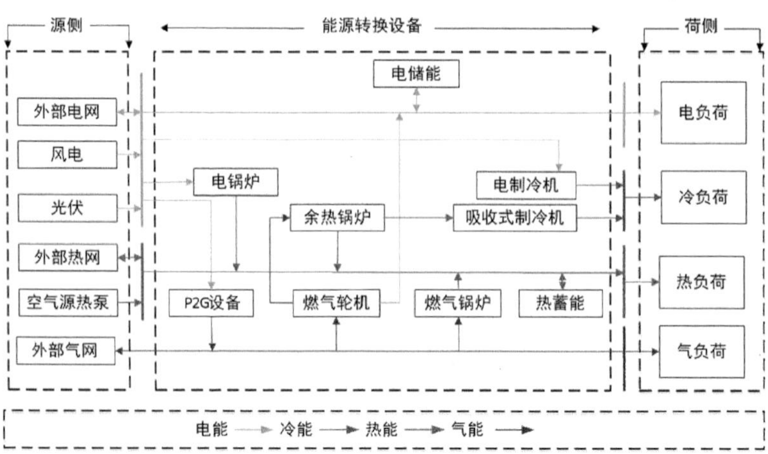

图 5—2　多源综合能源系统结构图

由图 5—2 可知，实现综合能源系统多源协同的多能转换设备分为五类，一是电—热协同设备，如电锅炉、燃气轮机[64]；二是电—气协同设备，如 P2G 设备、燃气轮机；三是气—热协同设备，如燃气轮机、燃气锅炉；四是电—冷协同设备，如电制冷机；五是热—冷协同设备，如吸收式制冷机。此外，源侧将各能源供应设备与多能转换设备的集成利用，实现了多源协同优化，以及有效满足了园区电、热、气、冷负荷需求[65]。

第二节　模型构建

针对多能源转换设备参与综合能源系统，需要考虑每种能源设备的自身运行条件和约束条件[66]，以系统投资收益最大化和清洁能源弃能率最小化为目标函数，建立多源协同多目标优化模型。

一、目标函数

针对多源互补协同结构运行特点，将各能源转换设备参与到系统多源协同运行结构中，以系统投资收益最大化和弃能率最小为目标的综合能源系统多源协同多目标优化模型，具体如下所述：

（一）目标函数 1：投资收益率最大

$$g_1=\max(G_1)=\frac{(S_{IES}-C_{IES})}{C_{IES}}\times 100\% \tag{5—1}$$

$$S_{IES}=\sum_{t=1}^{T}\Big(p_e(t)\cdot Q_{e,in}(t)+p_h(t)\cdot Q_{h,in}(t)+p_c(t)\cdot Q_{c,in}(t)\Big) \tag{5—2}$$

$$C_{IES}=\sum_{t=1}^{T}\Big(C_R(t)\Big)+C_D \tag{5—3}$$

$$C_R=\sum_{t=1}^{T}\sum_{\nu\in\Lambda}\mu^{\nu}P_t^{\nu} \tag{5—4}$$

$$C_D=\Big(C_{ic}^{i}-C_{rc}^{i}\Big)/L^{i} \tag{5—5}$$

式中，G_1 为园区综合能源系统投资净收益，S_{IES} 和 C_{IES} 分别为园区综合能源系统收益和成本。$p_e(t)$、$p_h(t)$ 和 $p_c(t)$ 分别为园区电、热、冷的价格；$Q_{e,in}(t)$、$Q_{h,in}(t)$ 和 $Q_{c,in}(t)$ 分别为由园区内部机组满足的电、热、冷负荷需求。C_R 为运行成本；C_D 为机组折旧成本。Λ 是系统内所有设备的集合；μ^{ν} 是设备类型 ν 的单位运行成本；P_t^{ν} 是在 t 时刻设备类型 ν 的运行功率。C_{ic}^{i} 为机组 i 的总投资成本；C_{rc}^{i} 为机组 i 的剩余成本，L^{i} 为机组 i 的使用寿命。

（二）目标函数 2：碳减排率最大

$$g_2=\max(G_2)=\frac{\sum_{t=1}^{T}\left\{\left(\gamma_a F_t^a+\psi P_{e,t}^a\right)-\left(\gamma_b F_t^b+\psi P_{e,t}^b\right)\right\}}{\sum_{t=1}^{T}\left(\gamma_b F_t^b+\psi P_{e,t}^b\right)} \tag{5-6}$$

式中，G_2 表示综合能源系统优化运行前后碳排放量的差值；F_t^a 和 F_t^b 表示优化前后的系统用能总量；$P_{e,t}^a$ 和 $P_{e,t}^b$ 分别表示优化前后的系统购电量；γ_a 和 γ_b 分别表示优化前后系统用能碳排放系数；ψ 表示电网平均碳排放系数。

（三）目标函数 3：弃能率最小

$$g_3=\min(G_3)=\frac{\sum_{t=1}^{T}\left(P_{ab,t}^{WT}+P_{ab,t}^{PV}\right)}{\sum_{t=1}^{T}\left(P_t^{WT}+P_t^{PV}\right)} \tag{5-7}$$

式中，G_3 表示多源协同综合能源系统弃风弃光量与实际可用新能源量的比值；$P_{ab,t}^{WT}$ 和 $P_{ab,t}^{PV}$ 分别表示弃风功率和弃光功率；P_t^{WT} 和 P_t^{PV} 分别表示风电功率和光电功率。

二、约束条件

为了满足多能转换设备参与系统多源协同模型的稳定运行，还需要考虑相应的约束条件，具体如下所述：

（一）电能平衡

综合能源系统内用电量与发电量需要保持瞬时平衡，即：

$$\begin{aligned}P_{e,t}^b+P_{e,t}^{PV}+P_{e,t}^{WT}+P_{e,t}^{GT}+P_{d,t}^{ESS}=&P_{e,t}^s+P_{e,t}^{HP}+P_{e,t}^{EB}+P_{e,t}^{PG}+P_{e,t}^{AC}\\&+P_{c,t}^{ESS}+P_{ab,t}^{PV}+P_{ab,t}^{WT}+P_t^{el}\end{aligned} \tag{5-8}$$

式中，$P_{e,t}^b$、$P_{e,t}^s$ 表示 t 时刻的外网购电功率和售电功率；$P_{e,t}^{WT}$ 和 $P_{e,t}^{PV}$ 分别表示 t 时刻的风力发电功率和光伏发电功率；$P_{e,t}^{GT}$ 表示 t 时刻的燃气锅炉发电功率；$P_{d,t}^{ESS}$ 和 $P_{c,t}^{ESS}$ 分别表示 t 时刻的储能系统放电功率和充电功率；$P_{e,t}^{HP}$、$P_{e,t}^{EB}$、$P_{e,t}^{PG}$、$P_{e,t}^{AC}$ 分别表示 t 时刻的空气源热泵用电功率、电锅炉用电功率、P2G 设备用电功率、电制冷机用电功率；P_t^{el} 表示园区 t 时刻的电负荷。

同时，在多源协同系统中，光伏组件和风机组件还需要考虑弃风弃光问题，也就是说实际使用的新能源量与弃用的新能源之和等于实际可用的新能源量。

$$P_{e,t}^{PV}+P_{ab,t}^{PV}=P_{t}^{PV} \tag{5-9}$$

$$P_{e,t}^{WT}+P_{ab,t}^{WT}=P_{t}^{WT} \tag{5-10}$$

（二）热平衡

多源协同综合能源系统与外界热网相连，因此需要考虑热能的买卖，即：

$$P_{h,t}^{b}+P_{h,t}^{HP}+P_{h,t}^{EB}+P_{h,t}^{GB}+P_{h,t}^{GT}+P_{d,t}^{TSS}=P_{h,t}^{s}+P_{h,t}^{EC}+P_{c,t}^{TSS}+P_{t}^{hl} \tag{5-11}$$

式中，$P_{h,t}^{b}$、$P_{h,t}^{s}$ 分别表示 t 时刻的外网购热功率和售热负荷功率；$P_{h,t}^{HP}$、$P_{h,t}^{EB}$、$P_{h,t}^{GB}$、$P_{h,t}^{GT}$ 分别表示 t 时刻空气源热泵、电锅炉、燃气锅炉和余热锅炉的供热功率；$P_{d,t}^{TSS}$、$P_{c,t}^{TSS}$ 分别表示 t 时刻热储能的充放热功率；$P_{h,t}^{EC}$ 表示 t 时刻吸收制冷机的耗热功率；P_{t}^{hl} 表示园区 t 时刻的热负荷。

（三）气平衡

多源协同综合能源系统中，除了外界燃气市场外，系统内部仅有 P2G 能源转换设备进行气能供应。

$$P_{g,t}^{b}+P_{g,t}^{PG}=P_{g,t}^{s}+P_{g,t}^{GB}+P_{g,t}^{GT}+P_{t}^{gl} \tag{5-12}$$

式中，$P_{g,t}^{b}$、$P_{g,t}^{s}$ 分别表示 t 时刻外网购气功率和售气功率；$P_{g,t}^{PG}$ 表示 P2G 设备 t 时刻的产气功率；$P_{g,t}^{GB}$ 为燃气锅炉在 t 时刻的耗气功率；$P_{g,t}^{GT}$ 为燃气轮机在 t 时刻的耗气功率；P_{t}^{gl} 表示园区 t 时刻的用气需求负荷。

（四）冷平衡

多源协同综合能源系统中，主要由电制冷机和吸收式制冷机两个能源转换设备进行供冷。

$$P_{c,t}^{EC}+P_{c,t}^{AC}=P_{t}^{cl} \tag{5-13}$$

式中，$P_{c,t}^{EC}$、$P_{c,t}^{AC}$ 分别表示 t 时刻的压缩制冷和吸收制冷机的制冷功率；P_{t}^{cl} 表示园区 t 时刻的冷负荷。

（五）能源传输平衡

由于设计的多源协同综合能源系统与外部电网、热网和气网相连，实现了与外界能源市场的交换。也就是说，当系统内部能源供应大于内部能源需求时，可以向外界能源市场输出，当系统内部能源供应小于内部能源需求时，则需要向外部能源市场购买。但从现实情况出发考虑，任意时刻能源的传输被限制在一定的范围之内。

$$P_e^{\min} \leqslant P_{e,t}^b, P_{e,t}^s \leqslant P_e^{\max} \tag{5-14}$$

$$P_h^{\min} \leqslant P_{h,t}^b, P_{h,t}^s \leqslant P_h^{\max} \tag{5-15}$$

$$P_g^{\min} \leqslant P_{g,t}^b, P_{g,t}^s \leqslant P_g^{\max} \tag{5-16}$$

同时，冷负荷的供应和需求一般仅需考虑内部情况。

（六）机组出力

多源协同综合能源系统运行结构中，还需要考虑各机组出力约束，具体包括风电、光伏、空气源热泵、P2G 设备、燃气锅炉、CCHP 机组、电制冷机和电/热储能装置，具体如下所述：

1. 风力光伏机组

$$0 \leqslant P_t^{WPP} \leqslant P_{WPP}^{\max} \tag{5-17}$$

$$0 \leqslant P_t^{PV} \leqslant P_{PV}^{\max} \tag{5-18}$$

式中，$P_{WPP}^{\max}$ 和 $P_{PV}^{\max}$ 为风电、光伏机组出力的上限。光伏系统的功率曲线一般满足 β 分布概率密度函数。

$$f(\theta)=\begin{cases}\dfrac{\Gamma(\alpha)\Gamma(\beta)}{\Gamma(\alpha)+\Gamma(\beta)}\theta^{\alpha-1}(^1-\theta)\beta-1, 0<\theta<1, \alpha>0, \beta>0 \\ 0, \quad 其他\end{cases} \tag{5-19}$$

$$\alpha=\frac{\mu\times\beta}{1-\mu} \tag{5-20}$$

$$\beta=(1-\mu)\times\left(\frac{\mu\times(1+\mu)}{\delta^2}-1\right) \tag{5-21}$$

$$P(\theta)=\int_{\theta_c}^{\theta_d} f(\theta)d\theta \tag{5-22}$$

$$P_t^{PV}=\eta^{PV}S^{PV}\theta_t \tag{5-23}$$

式中，α 和 β 分别为 Beta 分布的形状参数；θ 为辐射强度；μ 和 δ 为日光辐射的均值和正态分布值；θ_c、θ_d 为日照辐射度 θ 的上下限；η^{PV} 为转化效率；S^{PV} 为光伏组件的总面积；θ_t 为在 t 时段的太阳辐射强度。

风速的强弱决定了风电机组输出功率的大小，自然风风速随机性较强，发电功率与风速满足以下关系。

$$P_t^{WT}=\begin{cases}0, & v<V_{in}, v>V_{out} \\ 0.5C_p\rho A_w v^3, & V_{in}\leqslant v<V_r \\ P_r^{WT}, & V_r\leqslant v\leqslant V_{out}\end{cases} \tag{5-24}$$

$$\frac{v}{v_0}=\left(\frac{h}{h_0}\right)^{\upsilon} \tag{5-25}$$

式中，C_p 为风能利用系数；ρ 为空气密度；A_w 为风速在机组叶片扫过区域上垂直投影面积；P_r^{WT} 为机组的额定功率；V_{in}、V_r 和 V_{out} 为风电机组切入、额定和切出风速。v 为高度为 h 的叶片处的实际风速；v_0 为高度 h_0 处测得的风速；υ 为换算系数。

2. 锅炉

$$\Delta P_{\min}^{GB}\leqslant P_{h,t}^{GB}-P_{h,t-1}^{GB}\leqslant \Delta P_{\max}^{GB} \tag{5-26}$$

$$P_{g,\min}^{GB}\leqslant P_{g,t}^{GB}\leqslant P_{g,rated}^{GB} \tag{5-27}$$

$$P_{h,\min}^{HB}\leqslant P_{h,t}^{HB}\leqslant P_{h,\max}^{HB} \tag{5-28}$$

$$P_{h,t}^{EB}=\eta^{EB}P_{e,t}^{EB} \tag{5-29}$$

$$P_{h,t}^{GB}=\eta^{GB}P_{g,t}^{GB} \tag{5-30}$$

$$P_{h,t}^{HB}=\frac{P_{e,t}^{GT}\left(1-\eta^{GT}-\eta_s^{GT}\right)}{\eta^{GT}}\eta^{HB}COP^{HB} \tag{5-31}$$

式中，$\Delta P_{\min}^{GB}$、$\Delta P_{\max}^{GB}$、$P_{g,\min}^{GB}$ 和 $P_{g,rated}^{GB}$ 分别为燃气锅炉的爬坡上下限和出力大小范围。$P_{h,\min}^{HB}$ 和 $P_{h,\max}^{HB}$ 分别为余热锅炉的出力上下限；η^{EB} 为电锅炉的电—热转化效率；η^{GB} 为燃气锅炉的产热效率；η_s^{GT} 为燃气轮机散热损失系数；η^{HB} 为热回收效率；COP^{HB} 为余热锅炉的能效比。

3. 燃气轮机

$$\Delta P_{\min}^{GT}\leqslant P_{e,t}^{GT}-P_{e,t-1}^{GT}\leqslant \Delta P_{\max}^{GT} \tag{5-32}$$

$$P_{e,\min}^{GT}\leqslant P_{e,t}^{GT}\leqslant P_{e,\max}^{GT} \tag{5-33}$$

$$P_{e,t}^{GT}=\eta^{GT}P_{g,t}^{GT} \tag{5-34}$$

$$\xi=\frac{P_{h,t}^{GT}}{P_{e,t}^{GT}} \tag{5-35}$$

式中，$\Delta P_{\min}^{GT}$ 和 $\Delta P_{\max}^{GT}$，$P_{e,\min}^{GT}$ 和 $P_{e,\max}^{GT}$ 分别表示燃气轮机的爬坡上下限和出力大小范围；η^{GT} 表示燃气锅炉的发电效率系数；燃气轮机的发电量与产热量之间满足一定的比例关系，通常用电热比 ξ 表示。

4. 制冷机

$$P_{c,\min}^{EC}\leqslant P_{c,t}^{EC}\leqslant P_{c,\max}^{EC} \tag{5-36}$$

$$P_{c,\min}^{AC} \leqslant P_{c,t}^{AC} \leqslant P_{c,\max}^{AC} \tag{5-37}$$

$$P_{c,t}^{EC} = P_{h,t}^{EC} COP^{EC} \tag{5-38}$$

$$P_{c,t}^{AC} = P_{e,t}^{AC} COP^{AC} \tag{5-39}$$

$$P_{c,\min}^{AC} \leqslant P_{c,t}^{AC} \leqslant P_{c,\max}^{AC} \tag{5-40}$$

式中，$P_{c,\min}^{AC}$ 和 $P_{c,\max}^{AC}$ 分别表示出力上下限；$P_{c,\min}^{EC}$ 和 $P_{c,rated}^{EC}$ 分别表示吸收式制冷机的出力上下限；COP^{EC} 为吸收式制冷机的能效比，一般取 0.8；COP^{AC} 为电制冷机的能效比，取值为 3。

5. 储能

$$E_{\min}^{s} \leqslant E_{t}^{s} \leqslant E_{\max}^{s} \tag{5-41}$$

$$P_{c,\min}^{ESS} \leqslant P_{c,t}^{ESS} \leqslant P_{c,\max}^{ESS} \tag{5-42}$$

$$P_{d,\min}^{ESS} \leqslant P_{d,t}^{ESS} \leqslant P_{d,\max}^{ESS} \tag{5-43}$$

$$E_{T}^{s} = E_{1}^{s} \tag{5-44}$$

$$E_{t+1}^{s} = (1-\theta^{ESS}) E_{t}^{s} + \eta_{e,c} P_{c,t}^{ESS} - \frac{P_{d,t}^{ESS}}{\eta_{e,d}} \tag{5-45}$$

式中，$E_{\min}^{s}$ 和 $E_{\max}^{s}$ 为电储能的储能容量上下限；$P_{c,\min}^{ESS}$、$P_{c,\max}^{ESS}$、$P_{d,\min}^{ESS}$ 和 $P_{d,\max}^{ESS}$ 分别表示电储能的充放电上下限；E_{T}^{s} 和 E_{1}^{s} 分别表示电储能系统运行始末时刻的储能容量；E_{t}^{s} 为 t 时刻电储能的储能容量；θ^{ESS} 为电储能的自放电效率；$\eta_{e,c}$ 和 $\eta_{e,d}$ 为电储能的充放电效率。

$$H_{\min}^{s} \leqslant H_{t}^{s} \leqslant H_{\max}^{s} \tag{5-46}$$

$$P_{c,\min}^{TSS} \leqslant P_{c,t}^{TSS} \leqslant P_{c,\max}^{TSS} \tag{5-47}$$

$$P_{d,\min}^{TSS} \leqslant P_{d,t}^{TSS} \leqslant P_{d,\max}^{TSS} \tag{5-48}$$

$$H_{T}^{s} = H_{1}^{s} \tag{5-49}$$

$$H_{t+1}^{s} = (1-\theta^{TSS}) H_{t}^{s} + \eta_{h,c} P_{c,t}^{TSS} - \frac{P_{d,t}^{TSS}}{\eta_{h,d}} \tag{5-50}$$

式中，$H_{\min}^{s}$ 和 $H_{\max}^{s}$ 为热储能的储能容量上下限；$P_{c,\min}^{TSS}$、$P_{c,\max}^{TSS}$、$P_{d,\min}^{TSS}$ 和 $P_{d,\max}^{TSS}$ 分别表示热储能的充放热上下限；H_{T}^{s} 和 H_{1}^{s} 分别为热储能系统运行始末时刻的储能容量；H_{t}^{s} 为 t 时刻热储能的储能容量；θ^{TSS} 为热储能的自放热效率；$\eta_{h,c}$ 和 $\eta_{h,d}$ 为热储能的充放热效率。

$$u^{P_{c,t}^{ESS}} P_{c,\min}^{ESS} \leqslant P_{c,t}^{ESS} \leqslant u^{P_{c,t}^{ESS}} P_{c,\max}^{ESS} \tag{5-51}$$

$$u^{P_{d,t}^{ESS}} P_{d,\min}^{ESS} \leqslant P_{d,t}^{ESS} \leqslant u^{P_{d,t}^{ESS}} P_{d,\max}^{ESS} \tag{5-52}$$

$$u^{P_{c,t}^{ESS}} + u^{P_{d,t}^{ESS}} \leqslant 1 \tag{5-53}$$

式中，$u^{P_{c,t}^{ESS}}$ 和 $u^{P_{d,t}^{ESS}}$ 表示两个辅助 0-1 变量，$u^{P_{c,t}^{ESS}}=1$ 表示电储能组件处于充电状态，反之则不在充电状态。同理，$u^{P_{d,t}^{ESS}}=1$ 时，电储能组件处于放电状态，反之则不在放电状态。

6. 空气源热泵

空气源热泵供暖是一种清洁的供暖方式，且在严寒地区的实际运行具有较好的应用前景。在系统协同运行结构中，对不能直接利用的能量利用起来，将热能从低品位转换成高品位，有效达到了节约能量的目的。

$$\Delta P_{\min}^{HP} \leqslant P_{e,t}^{HP} - P_{e,t-1}^{HP} \leqslant \Delta P_{\max}^{HP} \tag{5-54}$$

$$P_{e,\min}^{HP} \leqslant P_{e,t}^{HP} \leqslant P_{e,rated}^{HP} \tag{5-55}$$

$$P_{h,t}^{HP} = P_{e,t}^{HP} COP^{HP} \tag{5-56}$$

式中，$\Delta P_{\min}^{HP}$ 和 $\Delta P_{\max}^{HP}$ 为空气源热泵的爬坡上下限，$P_{e,\min}^{HP}$ 和 $P_{e,rated}^{HP}$ 为空气源热泵在 t 时刻出力的大小范围；COP^{HP} 为空气源热泵的能效系数。

7. P2G 能源转换设备

P2G 设备是新型的电—气协同装置，通过将水进行电解，得到氢气和氧气，然后将氢气与二氧化碳反应，生成甲烷，并可直接供给园区综合能源系统使用。

$$P_{g,t}^{P2G} = \eta^{P2G} P_{e,t}^{P2G} \tag{5-57}$$

$$\Delta P_{\min}^{PG} \leqslant P_{e,t}^{PG} - P_{e,t-1}^{PG} \leqslant \Delta P_{\max}^{PG} \tag{5-58}$$

$$P_{e,\min}^{PG} \leqslant P_{e,t}^{PG} \leqslant P_{e,\max}^{PG} \tag{5-59}$$

式中，$\Delta P_{\min}^{PG}$ 和 $\Delta P_{\max}^{PG}$ 表示 P2G 设备的爬坡上下限，$P_{e,\min}^{PG}$ 和 $P_{e,\max}^{PG}$ 表示 P2G 装置的出力上下限。

三、多目标优化模型求解方法

在多源协同优化模型中，兼顾了系统投资收益率和弃能率，设计了一个具有复杂约束条件的非线性优化问题，以及目标之间有一定的矛盾性[67]。结合多能源转换设备参与系统特性，借助多目标粒子群算法求解上述多目标优化模型，以及根据模糊评价法选取了最优折中解，并采用通用优化软件 GAMS 进行求解。

粒子群算法(Particle Swarm Optimization,PSO)是一种新型的群智能随机搜索方法,具有收敛速度快、效率高、应用范围广等特点。在求解本章提出的多源协同多目标优化问题时,基本多目标粒子群算法(Multi-objective particle swarm optimization,MOPSO)在解的收敛性和多样性分布方面有一定的缺点[68]。在此基础上,为了保证多源协同多目标优化问题解能够收敛到 Pareto 最优前沿,得到一个非劣解构成的 Pareto 最优解集,并实现分布均匀效果,需要改进基本多目标粒子群算法,具体做法如下所述:

(1)在选取多源协同优化模型种群全局最优粒子及局部最优粒子时,需要不断更新粒子速度和位置。

(2)在搜索多源协同优化模型最优解时,比较外部档案中已有支配解和更新解,删除被支配解,以及维持原有外部档案大小的基础上,不断更新外部档案中的最优解集和运行策略[69]。同时,在更新最优解集策略过程中,一般判断粒子之间的拥挤距离进行筛选,具体数学表达式,即:

$$D_t = \sum_{i}^{3} \left| \frac{g_{i,t+1} - g_{i,t-1}}{g_i^{\max} - g_i^{\min}} \right| \tag{5-60}$$

式中,D_t 为第 t 个粒子的拥挤距离,$f_i^{\max}$、$f_i^{\min}$ 分别为多源协同运行模型中第 i 个目标函数的最大值和最小值。此外,当 D_t 越大时,说明在粒子 t 附近越稀疏,以此判断能够留在外部档案中的粒子,也就是支配解,不仅避免了优化模型陷入局部最优现象,也保证了外部档案的多样性。

(3)在搜索多源协同最优解的过程中,为了避免陷入局部最优情况,引入了变异算子,设置扰动因子以便保持种群内部的多样性[70]。

由上述可知,在采用改进的多目标粒子群算法求解多源协同优化模型,只能得到 Pareto 最优解集。因此,为了兼顾多源系统投资净收益最大和弃能率最小的多目标问题,引入模糊理论思想,挑选满意度最大的解作为多源协同优化模型的折中解。

$$OPT = \sum_{i=1}^{I} \mu_i \tag{5-61}$$

$$\mu_i = \begin{cases} 1, & g_i \leqslant g_i^{\min} \\ \dfrac{g_i^{\max} - g_i}{g_i^{\max} - g_i^{\min}}, & g_i^{\min} \leqslant g_i \leqslant g_i^{\max} \\ 0, & g_i \geqslant g_i^{\max} \end{cases} \tag{5-62}$$

式中，OPT 为多源协同优化模型最大的折中解，g_i 为第 i 个目标函数值，$g_i^{\min}$、$g_i^{\max}$ 分别为多源协同优化模型第 i 个目标函数的最小值和最大值。

第三节　应用分析

为了验证提出模型的可行性和准确性，选取了中国某园区综合能源系统典型日进行算例分析。

一、基础数据

该综合能源系统主要包括了风电机组、光伏发电机组、燃气轮机、气储能和余热锅炉，各设备功率分别为 150MW、50MW、20MW、30MW 和 30MW，以及其他能源组件[71—72]，即储电设备、储热设备、吸收式制冷机、换热装置、电制冷机、P2G 设备配置容量均为 10MW。

针对园区所在地自然条件和各能源实际负荷水平，借助上述发电模型，不仅得到园区典型日供电能力，也能够预测出园区典型日电、热、冷需求量，其中内部气负荷需求仅为燃气机组运营需求，具体如图 5—3 和图 5—4 所示。

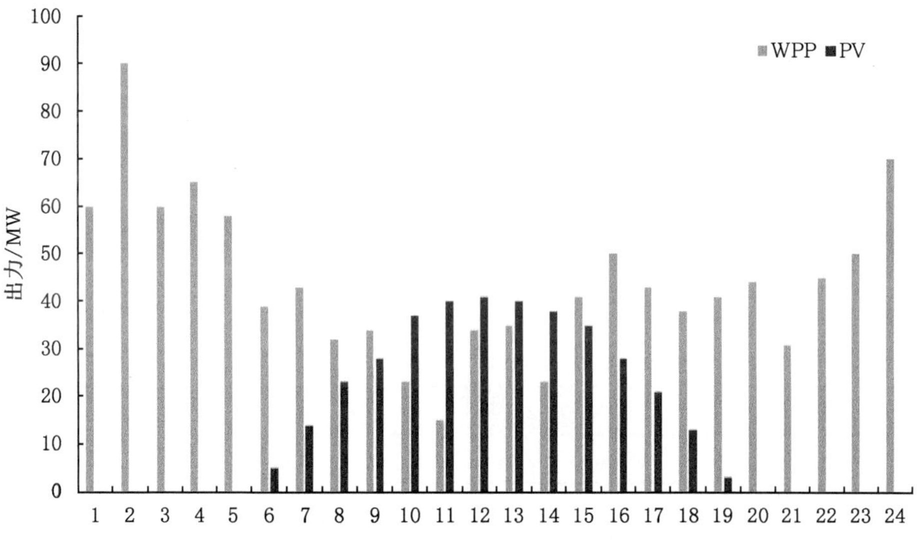

图 5—3　典型日风电光伏出力

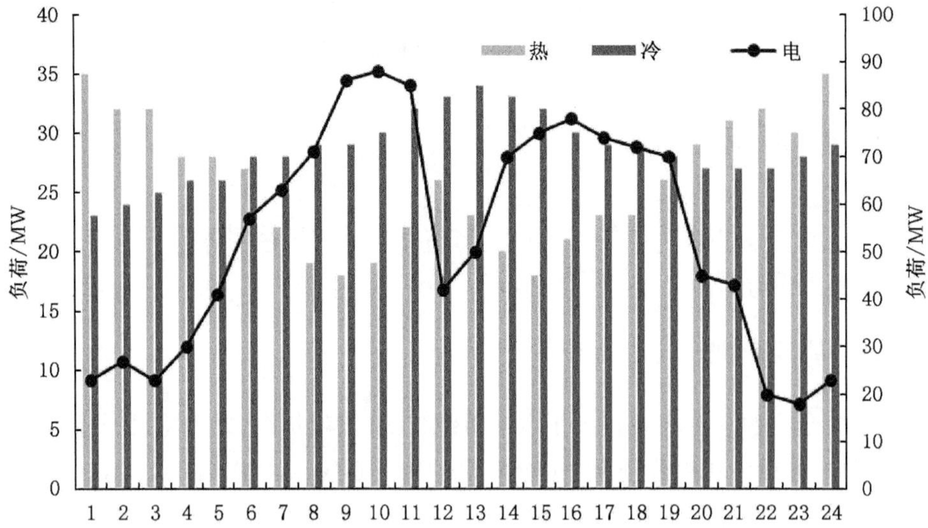

图 5—4　典型日负荷需求

结合园区各个能源价格以及参照国内外供能市场情况，综合折算出园区内部和外部各能源供能价格，具体如表 5—1 所示。

表 5—1　　能源价格

类别	时间段划分	时间段	内部 （美元/MW・h）	外部 （美元/MW・h）
电价	谷时段	（23:00—7:00）	46.38	49.28
	平时段	（11:00—14:00）（18:00—23:00）	97.10	101.45
	峰时段	（7:00—11:00）（14:00—18:00）	160.87	169.57
热价	谷时段	（21:00—6:00）	40.58	43.48
	平时段	（6:00—9:00）（12:00—18:00）	69.57	72.46
	峰时段	（9:00—12:00）（18:00—21:00）	97.10	101.45
冷价	全时段	（0:00—24:00）	34.78	34.78
气价	全时段	（0:00—24:00）	0.00	42.03

此外，在系统多源协同优化模型中，萤火虫数量 $m=80$，光强系数 $\gamma=1.0$，最大吸引力 $\beta_0=1.0$，最大迭代次数 $I=300$ 次，混沌搜索次数为 20 代，以及下层

优化模型中置信度水平取为 0.95。

根据园区协同运行结构可知，多能源转换设备参与园区综合能源系统协同运行是影响内部清洁能源消纳、系统收益和用户成本的重要因素之一[73-74]。因此，以多能源转换设备作为变动因素，设置了四种不同的场景，探讨园区综合能源系统多源协同优化情况，具体如表 5—2 所示：

表 5—2　　场景设置

类别	能源生产		能源转换设备				
	风电	光伏	CCHP	燃气锅炉	P2G	电制冷机	空气源热泵
情景 1	√	√	×	×	×	×	×
情景 2	√	√	×	×	√	√	√
情景 3	√	√	√	√	×	×	×
情景 4	√	√	√	√	√	√	√

注：符号×代表不参与协同运行，符号√代表参与协同运行。

由表 5—2 可知，场景 1 各类能源转换设备不参与系统协同运行，就是单一的基本能源系统运行结构。场景 2 在场景 1 的基础上，考虑了电转换设备，包括 P2G 设备、电制冷机设备和空气源热泵等参与能源系统协同运行，实现了系统内的多余电转换成其他能源或者向外进行电能交易；场景 3 在场景 1 的基础上，考虑了气转换设备，包括 CCHP 机组和燃气锅炉参与能源系统协同运行，实现了系统内部的气能转换其他能源；场景 4 在场景 1 和场景 2 的基础上，全面考虑了各种能源转换设备参与系统协同运行。

二、优化结果分析

针对上述情景设置，对园区综合能源系统多源协同优化情况进行实际的算例分析和讨论，具体如下所述：

（一）情景 1 协同优化结果

由于情景 1 中的能源生产主要以风电、光伏等清洁能源和各类外部能源市场满足终端用户的用能需求，是单一的能源系统，清洁能源利用、电负荷和热负荷情况具体如图 5—5 所示。

由图 5—5 可知，情景 1 下，采用风电和光伏清洁能源能在用电低谷期单独

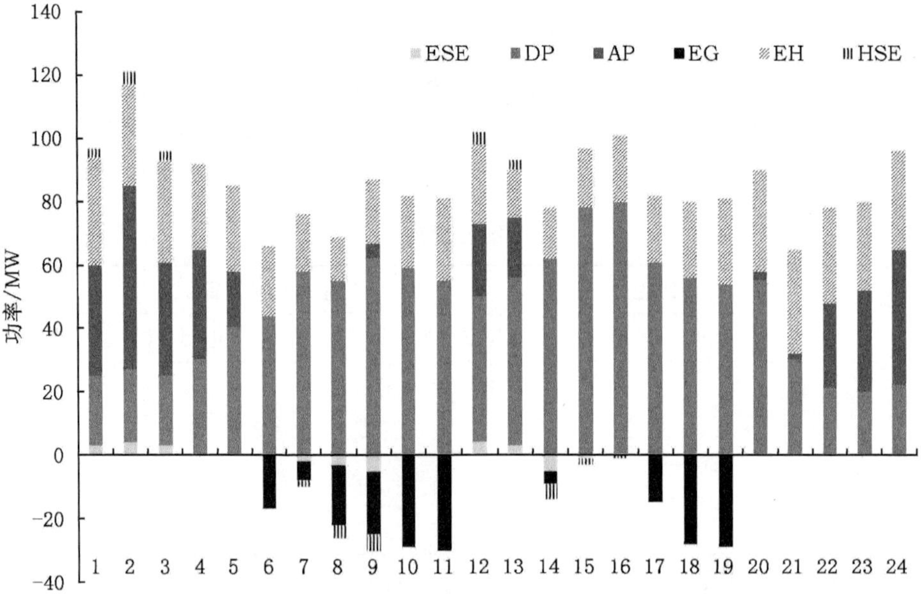

图 5—5 情景 1 下的清洁能源利用、电力供应和供热结果

满足园区内部电负荷需求，虽然储电设备通过"低充高放"原则满足了一部分用电高峰期电负荷需求，但用电高峰期(6:00—11:00、14:00、17:00—19:00 时段)仍需要向外部电网供能。在外部热价较低时(1:00—3:00 和 12:00—13:00 时段)，储热设备通过购买外部热能在内部热价较高时(7:00—9:00 和 14:00—16:00)满足了部分热负荷需求，其他时段均由外部供热系统满足。此外，基于传统的单一供能系统结构可知，在情景 1 下，冷负荷均由外部市场供应，结合基本假设条件，内部气负荷需求由燃气机组供应运营，且情景 1 中主要考虑了风电和光伏，且不考虑系统气负荷供应[75]。因此，在场景 1 下，该单一能源系统的经济与环境效益结果具体如表 5—3 所示：

表 5—3 情景 1 下的经济和环境效益

类型	用户成本			系统供能净收益		
分类	冷成本	热成本	电成本	热收益	电收益	冷收益
价格(千美元)	25.00	42.85	163.16	1.09	133.42	0.00

续表

类型	用户成本			系统供能净收益		
类型	弃能率	弃能惩罚	碳减排率	系统投资净收益	收益率	
价格(千美元)	22%	1656.50	12.32%	26.10	9.3%	

由表5－3可知，对电负荷而言，由于外部电价高于内部电价，在情景1下，用户用电成本较高，约为231千美元。对热负荷而言，在情景1下，系统的热收益较低，约为1.09千美元。同时，虽然储电设备在一定程度上减少了弃能量，但总体弃能水平较高，约为22%，导致系统内部协同运行效率较低，以及系统环境效益低。因此，结合上述经济与环境效益结果可知，系统协同运行弃能量较高，导致弃能惩罚约为1 656.5千美元，直接降低了系统的经济效益，导致收益率仅9.3%。

(二)情景2协同优化结果

在情景2中，由于无电转换设备，清洁能源弃能量仅由储电装置进行储存，清洁能源利用情况与情景1类似。同时，在情景1的基础上考虑了各类气转换设备参与综合能源系统的协同运行，具体得到电负荷协同运行结果、热负荷协同运行结果和冷负荷协同运行结果，具体如图5－6所示。

由图5－6可知，情景2下，与情景1不同的是，气转换装置参与系统协同运行，CCHP中燃气轮机参与电负荷供应，在用电高峰期(6:00—11:00时段和17:00—19:00时段)满足了约143MW的电负荷需求，直接降低了外部电网的供能量，相较于情景1，外部供能量降低了约140.907MW。气转换装置参与系统协同运行，换热装置吸收余热锅炉余热，进行热转换，在6:00—12:00和17:00—19:00共计满足了197.4MW的热负荷，燃气锅炉在20:00—5:00和12:00—16:00满足了约280MW的热负荷，直接减少了外部供热量。气转换装置参与系统协同运行，吸收式制冷机吸收余热锅炉余热，进行冷转换，在6:00，8:00—11:00和17:00—19:00共满足了219.15MW的冷负荷。因此，在情景2下，气转热能源转换设备参与综合能源系统的经济与环境效益，具体如表5－4所示。

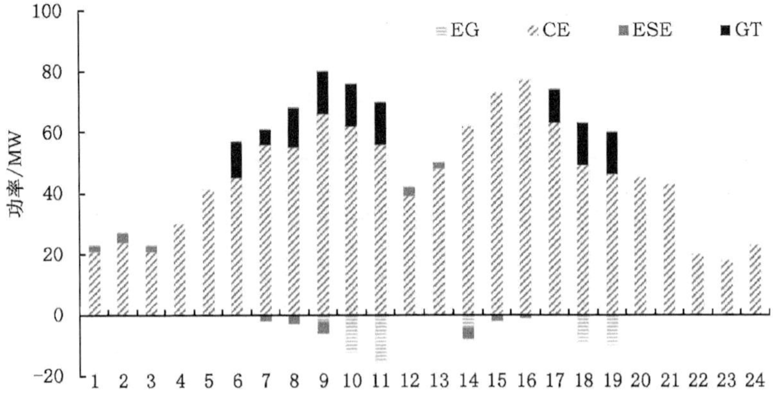

(a)电负荷

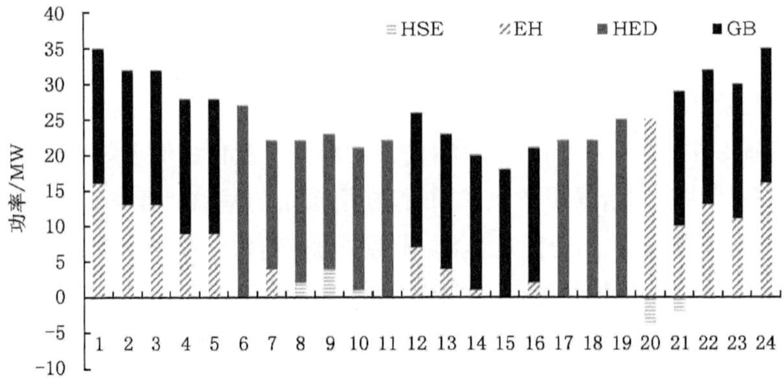

(b)热负荷

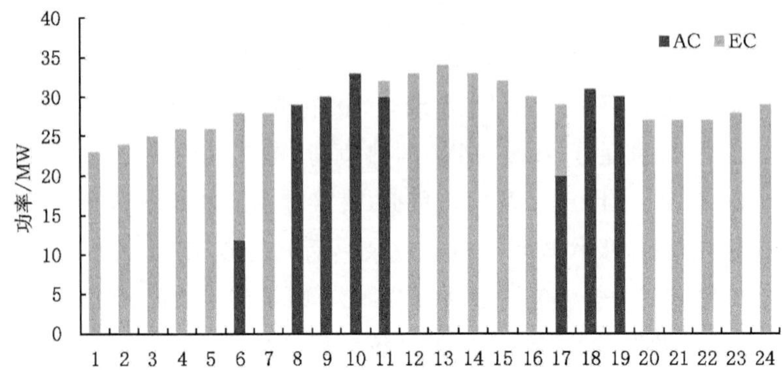

(c)冷负荷

图 5—6　情景 2 下的负荷供应情况

表 5—4　　情景 2 下的经济和环境效益

类型	用户成本			系统供能净收益		
分类	冷成本	热成本	电成本	热收益	电收益	冷收益
价格(千美元)	24.62	41.14	161.45	33.55	155.25	1 349.28
类型	弃能率	弃能惩罚	碳减排率	系统投资净收益	收益率	
价格(千美元)	24%	1 656.52	14.38%	55.40	12.3%	

由表 5—4 可知，相较于情景 1，针对电负荷而言，CCHP 机组参与系统协同运行，直接降低了用户用电成本约 4 000 美元，虽然增加了 CCHP 日折旧和日运维成本约 3.87 千美元，但系统日电收益增加了 23 千美元，实现了系统与用户的双赢。针对热负荷而言，虽然系统日热收益增加了 32 千美元，但用户用热成本降低了 1.71 千美元。针对冷负荷而言，系统日冷收益增加了 1 349.28 千美元，用户用冷成本降低了 0.38 千美元。此外，针对清洁能源利用情况而言，与情景 1 类似，弃能率较高，导致弃能惩罚成本约 1 656.62 千美元，但收益率增长到 12.3%。

(三)情景 3 协同优化结果

在情景 3 中，假定燃气不进行外送，在情景 1 的基础上考虑了各类电转换设备参与综合能源系统的协同运行，具体电负荷协同运行结果、热负荷协同运行结果和冷负荷协同运行结果具体如图 5—7 所示。

由图 5—7 可知，情景 3 中的电制冷机、空气源热泵和 P2G 等电转换设备参与系统协同运行，在清洁能源供能高峰期，吸纳清洁能源弃能，直接降低了清洁能源弃能量。对于电负荷而言，园区内部电负荷供应结果与情景 1 相似，在用电高峰期均需要外部电网进行补给。对于热负荷而言，由于电—热转换设备，在 22:00—5:00 和 12:00—13:00 满足了约 300.4MW 的热负荷，直接减少了外部供热量。对于冷负荷而言，与热负荷协同运行相似，在考虑电转换设备参与时，内部冷负荷由电制冷机供应，在清洁能源出力高峰期，吸收了清洁能源弃能，进行电转冷转换时，在 22:00—5:00 和 12:00—13:00 满足了约 286.2MW 的冷负荷，直接减少了外部供冷量。因此，在场景 3 下，电转热能源转换设备参与综合能源系统的经济与环境效益，具体如表 5—5 所示。

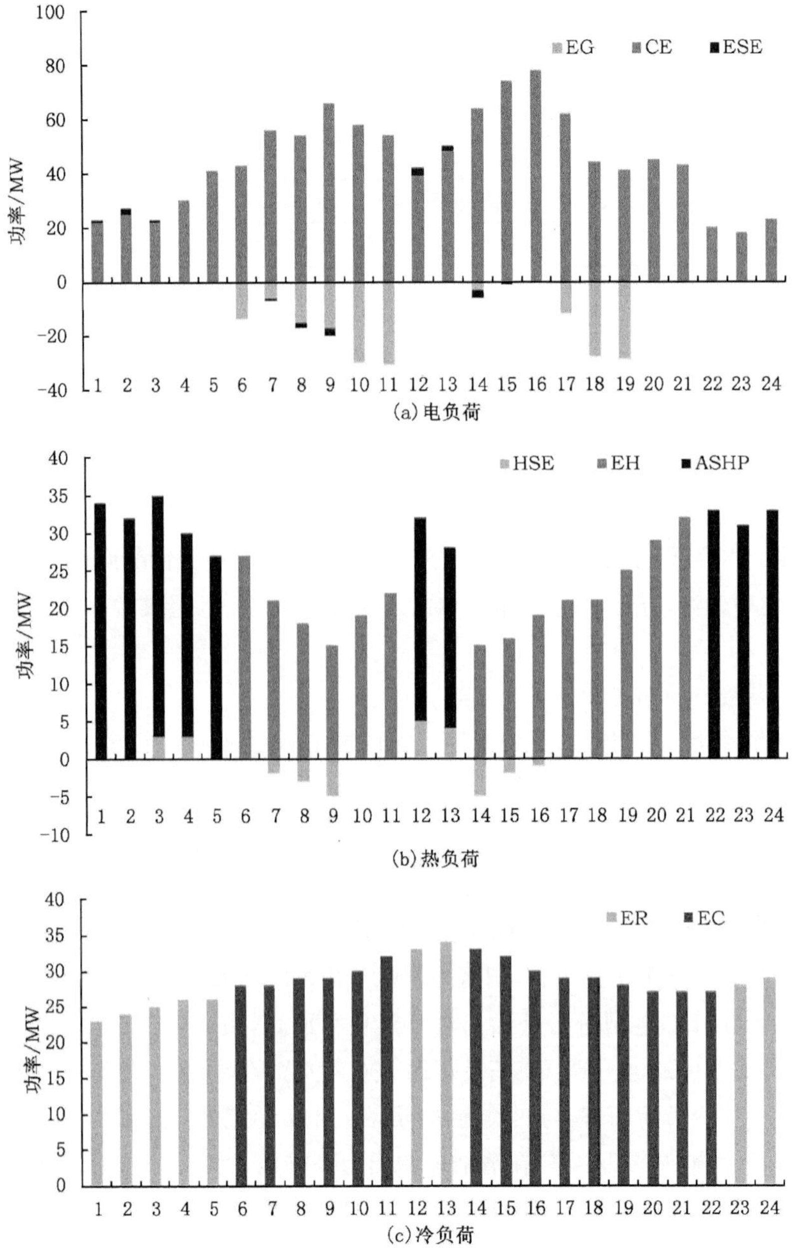

图 5—7　情景 3 下的负荷供应情况

表 5—5　　情景 3 下的经济和环境效益

类型	用户成本			系统供能净收益		
分类	冷成本	热成本	电成本	热收益	电收益	冷收益
价格(千美元)	24.51	42.09	163.54	15.50	133.81	9.33
类型	弃能率	弃能惩罚	碳减排率	系统投资净收益	收益率	
价格(千美元)	12.20%	3.15	13.25%	68.25	14.21%	

由表 4 可知，相较于情景 1 优化结果，对于热负荷而言，虽然增加了空气源热泵的运维和折旧成本约 0.177 千美元，但用户的热成本降低了约 0.73 千美元，热收益增加了 14.3 千美元。对于冷负荷而言，内部冷价低于外部冷价，外部供能量的降低，导致用户的冷成本降低了约 0.49 千美元，内部冷收益增加了 9.33 千美元。针对清洁能源利用率而言，弃能量降低了约 12.2%，造成了弃能惩罚约 3.15 千美元，但系统投资净收益增加了 24 千美元，收益率达到了 14.21%，直接验证了多能电转换设备对于提升园区综合能源系统多源协同优化具有重要作用。

(四)情景 4 协同优化结果

在情景 4 中，综合考虑电/气转换设备参与综合能源系统协同运行，具体可以得到清洁能源利用情况、电负荷协同运行结果、热负荷协同运行结果和冷负荷协同运行结果，具体如图 5—8 和图 5—9 所示。

由图 5—8 和图 5—9 可知，园区内部电负荷供应结果与情景 3 相似，由内部供能 CCHP 机组燃气轮机、清洁能源机组、储能设备共同满足，在用电高峰期由外部电网进行补给。同时考虑气转换装置和电转换装置，其通过多源转换，电转热设备通过电—热转换，气转热设备通过气—热转换，分别共满足 300.4MW 和 280.4MW 的热负荷需求，外部供热量降低明显。与热负荷供应相似，随着多能源转换设备的投入，外部供能量降低[76]。因此，在情景 4 下，电/气转换设备参与综合能源系统的经济与环境效益，具体如表 5—6 所示。

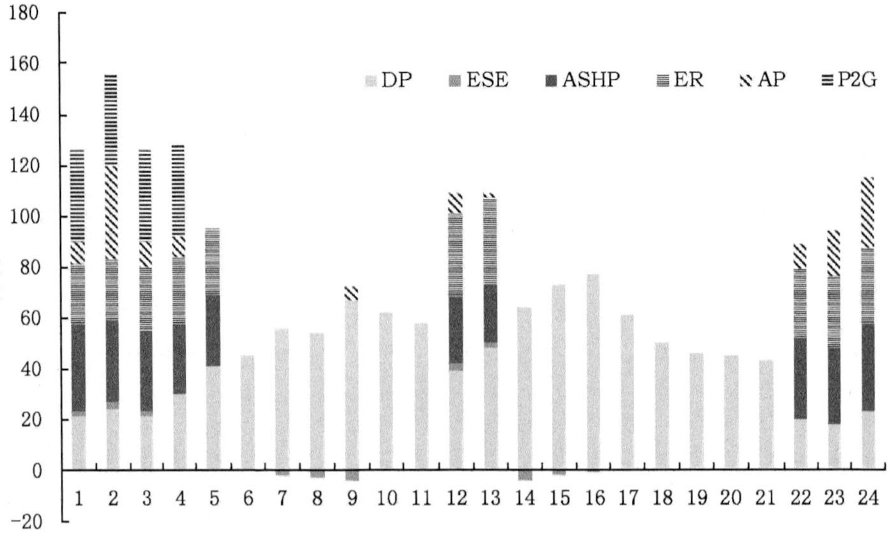

图 5—8　清洁能源供应情况

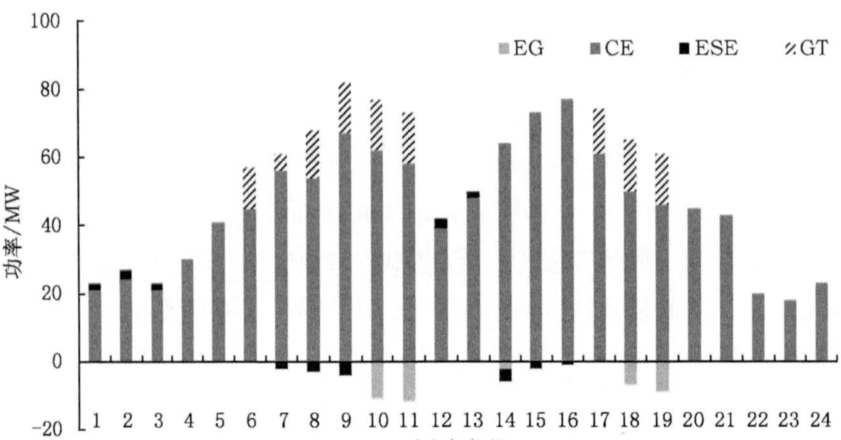

(a)电负荷

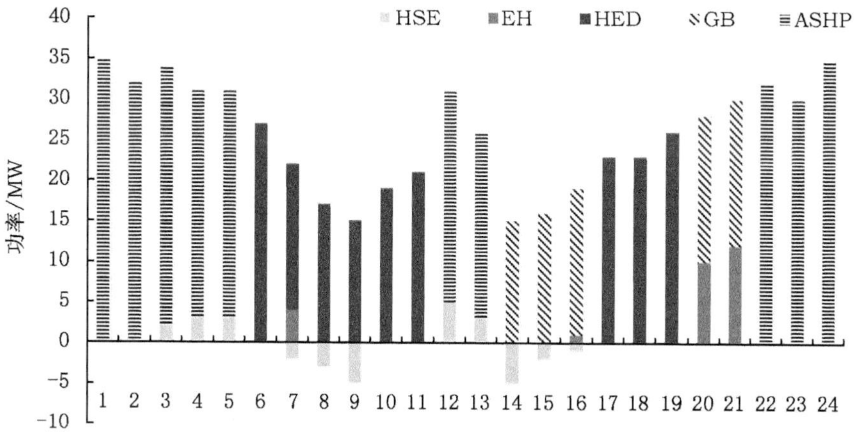

(b)热负荷

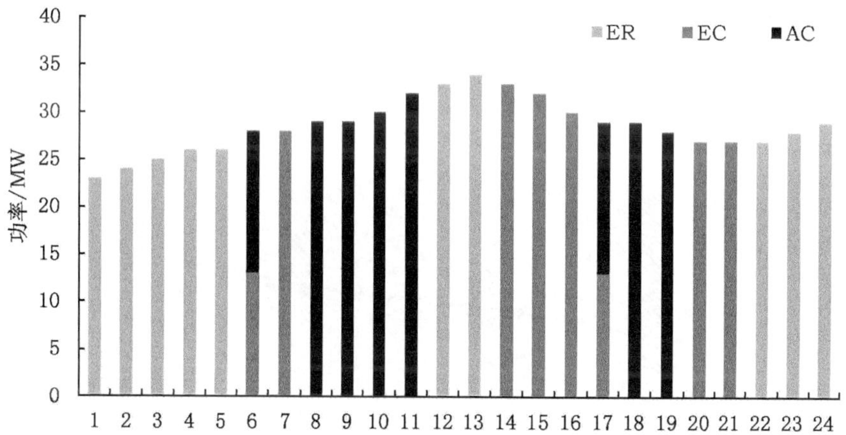

(c)冷负荷

图 5—9　情景 4 下的负荷供应情况

表 5—6　　　　情景 4 下的经济和环境效益

类型	用户成本			系统供能净收益		
分类	冷成本	热成本	电成本	热收益	电收益	冷收益
价格(千美元)	24.13	39.88	161.45	37.52	155.25	16.48
类型	弃能率	弃能惩罚	碳减排率	系统投资净收益	收益率	—
价格(千美元)	10.30%	0.00	16.73%	91.90	0.00%	—

由表 5－6 可知，相较于情景 2，系统日热收益仍增加了 3.9 千美元，用户用热成本降低了 1.26 千美元。相较于冷负荷收益最高的情景 3 而言，在降低用户收益的同时，经济效益也在增加，收益仍增加了 51 千美元，收益率达到了 17.24％，证明多能转换设备的投入对于提升系统经济效益具有重要作用。此外，由于气转换设备的加入，在情景 3 的基础上，电转换设备中 P2G 设备参与转换，进一步降低了弃能量，使弃能率达到最低为 10.3％，实现了最优环境效益。

三、对比分析

综上四种场景多源协同优化结果，可以有效评估多能转换设备对园区综合能源系统多源协同产生的经济与环境效益，具体如图 5－10 所示。

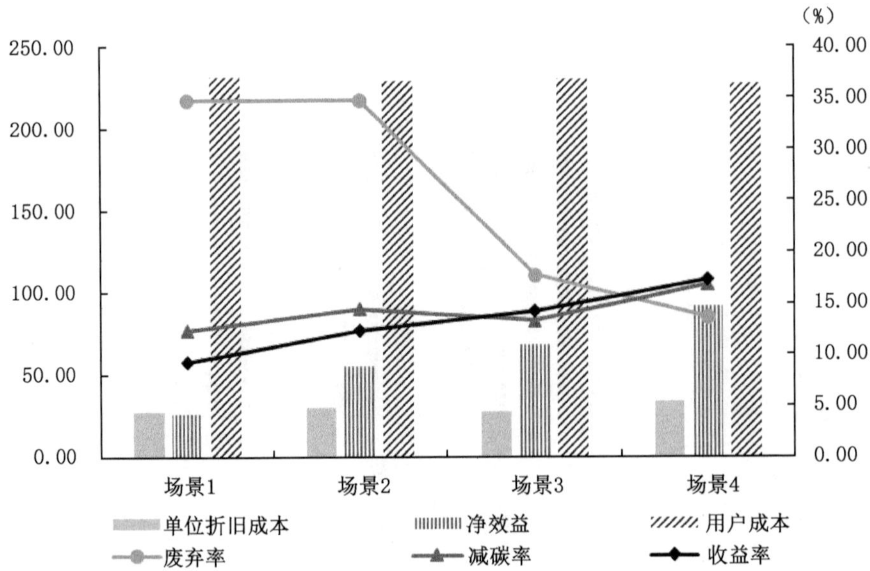

图 5－10　多情景对比结果

由图 5－10 可知，从经济角度看，随着考虑了多能能源转换设备参与系统中进行协同运行，造成机组的折旧成本不断增加，相较于情景 1，园区综合能源系统的净效益有一定的增加，且用户用能成本随之降低。从清洁能源利用角度看，电转换设备能够有效降低弃能量，提高清洁能源有效利用率，以及气转换设备虽不能直接降低清洁能源弃能量，但通过消纳 P2G 设备转换的燃气，能够间接促进清洁能源利用效率，进一步说明了 P2G 等能源转换设备可以有效缓解清洁能源消纳，具有一定的积极作用。此外，虽然运行成本不断增加，但实现了系统经济与用户经济的双赢效果。

第六章　考虑需求响应的综合能源系统管理

第一节　综合需求响应特性分析

一、需求响应负荷特性

在综合能源系统源—荷—储协同优化过程中，借助先进的通信技术和互补互济模式，引入综合需求响应策略，纵向实现各能源供应、转换、储能设备之间的互补行为，横向实现多元负荷转移，提高综合能源网络的灵活性和降低供用能成本，有效激发了各能源负荷的柔性特性，具体如图 6—1 所示。

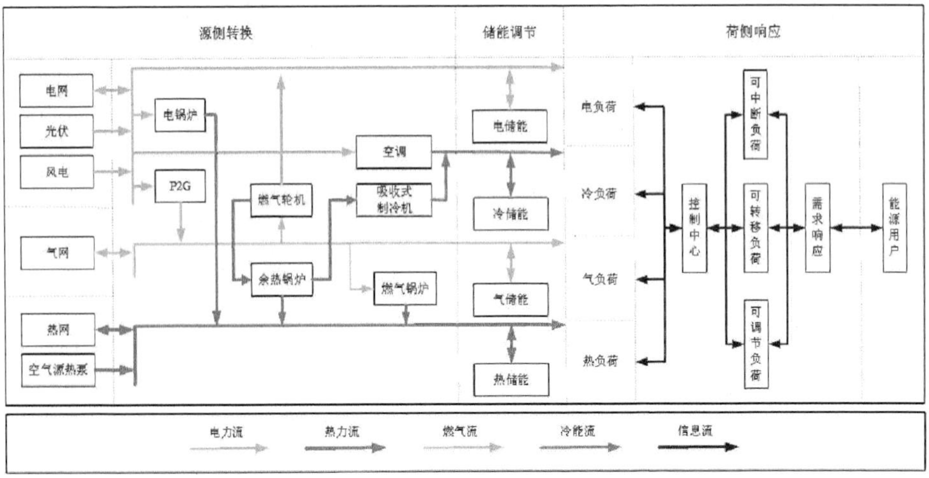

图 6—1　综合能源系统源—荷—储协同综合需求响应示意图

由图 6－1 可知，能源供应侧包含直接供应设备以及多能转换设备，可以协同工作。储能侧包含各类能源的储存装置，用于调节可再生能源、能源转换设备以及各类能源负荷之间的平衡。能源负荷侧通过综合需求响应，由各类用能用户改变用能需求，利用可中断、可转移和可调节负荷改变能源负荷曲线[77－78]。控制中心同时与用户及供能方进行信息交换，及时根据用户用能负荷曲线变化信息对能源供应方发出指令，调节能源供应及调度策略。因此，多元负荷需求响应下系统源—荷—储协同优化主要表现在三个方面，具体如下所述：

(1)可中断负荷特性(Interruptible Load，IL)。在各类能源价格或激励型需求响应下，对用能高峰时段，有效促进削峰填谷，经由调度部门或能源服务商等实施机构向终端用户发出中断负荷的请求，以及各类用户响应后中断能源供应。

(2)可转移负荷特性(Transfer Load，TL)。在一定时段内，各类负荷按照用能需求转移到其他时段，在整个调度周期 T 内，总量保持不变。其中，对工业用户来说，在不影响生产计划前提下，将部分用能负荷转移到另一个时段，有效实现避峰用能效果。对居民用户而言，使用电、气能源设备时，调整使用时间来进行负荷转移。对商业用户来说，由于行业特性，一般很难进行负荷转移。

(3)可调节负荷特性(Adjustable Load，AL)。在热负荷调节时，以温度作为调节尺度，在保证各类用户温度舒适区间内对温度进行适度调节，有效调整用户负荷需求，以及达到节能优化目的。

综上可知，在综合能源系统源—荷—储协同优化时，需求侧负荷响应主要包括四种，即电负荷需求响应、热负荷需求响应、冷负荷需求响应和气负荷需求响应。其中，冷负荷一般由电负荷或热负荷进行转化提供，也就是通过改变电、热负荷曲线进行刻画。同时，电负荷需求响应特性主要表现在可转移和可中断；热负荷需求响应特性主要表现为热力具有热惯性，系统温度在一定的范围内进行调节；气负荷需求响应特性与电负荷类似，主要表现在可转移和可中断。因此，在多元负荷需求响应参与系统源—荷—储协同优化时，无论采用价格型需求响应策略还是激励型需求响应策略，都是通过引导用户改变用能习惯和改变各能源的负荷曲线。

二、源—荷—储运行结构

多元负荷需求响应策略下的综合能源系统作为一个运行优化实体，集成新能源发电、综合能源服务商、用户侧各类负荷等各方综合利益参与外部电网、热网、气网的多能交易综合需求响应，具体源—荷—储系统协同运行优化框架如图6—2所示：

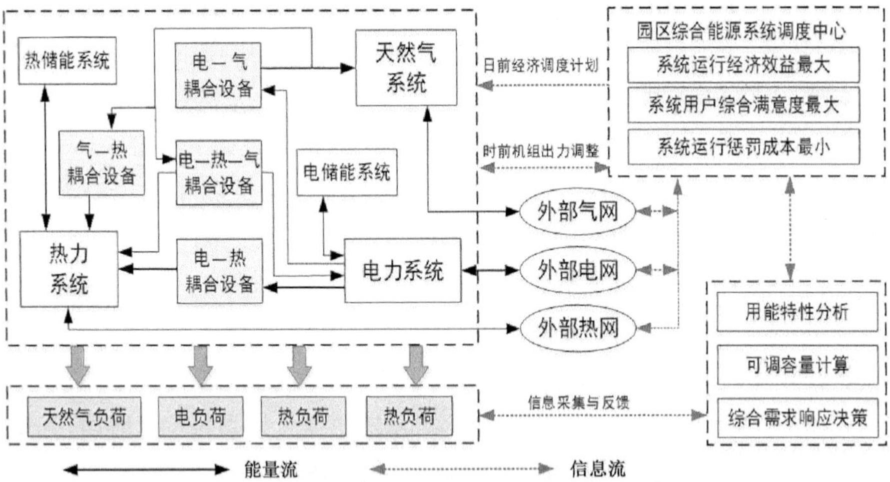

图6—2　综合能源系统源—荷—储多目标协同运行优化框架

由图6—2可知，在综合能源系统源—荷—储协同优化中，系统调度中心根据系统负荷需求、风光资源特性、机组特征和外部电网、热网和气网价格，制定日前系统各机组出力策略，以及与外部电网、热网和气网进行交互的策略。然而，根据实际的运行工况进行时前机组出力优化调整，在实现系统经济效益和综合用户满意度最大化的同时，降低系统惩罚成本。同时，在电热盈余时出售能量获得收益，在不足时购买电能、热能满足负荷需求，以及通过与部分用户签订需求响应合同，在用户互动模式下调度多元负荷资源，降低运营成本。

第二节　源—荷—储两阶段优化模型

结合需求响应特性和源—荷—储运行结构，本节建立了考虑需求响应的系统源—荷—储协同两阶段优化模型，互动关系如图6—3所示。

由图6—3可知，第一阶段日前协同优化模型，根据日前电、热、气价，用户负荷，以及可再生能源发电功率的预测值，对系统进行日前经济协同运行，制定系

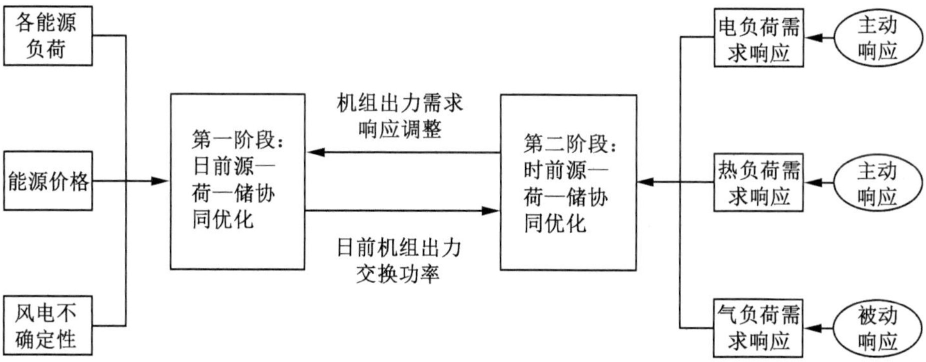

图 6—3　源—荷—储两阶段优化模型互动关系

统响应电网、热网调度的最佳出力策略。第二阶段时前机组出力优化阶段基于日前机组计划出力曲线，预测实时电价和可再生能源机组出力，对日前经济协同运行计划进行实时调整，进行系统源—荷—储协同优化，并制定合理的电热需求响应策略，降低系统在时前出力偏差，促进间歇性能源消纳。

一、第一阶段日前协同优化模型

该阶段中，考虑功率平衡、储能、能源网、需求响应等约束，以系统运行经济效益和用户综合满意度为目标，建立第一阶段日前协同源—荷—储多目标模型。

（一）目标函数

1. 综合能源系统最大经济效益目标

综合能源系统经济效益是系统运行收益和运行成本的差值。综合能源系统的运营收入主要来自参与电网、热网、气网能源交易获得的报酬、系统向居民供电和供热收益以及系统参与需求响应获得的经济补偿[79—80]。系统的运行成本主要来自燃料成本、运行维护成本和环境排放成本，即：

$$\max F_{IES}^{EB}=R_{IES}-C_{IES} \tag{6—1}$$

式中，F_{IES}^{EB} 为综合能源系统运行经济效益（元）；R_{IES} 为综合能源系统运行收益（元）；C_{IES} 为综合能源系统运行成本（元）。

$$\begin{aligned}R_{IES} &= R_{IES}^{dispatch-E} + R_{IES}^{dispatch-T} + R_{Load}^{Resident} + R_{I-Load}^{compensate} \\ &= \sum_{t=1}^{T} p_{s-E} P_{E-grid}(t) + \sum_{t=1}^{T} p_{s-T} P_{T-grid}(t) \\ &\quad + \sum_{t=1}^{T} \left[p_{s-T} P_{T-Load}^{DR}(t) + p_{s-E} P_{E-Load}^{DR}(t) \right] \\ &\quad + \sum_{t=1}^{T} C_{I-Load}^{t} P_{I-Load}(t)\end{aligned} \tag{6-2}$$

式中，$R_{IES}^{dispatch-E}$ 为综合能源系统售电收益（元）；$R_{IES}^{dispatch-T}$ 为综合能源系统售热收益（元）；$R_{Load}^{Resident}$ 为综合能源系统供电、供热收益（元）；$R_{I-Load}^{compensate}$ 为综合能源系统参与电网需求响应调度获得的收益（元）；$P_{E-grid}(t)$为综合能源系统和电网之间的交互功率（kW）；$P_{T-grid}(t)$为综合能源系统和热网之间的交互功率（kW）；p_{s-E} 为综合能源系统和电网之间进行电能交易的价格（元/kW·h）；p_{s-T} 为综合能源系统和热网之间进行热能交易的价格（元/kW·h）；$P_{T-Load}^{DR}(t)$为需求响应后综合能源系统中用户热负荷（kW）；$P_{E-Load}^{DR}(t)$为需求响应后综合能源系统中用户电负荷（kW）；$P_{I-Load}(t)$为系统中可中断负荷容量（kW）；C_{I-Load}^{t} 为系统中可中断负荷容量需求响应补偿价格（元/kW）。

$$\begin{aligned}C_{IES} &= C_{fuel} + C_{operation} + C_{environmental} \\ &= \partial_{NG} \sum_{t=1}^{T} \frac{P_{CHP}(t) + P_{GB}(t)}{\delta_{GT} \times LHV_{NG}} + \sum_{t=1}^{T} \sum_{i=1}^{M} C_i^{op} P_i(t) \\ &\quad + \sum_{t=1}^{T} P_{en}(t) \sum_{j=1}^{N} \beta_j^g \left(C_j^H + C_j^T \right)\end{aligned} \tag{6-3}$$

式中，C_{fuel} 为综合能源系统运行天然气成本（元）；$C_{operation}$ 为综合能源系统运行运维成本（元）；$C_{environmental}$ 为综合能源系统运行环境成本（元）；∂_{NG} 为天然气价格（元/m^3）；$P_{CHP}(t)$为 CHP 系统输出功率（kW）；$P_{GB}(t)$为燃气锅炉的输出功率（kW）；LHV_{NG} 为天然气的低热值功率（kW/m^3）；$P_i(t)$为综合能源系统中能源供应设备的额定功率（kW）；C_i^{op} 为综合能源系统中能源供应设备单位功率运维成本（元/kW）；$P_{en}(t)$为系统中污染物排放源的输出功率（kW）；β_j^g 为综合能源系统中第 j 种污染物的单位功率排放量（kg/kW）；C_j^H 为综合能源系统中第 j 种污染物的基本排放费用（元/kg）；C_j^T 为综合能源系统中第 j 种污染物超出基本排放额度的费用（元/kg）。

2. 综合能源系统用户最大综合满意度目标

综合能源系统在参与电网和热网综合需求响应过程中，会引导系统内的用户对用户负荷进行调整。负荷的变化直接影响着用户的用电体验，用户体验可以通过可中断负荷和可转移负荷来量化表示为用户的综合满意度，即：

$$\max F_{IES}^{SB}=1-\sum_{k=1}^{V}\left(\partial_1\sum_{t=1}^{T}\frac{\Omega_{1,k}(t)}{\pi_{\max,1,k}}+\partial_2\sum_{t=1}^{T}\frac{|\Omega_{2,k}(t)|}{\pi_{\max,2,k}}\right) \tag{6-4}$$

式中，F_{IES}^{SB} 为用户综合满意度；∂_1、∂_2 为可中断负荷、可转移负荷占总负荷的比率；$\Omega_{1,k}(t)$、$\Omega_{2,k}(t)$ 为可中断负荷、可转移负荷的调用状态变量(kW)；$\pi_{\max,1,k}$、$\pi_{\max,2,k}$ 为可中断负荷、可转移负荷的最大调用量(kW)。

(二)约束条件

为了使系统能够安全、高效的协同运行，考虑系统运行的相关边界作为约束条件。第一阶段综合能源系统协同运行时，需要满足功率平衡、能源网等约束条件以外，还需要满足设备最大功率约束和储能系统运行约束。

1. 能量功率平衡约束

电热功率平衡是指系统的电热供应始终满足用电用热需求，系统内的电热能平衡约束如下，即：

$$\begin{cases}P_{E-load}(t)+P_{EES-char}(t)=P_{E-grid}(t)+P_{WT}(t)+P_{CHP}(t)\eta_{CHP-E}+P_{EES-dis}(t)\\P_{T-load}(t)+P_{TES\_char}(t)=P_{T-grid}(t)+P_{CHP}(t)\eta_{CHP-T}+P_{GB}(t)\eta_{GB}+P_{TES\_dis}(t)\\P_{NG-load}(t)+P_{NG\_CHP}(t)+P_{NG\_GB}(t)=P_{NG-grid}(t)\end{cases} \tag{6-5}$$

式中，$P_{E-load}(t)$为系统中的电负荷功率(kW)；$P_{T-load}(t)$为系统中的热负荷功率(kW)；$P_{EES-char}(t)$为电储能的充电功率(kW)；$P_{TES_char}(t)$为热储能的蓄热功率(kW)；$P_{WT}(t)$为风电机组的发电功率(kW)；η_{CHP-T} 为系统中 CHP 的热效率；η_{CHP-E} 为系统中 CHP 的电效率；η_{GB} 为系统中 GB 的运行效率；$P_{EES-dis}(t)$为电储能的放电功率(kW)；$P_{TES_dis}(t)$为热储能的放热功率(kW)；$P_{NG-load}(t)$为居民天然气负荷(m^3/s)；$P_{NG_CHP}(t)$为 CHP 系统消耗的天然气负荷(m^3/s)；$P_{NG_GB}(t)$为燃气锅炉消耗的天然气负荷(m^3/s)；$P_{NG-grid}(t)$为外部天然气网向系统输入的天然气(m^3/s)。

2. 储能运行约束

综合能源系统中的电热储能系统可实现负荷的削峰填谷，降低运行成本。储能系统在某个时刻的容量与前一刻的剩余容量和自身放电（热）深度密切相关，储能系统在使用的过程中不宜过量充放电（热），其存储能量须有上下限约束。电储能和热储能容量和功率必须符合以下约束条件。

电能储能运行约束，即：

$$\begin{cases}0\leqslant P_{EES-char}(t)\leqslant P_{char\_\max}\tilde{\omega}_{BA\_s}\\0\leqslant P_{EES-dis}(t)\leqslant P_{dis\_\max}\tilde{\omega}_{BA\_r}\\\tilde{\omega}_{BA\_s}+\tilde{\omega}_{BA\_r}\leqslant 1\end{cases}\tag{6—6}$$

式中，$P_{char\_\max}$ 为电储能最大充电功率（kW）；$\tilde{\omega}_{BA\_s}$ 为电储能充电效率；$P_{dis\_\max}$ 为电储能最大放电功率（kW）；$\tilde{\omega}_{BA\_r}$ 为电储能放电效率；$I_{char}^{\max}$、$I_{dis}^{\max}$ 为电储能最大充电、放电电流（A）；$SOC_{\max}$ 为电储能荷电状态最大值；$SOC(t)$为电储能荷电状态。

$$\begin{cases}P_{char\_\max}=\min\left\{I_{char}^{\max}V_{bat},\dfrac{[SOC_{\max}-SOC(t)]Q_{\max}}{\gamma_{char}\Delta t},P_{inv}\right\}\\P_{dis\_\max}=\min\left\{I_{dis}^{\max}V_{bat},\dfrac{[SOC_{\max}-SOC(t)]Q_{\max}\gamma_{dis}}{\Delta t},P_{inv}\right\}\end{cases}\tag{6—7}$$

热储能运行约束，即：

$$\begin{cases}0\leqslant P_{TES\_char}(t)\leqslant P_{T\_st\_\max}\tilde{\omega}_{T\_st}\\0\leqslant P_{TES\_dis}(t)\leqslant P_{T\_re\_\max}\tilde{\omega}_{T\_re}\\\tilde{\omega}_{T\_st}+\tilde{\omega}_{T\_re}\leqslant 1\end{cases}\tag{6—8}$$

式中，$P_{T\_st\_\max}$ 为热储能最大充热功率（kW）；$\tilde{\omega}_{T\_st}$ 为热储能充热效率；$P_{T\_re\_\max}$ 为热储能最大放热功率（kW）；$\tilde{\omega}_{T\_re}$ 为热储能放热效率。

3. 热电联产系统运行约束

在热电联产系统运行过程中，考虑到设备的特性以及系统的安全性和可靠性要求，设备的功率必须保持在一定的输出功率范围内，即：

$$0\leqslant P_{CHP}(t)\leqslant P_{CHP\_n}(t)\tag{6—9}$$

$$\Delta P_{CHP}^{\min}(t)\leqslant P_{CHP}(t+1)-P_{CHP}(t)\leqslant \Delta P_{CHP}^{\max}(t)\tag{6—10}$$

式中，$P_{CHP_n}(t)$为 CHP 机组的额定功率（kW）；$\Delta P_{CHP}^{\min}(t)$为 CHP 机组的最小爬坡功率（kW）；$\Delta P_{CHP}^{\max}(t)$为 CHP 机组的最大爬坡功率（kW）。

4. 能源网络传输约束

综合能源系统通过联络线与电网、热网、天然气网进行功率交换，能量传输必须满足以下约束，即：

$$P_{E\_min} \leqslant |P_{E-grid}(t)| \leqslant P_{E\_max} \tag{6-11}$$

$$P_{T\_min} \leqslant |P_{T-grid}(t)| \leqslant P_{T\_max} \tag{6-12}$$

$$P_{NG\_min} \leqslant |P_{NG-grid}(t)| \leqslant P_{NG\_max} \tag{6-13}$$

式中，P_{E_max} 为电网最大传输功率(kW)；P_{E_min} 为电网最小传输功率(kW)；P_{T_max} 为热网最大传输功率(kW)；P_{T_min} 为热网最小传输功率(kW)；P_{NG_max} 为天然气网最大传输功率(m^3/s)；P_{T_min} 为天然气网最小传输功率(m^3/s)。

5. 负荷需求响应约束

综合需求响应是指能源价格波动或系统可靠性受到威胁时，用户根据综合能源服务商发布的信息响应能源价格信号，并改变其固有的用能模式，从而进行负荷削减和平移。因此，在引导用户参与需求响应时，系统中的可中断负荷和可转移负荷必须满足以下约束条件，即：

$$\begin{cases} \sum\limits_{l=t}^{t+T_{max}} \Omega_k(t) \leqslant T_{max}, t \in [1, T-T_{max}] \\ \Omega_k^s \leqslant \Omega_k(t) - \Omega_k(t-1) + 1 \\ t \in [1, T-T_{max}+1], s \in [t, T+T_{min}-1] \\ \Omega_k(t) = 0, t \in \Omega_{IL,k} \end{cases} \tag{6-14}$$

式中，$\Omega_k(t)$为可中断负荷的调用状态变量(kW)；T_{max}、T_{min} 为可中断负荷最大连续调用次数和最小连续非调用次数。

$$\begin{cases} \sum\limits_{t=1}^{T} P_{TL,k}(t) = 0 \\ -P_{TL,k}^{in} \leqslant P_{TL,k}(t) \leqslant P_{TL,k}^{out} \\ 0.5\sum\limits_{t=1}^{T} |P_{TL,k}(t)| \leqslant P_{TL,k}^{max} \\ P_{TL,k}(t) = 0, \forall t \in \Omega_{TL,k} \end{cases} \tag{6-15}$$

式中，$P_{TL,k}^{in}$、$P_{TL,k}^{out}$ 为可转移负荷最大转入量和最大转出量(kW)；$P_{TL,k}^{max}$ 为

可转移负荷最大转移量(kW)；$\Omega_{TL,k}$ 为可转移负荷可调时间周期集合。

二、第二阶段时前协同优化模型

该阶段中，在第一阶段日前协同优化结果基础上，构建以惩罚成本最小为目标的时前机组出力优化模型，以及对日前协同计划进行实时功率调整。

(一)目标函数

由于预测误差的影响，综合能源系统需不断地更新电热负荷和风光功率的预测值，并对日前调度计划进行实时功率调整。机组出力实时调整策略作为日前经济调度的有益补充，采用时前优化手段平衡电网、热网运行中的能量供需偏差，是提高系统功率平衡的有效手段。因此，时前机组出力优化模型的目标函数主要考虑交互功率偏差惩罚和弃风惩罚成本最小化，即：

$$\min F_{IES}^{Fine} = C_{fine}^{BP} + C_{fine}^{AW} \tag{6-16}$$

$$C_{fine}^{DR} = \begin{cases} \lambda_t^{BP,fine^+} \Delta Q^{BP}(t) & if, \Delta Q^{BP}(t) \geqslant 0 \\ \lambda_t^{BP,fine^{1-}} Q_{IES-0}^{BP} + \lambda_t^{BP,fine^{2-}} \left(\Delta Q^{BP}(t) - Q_{IES-0}^{BP} \right) & if, \Delta Q^{BP}(t) \leqslant 0 \end{cases} \tag{6-17}$$

$$C_{fine}^{AW} = \lambda_t^{AW,fine} Q_t^{AW} \tag{6-18}$$

式中，F_{IES}^{Fine} 为综合能源系统参与电热调度的惩罚成本(元)；C_{fine}^{AW} 为系统放弃风惩罚成本(元)；C_{fine}^{BP} 为综合能源系统参与电网调度时因出力偏差产生的惩罚成本(元)；$\lambda_t^{AW,fine}$ 为系统弃风的基本惩罚系数(元/kW)；Q_t^{AW} 为系统弃风量(kW)；$\Delta Q^{BP}(t)$为系统较日前调度计划产生的出力偏差(kW)；$\lambda_t^{BP,fine^+}$ 为出力偏差大于零时的惩罚系数(元/kW)；$\lambda_t^{BP,fine^{1-}}$、$\lambda_t^{BP,fine^{2-}}$ 为出力偏差小于零时的阶梯惩罚系数(元/kW)；Q_{IES}^{BP} 为系统参与电网调度日前调度优化的计划出力(kW)。

(二)约束条件

综合能源系统参与电网、热网、气网协同运行优化过程，可调的有功出力单元是在实时优化中留有备用的可控机组和储能系统，调节的功率要满足约束条件，即式(6－5)～式(6－14)。此外，系统通过联络线与电网、热网、气网进行功率交换，因此实际系统的联络线功率也是可调的，但在实际运行过程中将面临着电网、热网、气网的出力偏差考核惩罚。通过第一阶段的优化，可以获得系统参与电网、热网调度的计划交互功率。

时前机组出力调整过程中，系统的实际交互功率和日前计划交互功率之间存在一定的偏差，系统协同运行还必须满足以下约束，即：

$$\begin{cases}0\leqslant\Delta Q^{BP+}(t)\leqslant\mu^{\Delta BP}[P_{E-load}(t)+P_{WT}(t)+P_{CHP}(t)\eta_{CHP-E}]\\0\leqslant\Delta Q^{DR-}(t)\leqslant(1-\mu^{\Delta BP})[P_{E-load}(t)+P_{WT}(t)+P_{CHP}(t)\eta_{CHP-E}-P_{IES}^{BP}(t)]\end{cases}\tag{6-19}$$

$$\begin{aligned}Q_{IES}^{BP}=\sum_{t=1}^{T}[&P_{WT}(t)+P_{CHP}(t)\eta_{CHP-E}+\Delta Q^{BP-}(t)\\&-\Delta Q^{BP+}(t)-P_{E-load}(t)+\Omega_k(t)]\Delta t\end{aligned}\tag{6-20}$$

式中，$\mu^{\Delta BP}$ 为系统出力偏差与实际出力之比的正值；$\Delta Q^{BP+}(t)$为系统实际出力偏差的正值(kW)；$\Delta Q^{BP-}(t)$为系统实际出力偏差的负值(kW)。

三、源—荷—储两阶段协同优化模型求解方法

在源—荷—储协同优化模型，第一阶段日前协同优化模型是一个典型的多目标数学模型，考虑了模型及其解的特点，选择 NSGA-Ⅱ算法进行求解，第二阶段时前机组出力优化模型是一个典型的混合整数问题，采用 YALMIP 工具箱求解。

(一)求解算法描述

遗传算法(Genetic Algorithm，GA)是在达尔文生物进化论基础上提出的一种搜索最优解的智能算法。但该算法搜索速度慢，得到精确解需要较长的训练时间和不能充分利用并行机制潜在能力。在此基础上，采用 NSGA-Ⅱ改进了遗传算法，提出了一种快速的非支配排序方法，降低了算法的计算复杂度，并引入精英策略，扩展了采样空间[81]，具体算法流程如图 6—4 所示。

本章建立的综合能源系统源—荷—储协同优化是一个涉及经济效益、用户综合满意度的多目标优化问题。由于这些目标可能是非线性的、矛盾的或不可测量的，因此通常通过帕累托最优解集来获得多目标的全局最优解。而且，帕累托是不同目标的妥协解决方案，可以根据帕累托前沿和对不同目标的需求做出决策，通过 NSGA-Ⅱ获得帕累托最优解集后，为了得到最佳日前调度，引入纳什

(Nash)谈判法对获得的帕累托解集进行处理,进而获得多目标优化的最优解。

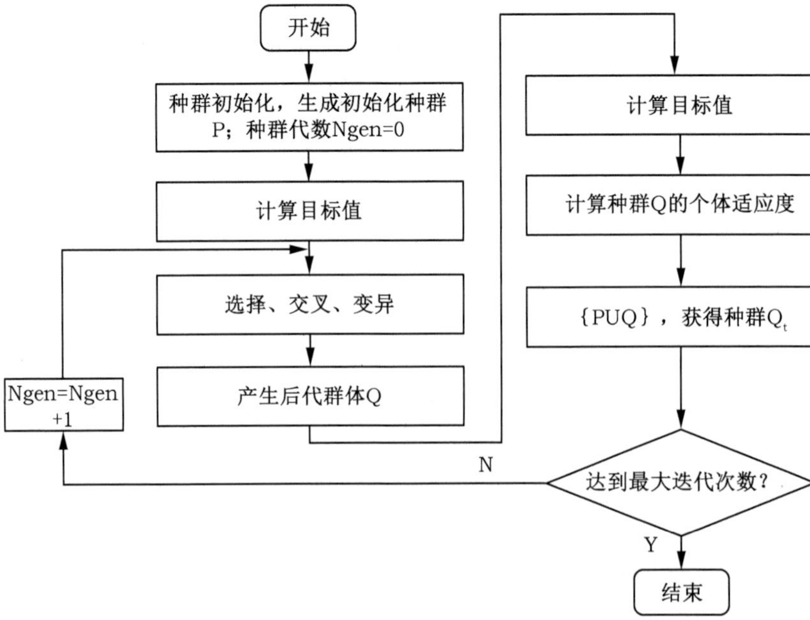

图 6—4 改进的非劣分类遗传算法流程图

纳什在文献[82,83]中指出多目标优化问题中的各个目标可以看成是相互竞争的谈判单位,这些单位都想为自己的目标争取最优,尽量避免对自己不利的策略,最终达成妥协,从而得到各谈判单位均接受的方案。将本章建立的多目标问题转化为如下问题进行纳什谈判最优解计算[84—86]。

$$\begin{cases} \max\{\lambda F_{IES}^{EB}(x),(1-\lambda)F_{IES}^{SB}(x)\} \\ s.t. \quad Gx=g \\ Hx=h \end{cases} \tag{6—21}$$

设以 λ 为参数的优化问题的最优解为 $x(\lambda)$,则最优化问题的帕累托前沿 S 为:

$$S=\bigcup_{\lambda\in[0,1]} x(\lambda) \tag{6—22}$$

为得到帕累托前沿 S 的数学表达式,得到该优化问题博弈求解的 KKT 条件如下所示。

$$KKT(\lambda)=\left\{(x,\eta,\xi)\Big/\begin{array}{l}\lambda F_{IES}^{EB}(x)+(1-\lambda)F_{IES}^{SB}(x)+G^{T}\eta+H^{T}\xi=0\\0\leqslant(g-Gx)\perp\eta\geqslant0,Hx=h\end{array}\right. \tag{6-23}$$

式中，η,ξ 为对偶变量，表达式$(g-Gx)\perp\eta$ 表示 $\eta^{T}(g-Gx)=0$，上述互补松弛条件可以进一步线性化表示为：

$$\begin{cases}0\leqslant\eta\leqslant M(1-z)\\0\leqslant g-Gx\leqslant Mz\\z\in\{0,1\}^{N_d}\end{cases} \tag{6-24}$$

式中，z 为 N_d 维 0-1 变量；N_d 为相应的位数。

综上所述，本章构建的多目标优化问题可描述为混合整数非线性规划问题，即：

$$\begin{cases}\max\limits_{\lambda}F(\lambda)=\left[F_{IES}^{EB}\left(x(\lambda)\right)-d_1\right]\left[F_{IES}^{SB}\left(x(\lambda)\right)-d_2\right]\\d_1=x_1^{*},d_2=x_2^{*}\end{cases} \tag{6-25}$$

式中，x_1^{*}、x_2^{*} 为 λ 取 0 和 1 时的最优解；d_1、d_2 为博弈双方可能的最大支付，即谈判破裂点。

（二）求解算法计算流程

针对综合能源系统源—荷—储两阶段协同优化模型和求解算法描述，采用 NSGA-Ⅱ算法和 YALMIP 工具箱进行求解。

第三节　应用分析

为了验证提出模型的可行性和准确性，选取了某综合能源系统示范基地进行日前和时前优化仿真分析，系统运行结构遵循图 6—2。

一、基础数据描述

（一）基础参数

该综合能源系统包括风力发电机组、燃气轮机、电储能、热储能和气储能，园区电网电压等级为 10 kV，热网的最大传输功率为 1 000kW。同时，在算例中，仿真的基本参数包括了园区的电、热、气负荷，设备参数，能源网参数，具体如图

6—5 所示：

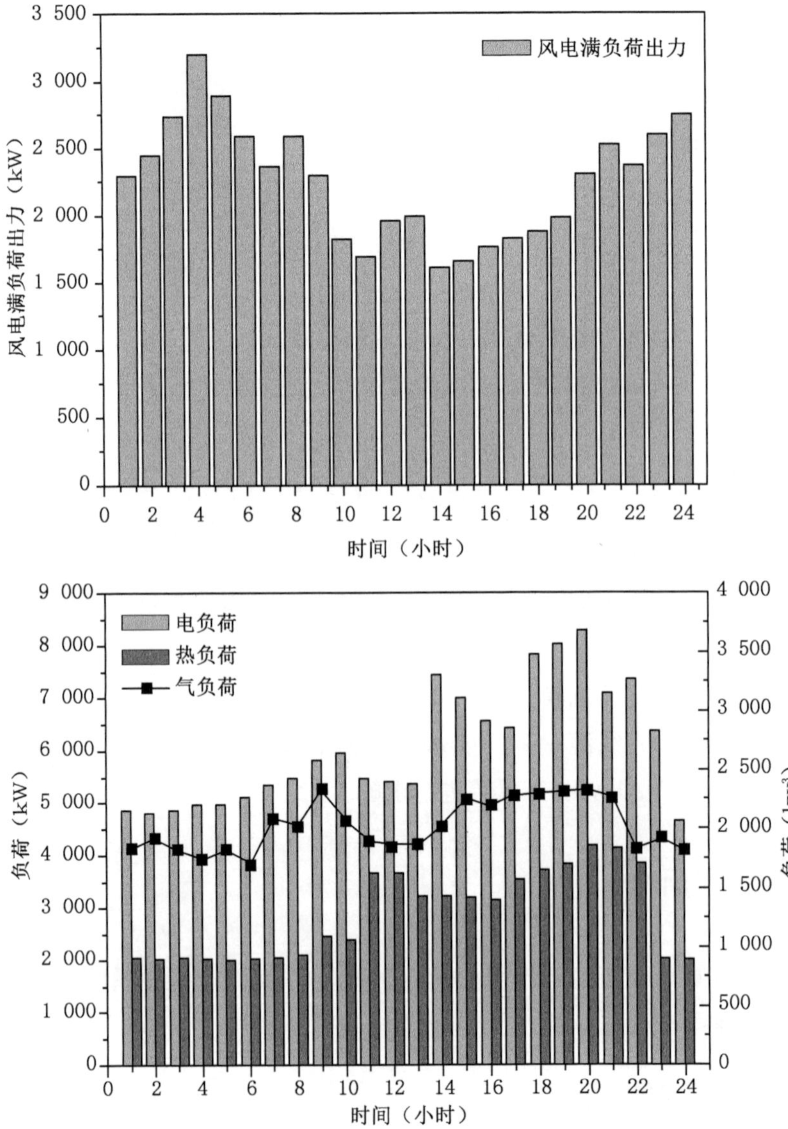

图 6—5　风电出力预测曲线和电、热、气负荷预测曲线

通过调研可知，该园区的各个能源价格，即电、热、气峰谷分时价格，如表 6—1 所示。

表 6—1　　各能源峰谷分时价格

类别	时间段划分	时间段	能源价格
电价	谷时段	(12:00—18:00)	—
	平时段	(1:00—6:00)	—
	峰时段	(6:00—12:00)(18:00—24:00)	—
热价	谷时段	(1:00—8:00)	—
	平时段	(8:00—11:00)(15:00—18:00)(21:00—24:00)	—
	峰时段	(11:00—15:00)(18:00—21:00)	—
气价	全时段	(0:00—23:00)	3.25 元/m^3

该系统电储能和热储能技术参数以及 CHP 系统相关技术参数如表 6—2、6—3、6—4 所示：

表 6—2　　电储能、热储能和气储能系统技术参数

储能类型	容量/kW	SOC_{max}	SOC_{min}	放电(热)效率	充电(热)效率
电储能	2 500	100%	10%	96%	95%
热储能	2 000	100%	10%	95%	95%

表 6—3　　电、热机组技术经济参数[260,261]

机组类型	容量(千瓦)	功率上限(千瓦)	功率下限(千瓦)	运行成本 元(千瓦)
风电机组	5 000	5 000	0	0.45
微型燃机	5 000	5 000	0	0.18
电网	—	1 500	−1 500	—

表 6—4　　热电联产系统技术参数[270]

参数	电效率	热效率	烟气回收效率	热电比
CHP 机组	0.325	0.395	0.78	1.55

根据园区负荷特性，园区可中断负荷占总负荷量的 15%，可转移负荷占总负荷量的 45%，园区综合能源服务商对可中断负荷和可转移负荷进行调整，积

极调动用户参与需求响应，响应参数如表 6－5 所示：

表 6－5　　系统各负荷需求响应参数

负荷类型	响应时间	补贴价格
可中断电负荷	10:00—12:00;19:00—24:00	1 250 元/MW·h
可转移电负荷	1:00—24:00	650 元/MW·h
可调热负荷	1:00—24:00	1 000 元/MW·h

针对系统源—荷—储协同运行的可靠性和环保性，政策鼓励园区尽可能消纳可再生能源电力，减少污染物排放量。在运行过程中污染物排放必须满足规定的排放标准，超出排放标准的部分参与碳市场交易，以及满足系统低碳运行要求，具体排放因子如表 6－6 所示：

表 6－6　　污染物排放参数和环境排放因子

污染物	SO_2	NO_x	CO_2
天然气排放因子($kg/10^6 m^3$)	11.6	0.006 2	2.01
环境价值（元/千克）	6.1308	26.00	0.0867
交易标准	≥0.5kg/h	≥2.45kg/h	≥1.25kg/h
成本参数(元/千克)	1.00	2.00	0.01

在实际的系统参与电网、热网、气网协同运行时，由于负荷预测、风电出力随机性，导致系统实际出力和日前协同运行计划出力产生一定的偏差，需要对综合能源服务商进行惩罚以保障系统源—荷—储协同运行响应的可靠性。然而，根据园区执行的惩罚策略，电网协同运行出力偏差惩罚为 2.5 元/kW，热网协同运行出力偏差惩罚为 1.5 元/kW，风惩罚成本为 1 元/kW。

此外，针对系统源—荷—储协同优化模型，采用 NSGA-Ⅱ算法进行模型求解时，算法初始种群大小设置为 1 000，迭代次数设置为 200，交叉系数设置为 0.85，变异系数设置为 0.2。

（二）场景设置

根据园区 CHP 系统、电热储能装置以及终端用户电—热—气综合需求响应对源一荷一储协同优化模型发挥的积极作用，设置了 3 个不同场景进行对比分析，具体如表 6—7 所示：

表 6—7　　时前机组出力调整场景

情景	电、热源		储能系统		多元负荷			综合需求响应		
	WT	CHP	EES	TES	电	热	气	气负荷需求响应	电负荷需求响应	热负荷需求响应
场景 1	√	×	√	√	×	×	×	×	×	×
场景 2	√	×	√	√	√	×	√	√	√	×
场景 3	√	√	√	√	√	√	√	√	√	√

注：符号×代表该单元不可调，符号√代表该单元可调。

由表 6—7 可知，场景 1，燃机热电比固定，系统中的电、热、气负荷均不参与需求响应，风电机组和储能系统配合电网、热网进行系统出力调整；场景 2 在场景 1 的基础上进行电、气负荷的需求响应，参与系统出力调节；场景 3 燃机热电比可调，系统中的电、热、气负荷均参与需求响应，风电机组和储能系统配合电网、热网进行系统"源—荷—储"协调优化。同时，在上述三种场景中，风电机组(WT)作为被优化的目标对象，出力始终可调；热电联产机组(CHP)作为一种较为理想的电热耦合设备，对系统中的电热出力起到了双重调整作用，在运行过程中，热电联产系统热电比有可调与不可调两种情况；电储能(EES)和热储能(TES)作为系统功率平衡的重要手段，运行工况始终可调；系统中电、热、气负荷根据用户特性也存在参与需求响应和不参与需求响应两种调节情况。其中，天然气负荷中的居民气负荷不参与响应，供电供热用气与 CHP 系统运行状态直接相关，属于被动响应；电负荷和热负荷可以直接参与需求响应，属于主动响应。

二、优化结果分析

(一)第一阶段日前协同优化结果

在满足日前系统协同运行约束下，以系统经济效益和用户综合满意度最大为目标，制定机组日前出力计划和园区综合能源系统参与电网、热网协同运行的电、热能交互策略，在经济效益和用户综合满意度的共同约束和引导下，可以获得多组日前系统协同运行策略来满足系统经济高效运行要求，也就是日前系统协同运行帕累托最优解集，具体如图 6—6 所示。

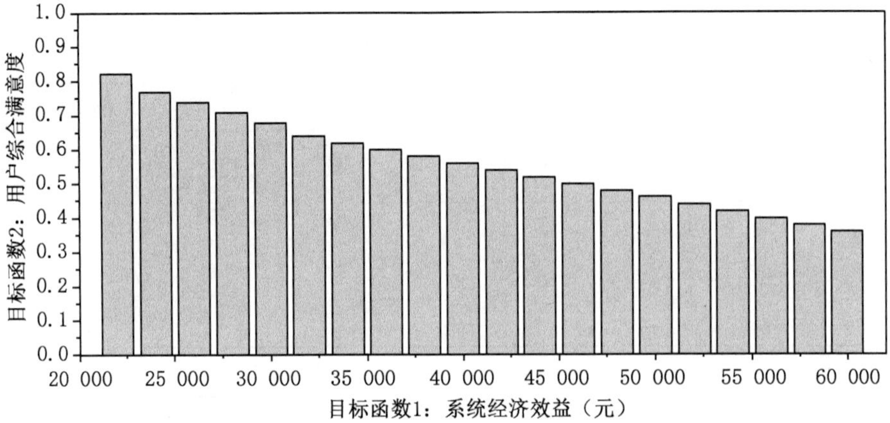

图 6—6　日前调度帕累托最优解集

由图 6—6 可知，在日前源—荷—储协同运行中，综合能源系统最大经济效益达到 60 000 元，用户最大满意度达到 0.82。但系统经济效益和用户满意度之间存在制约关系，最大的经济效益和用户满意度不能同时得到满足，两个优化目标之间存在着明显的竞争性。因此，根据 6.4 节给出的纳什谈判法，进一步计算帕累托解集中的目标值，选择纳什谈判函数值最大的解作为系统日前运行优化的相对最优解，具体计算结果如表 6—8 所示：

表 6—8　　基于纳什谈判法日前调度计算结果

参数设置	符号	计算结果
纳什谈判参数	λ	0.5
纳什谈判函数最大值	$\max F(\lambda)$	0.95
系统经济效益	F_{IES}^{EB}	43 577.65
用户综合满意度	F_{IES}^{SB}	0.58

由表 6—8 可知，当纳什谈判参数取 0.5 时，纳什谈判函数最大值为 0.95，系统经济效益为 43 577.65 元，用户最大满意度值可达到 0.58。然而，同时满足系统经济效益和用户综合满意度最大化目标时，系统制定电力和热力参与日前电网、热网协同运行，得到园区综合能源系统参与外部电、热网协同运行的机组计划出力曲线和计划交互功率曲线，具体如图 6—7 所示。

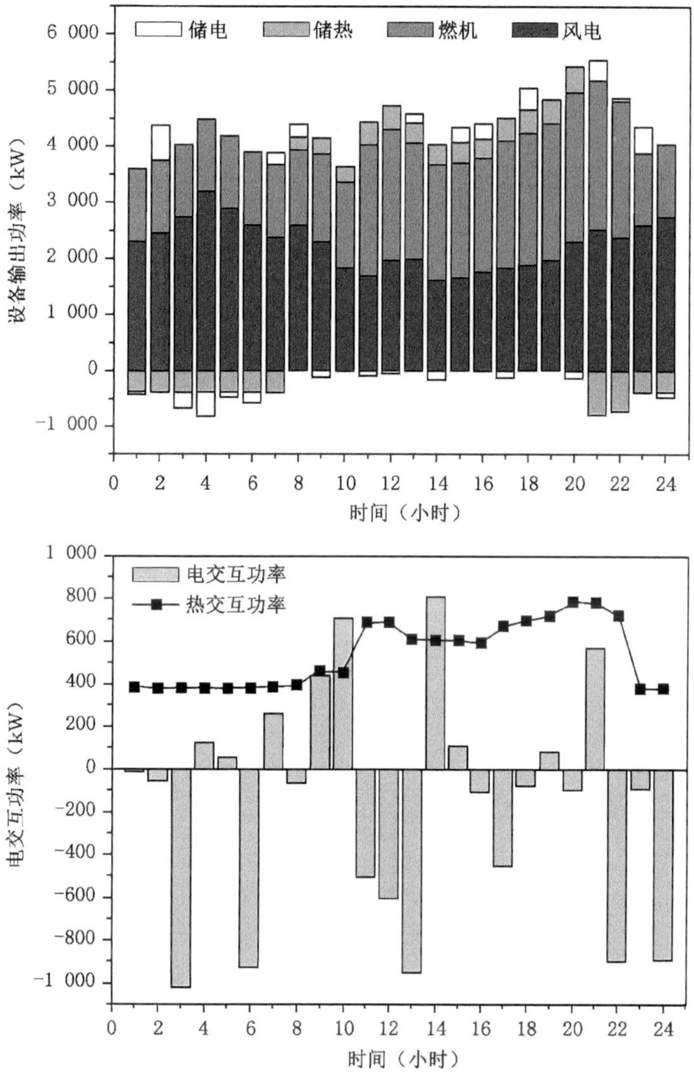

图 6—7　日前协同运行机组计划出力曲线和与电网、热网计划交互功率曲线

由图 6—7 日前协同运行机组计划出力曲线可知，系统中风电机组和燃机的输出水平在全天都保持在一个较高的运行水平，以便满足系统参与系统源—荷—储协同运行综合需求响应的需求。其中，电热储能在参与系统协同运行时，起到了一定的缓冲作用，确保系统内部的电热平衡和提高系统的安全性。

由图6—7日前协同运行机组与电网、热网计划交互功率曲线图可知，系统电力资源主动参与电网互动。在电价高峰时段，系统将会减少电力购买量，增加向电网输送电量，当电网负荷需求较低时，系统向电网购电，积极参与电网调峰，确保电网安全。相对于电网运行，系统中的热功率参与热网运行的方式是更为被动。当系统积极参与电网需求响应运行时，系统中热电联产系统的热功率的输出也随时变化。在这种情况下，为严格满足系统热负荷需求和热储能系统需求，系统会与热网进行一定的热交易。

（二）第二阶段时前协同优化结果

在第一阶段日前协同优化时，园区综合能源系统结合自身的用能需求和运行效益，制定了日前协同运行策略。但在第二阶段时前协同优化时，由于风电出力的不确定性，导致系统各机组实际出力和交互功率有一定的偏离。因此，为了减少弃风水平和出力偏差，结合上述设置的三种不同场景，对第一阶段日前协同优化策略调整的第二阶段时前各机组出力调整，进一步降低惩罚成本，具体第二阶段时前协同优化结果如下所述：

1. 场景1的时前协同优化结果

根据场景1中的日前协同优化策略，可得到各机组时前优化出力曲线，具体如图6—8、6—9所示：

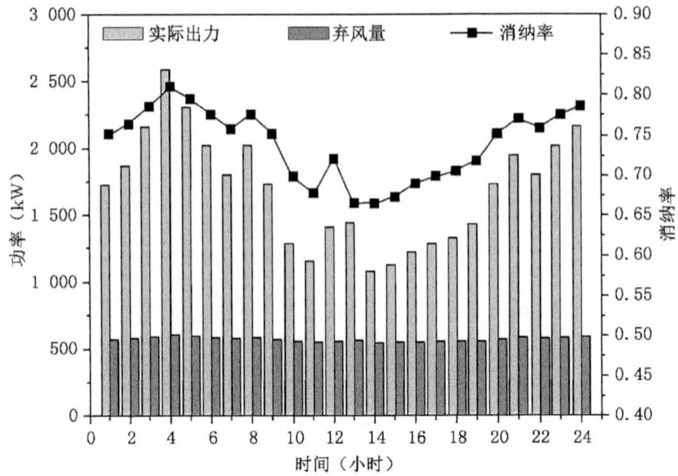

图6—8　场景1风电机组时前优化出力情况

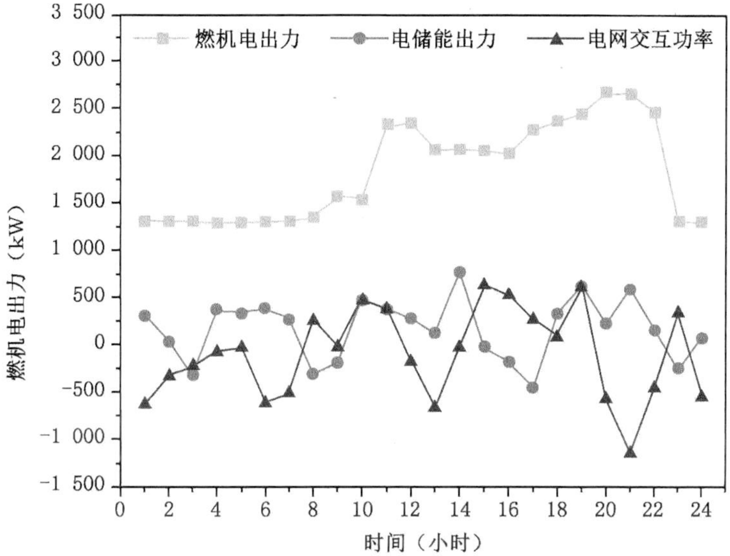

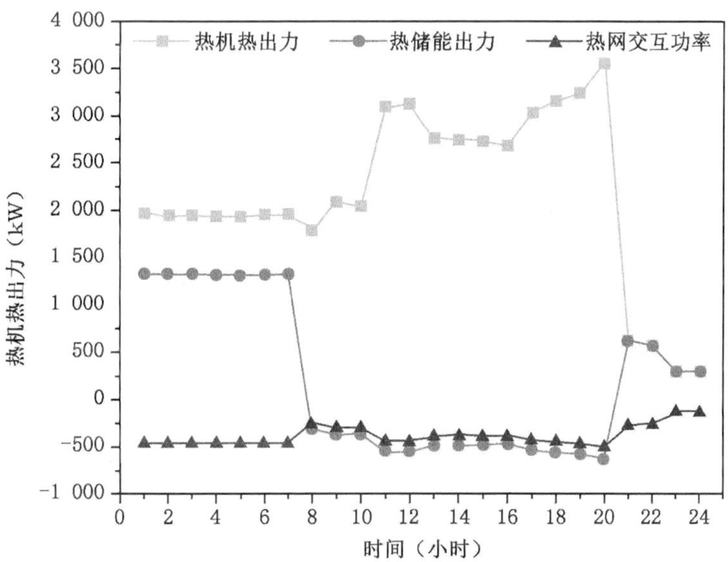

图 6—9　场景 1 各机组时前优化电出力曲线和热出力曲线

由上述结果可知，系统热电联产系统可调性较差，电、热负荷均不参与系统负荷调节，系统出力通过电热储能装置以及电网、热网功率交换，实现了系统功率最优。

2. 场景 2 的时前协同优化结果

在场景 1 的基础上考虑了电、气需求响应,可得到各机组时前出力曲线,具体如图 6—10、图 6—11 所示:

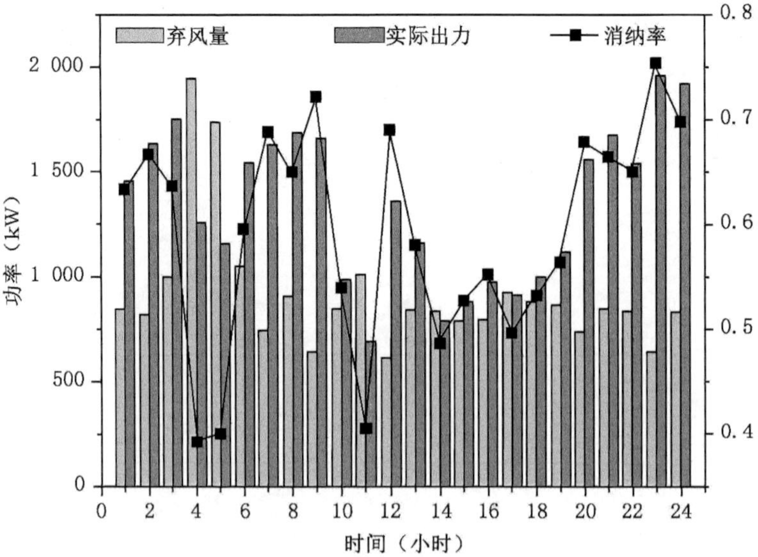

图 6—10 场景 2 风电机组时前优化出力情况

在场景 2 中,参与时前机组出力协同运行策略,风电机组和燃机作为系统内的主要电力和热能来源,通过对日前调度策略进行实时调整,得到了风电机组、燃机和电热储能系统的实际输出曲线。该场景中,传统热电联产机组热电比恒定,机组动态地匹配实际热负荷和电负荷能力较差,这种热电耦合关系使热电联产机组调峰能力受到限制,导致系统弃风现象严重,电热交互实际出力与日前协同运行出力偏差较大,风电机组的实际平均输出约为 1 100kW,弃风量占到预测风电水平的 50%以上和系统平均风电消纳率约为 46%。

3. 场景 3 的时前协同优化结果

在场景 2 的基础上,考虑了风电出力的不确定性,提高了系统优化决策的鲁棒性,得到各机组处理情况,如图 6—12、图 6—13 所示。

由上述结果可知,通过燃机进行调整,使得协同运行计划具有一定的抗风险能力。该场景中,系统热电联产机组打破了机组强耦合关系,机组动态地匹配实

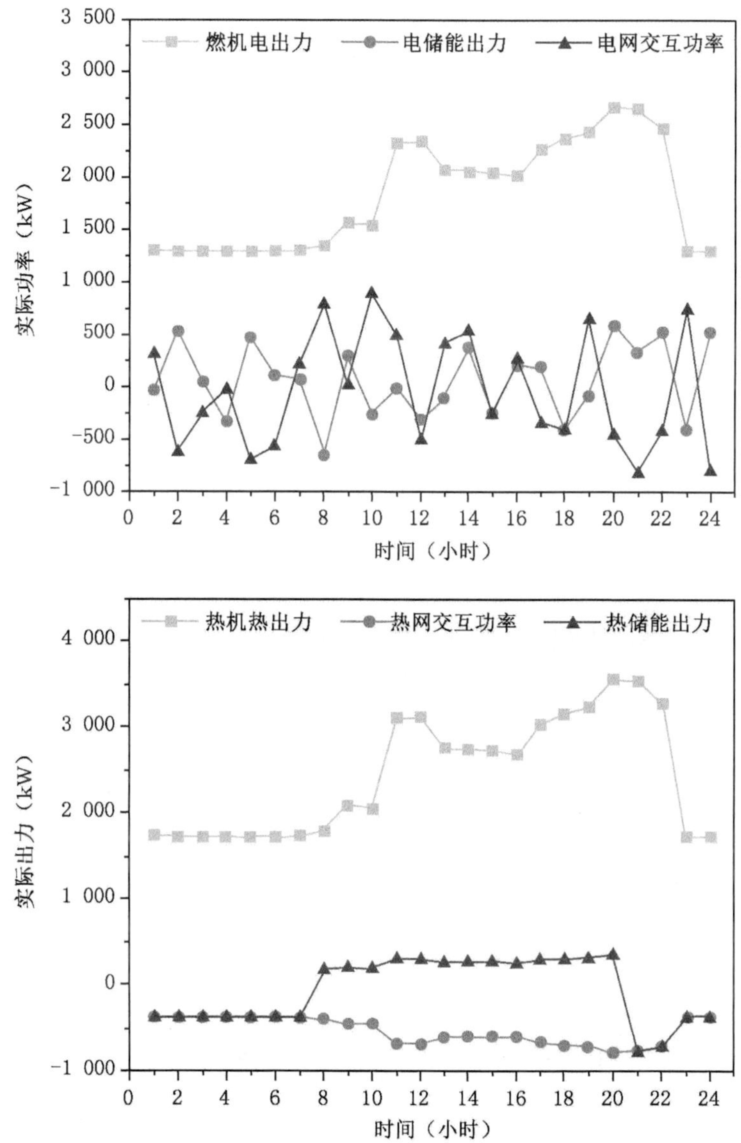

图 6—11　场景 2 各机组时前优化电出力曲线和热出力曲线

际的热负荷和电负荷能力较强，这种热电解耦关系使热电联产机组调峰能力被释放，系统参与电网和热网协同运行的实际出力接近日前协同运行计划出力，系统出力偏差相比于场景 2 大大降低，系统弃风现象得到有效解决，风电输出的不确定性以及弃风现象在运行优化过程中得到解决，风电机组的输出水平相对较高，实际平均输出约为 2 200kW，风电机组的弃风量比场景 2 减少约 60%，风电的平均消纳率超过 80%。

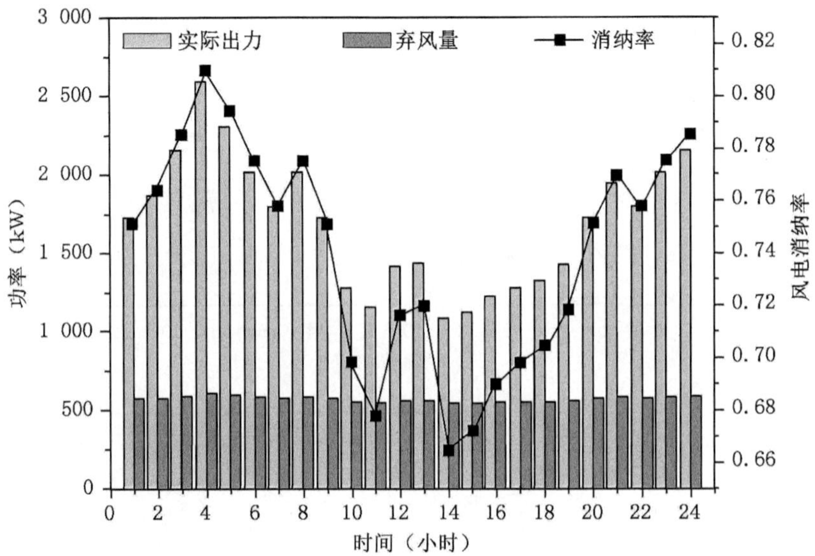

图 6—12　场景 3 风电机组时前优化电出力情况

三、结果对比讨论

(一)优化结果对比分析

根据上一节三种场景下，系统时前机组出力优化结果，进一步得出不同设置场景下，系统实际运行的经济效益、用户满意度、环境排放和负荷需求响应，具体如表 6—9 所示。

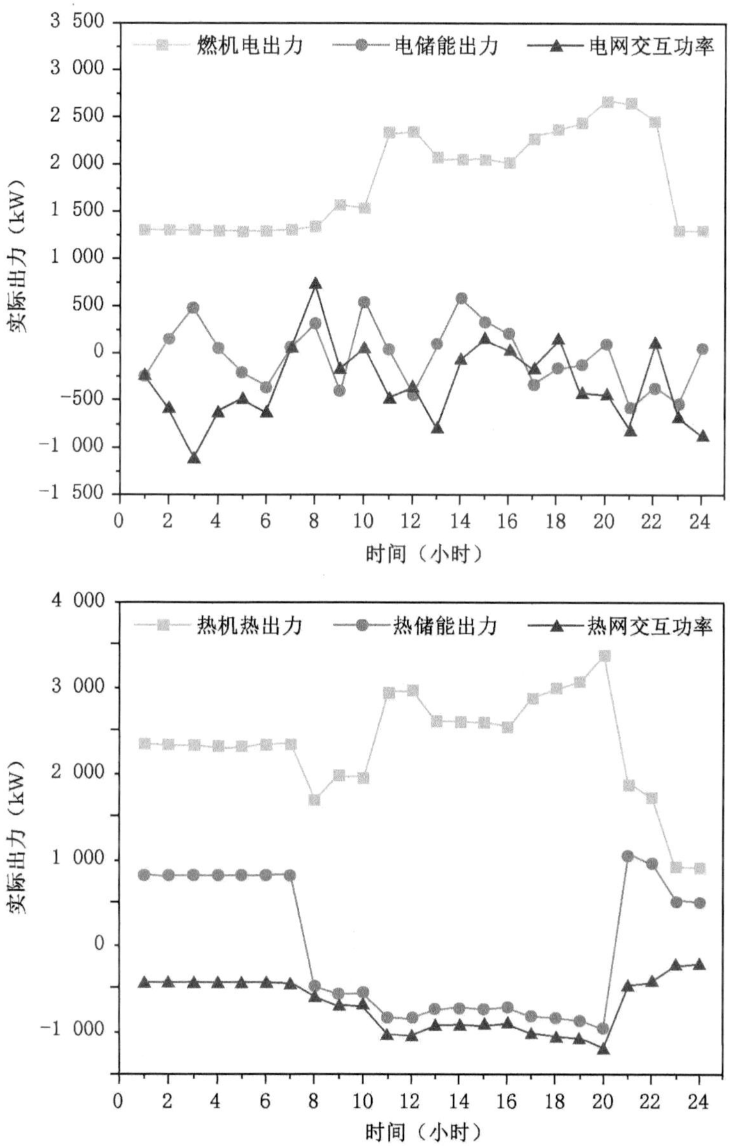

图 6—13　场景 3 各机组时前优化电出力情况

表 6—9　　不同时前优化场景系统经济效益及用户综合满意度

不同时前优化场景	场景 1	场景 2	场景 3
时前调度收益(元)	86 614.43	79 730.61	96 032.9
时前调度成本(元)	92 203.98	90 513.24	81 211.86
经济效益(元)	—5 589.55	—10 782.63	14 821.04
用户综合满意度	1	0.75	0.56

由表 6—9 可知，三种场景中，由于场景 3 电热比可调热电联产机组的调峰能力和系统调节能力较强，系统出力偏差和弃风量较小，系统整体经济效益较好，以及系统日运行效益可以达到 14 821.04 元，但同时由于频繁的电、热、气需求响应，对用户负荷影响较大，导致用户综合满意度为 0.56，低于场景 1 和场景 2。场景 1 和场景 2 由于系统源—荷—储协同调节能力较差，系统实际出力相较于计划出力偏差加大，导致系统弃风严重和运行成本过高，降低了系统运行经济效益，具体各场景下的收益和成本构成，如表 6—10、图 6—11、图 6—12 所示：

表 6—10　　不同时前优化场景协同运行收益情况

时前优化场景	场景 1	场景 2	场景 3
售电收益(元)	4 842.71	4 594.87	6 889.66
售热收益(元)	0	0	0
供能收益(元)	81 771.72	70 546.87	64 897.25
DR 收益(元)	0	4 588.87	24 245.99
总收益(元)	86 614.43	79 730.61	96 032.9

表 6—11　　不同时前优化场景系统协同运行成本情况

时前优化场景	场景 1	场景 2	场景 3
天然气成本(元)	19 696.65	22 695.98	24 580.62
购电成本(元)	2 816.74	2 917.76	3 367.86
购热成本(元)	1 479.81	1 500.65	1 898.43
运维成本(元)	29 757.15	31 554.42	40 431.28
环境成本(元)	1 497.35	2 451.78	2 089.96
惩罚成本(元)	36 956.28	29 392.65	8 843.71
总成本(元)	92 203.98	90 513.24	81 211.86

表 6—12　　不同时前优化场景系统惩罚成本情况

时前优化场景		场景 1	场景 2	场景 3
热出力偏差惩罚	偏差量(kW)	1 515.20	936.77	2 169.5
	惩罚成本(元)	2 272.8	1 405.15	3 254.25
电出力偏差惩罚	偏差量(kW)	−10 276.77	−6 832.78	−1 429.68
	惩罚成本(元)	25 691.92	17 081.94	3 574.21
弃风惩罚	弃风量(kW)	8 991.56	10 905.56	2 015.25
	惩罚成本(元)	8 991.56	10 905.56	2 015.25
总惩罚成本(元)		36 956.28	29 392.65	8 843.71

由表 6—10 可知，三种时前场景在需求响应收益方面存在明显差异。场景 3 因为系统机组出力灵活性更高，系统参与需求响应能力也更强。由表 6—11 可知，不同时前优化场景中，由电负荷需求响应结果可知，三种场景系统负荷响应总量分别为 0kW、36 710.96kW 和 287 052.92kW，场景 3 热电联产电热比可调场景下系统负荷响应能力相比于场景 2 提高约 6.8 倍，系统需求响应收益约提高 76.92%，以及给出不同时前优化场景下的偏差情况，具体如图 6—14 所示。

由图 6—14 可知，场景 1 系统源—荷—储协同调节能力较差，供电、供热方式较为固定，导致场景 1 系统出力偏差较大，系统惩罚成本高达 36 956.28 元，比场景 2 高出约 25.73%。在场景 2 中，传统热电联产机组电热比恒定，限制了热电联产机组的调峰能力和风电消纳能力，导致系统在实际运行过程中出力严重偏离日前协同计划出力。在这种情况下，系统向电网供电量相较于日前计划而言，缺口将高达 6 832.78kW，而供热量比计划高出 936.77kW。此外，由于系统调度不灵活，场景 2 中的弃风量达到 10 905.56kW，导致场景 2 系统实际运行罚款成本约为 29 392.65 元，严重影响了系统运行的经济性和电网的安全性。相比于场景 1 和场景 2，场景 3 在系统出力调节能力和风电消纳能力方面均优于场景 1 和 2。经过优化调节，系统电出力偏差为 1 429.68kW，弃风量仅为 2 015.25kW，系统总惩罚成本为 8 843.71 元，相比于场景 2 降低 69.91%。同时，在上述三种场景下，系统时前环境成本具体如表 6—13 所示。

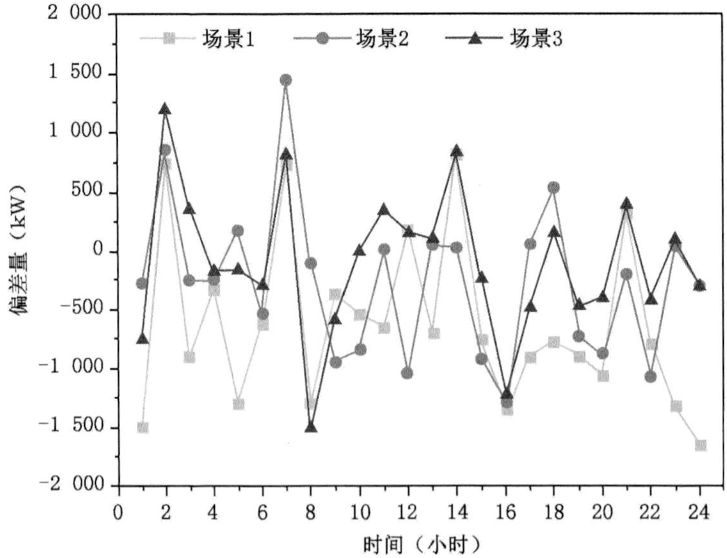

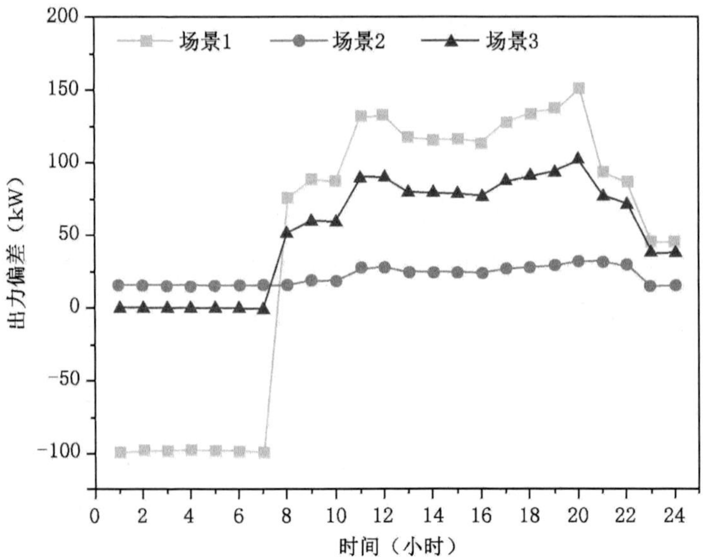

图 6－14　不同时前优化场景下电出力偏差和热出力偏差

表 6－13　　　　不同时前优化场景环境成本构成

时前优化场景	场景 1	场景 2	场景 3
基本排放成本(元)	1 069.75	1 921.3	1 555.37
碳交易成本(元)	427.6	750.51	543.99
总环境成本(元)	1 497.35	2 671.81	2 099.36

在场景 2 中，热电联产机组出力受限于固定的电热比系统灵活性较差，机组在部分时段处于低负荷率运行状态，导致机组运行效率较低，天然气消耗量较大。同时，由于机组处于低负荷率运行状态，导致天然气燃烧不充分，污染物排放量也较大。根据表 6－12，场景 2 系统环境成本高达 2 671.81 元，较场景 3 环境成本高出 27.26%。场景 1 中热电联产系统虽然可调性较差，但由于系统电、热、气负荷均不参与需求响应，系统对燃机调用不频繁，其环境成本相对较低。

（二）需求响应对比分析

针对源—荷—储协同运行系统电负荷需求响应结果负荷情况，具体如图 6－15、图 6－16 所示：

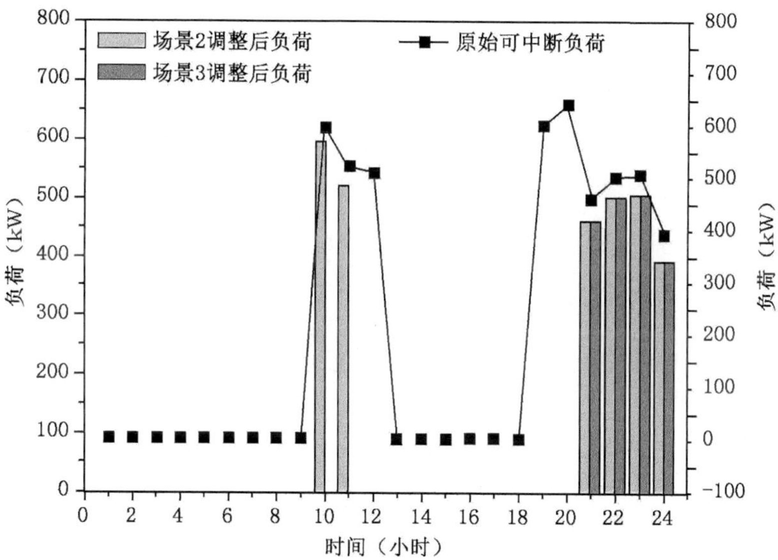

图 6－15　不同时前优化场景可中断电负荷需求响应结果

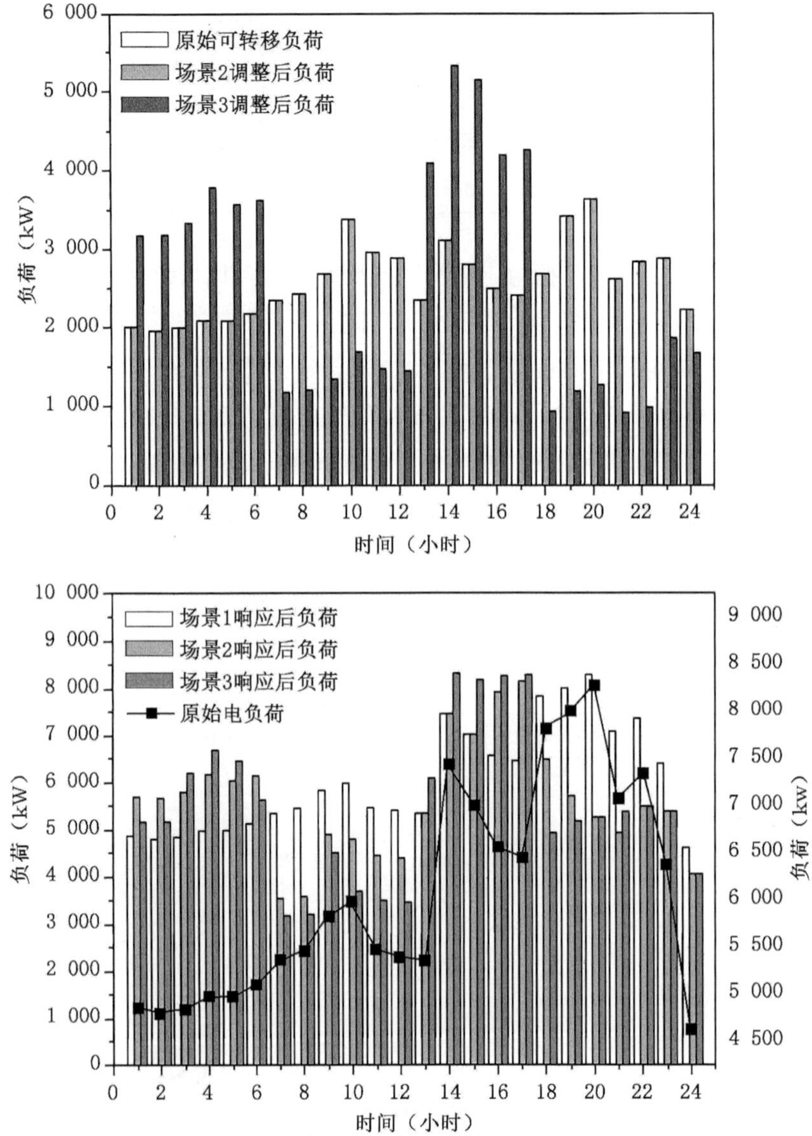

图 6—16　不同时前优化场景可转移电负荷需求响应结果和响应前后电负荷曲线

结合图 6—16 和图 6—17 不同时前优化场景可中断电负荷需求响应、可转移电负荷需求响应结果和响应前后电负荷曲线可知，具体不同时前优化场景的电负荷需求响应结果，具体如表 6—14 所示。

表 6－14　　不同时前优化场景电负荷需求响应结果

时前优化场景		场景 1	场景 2	场景 3
响应容量(kW)	可中断负荷	0	36 710.96	20 468.32
	可转移负荷	0	0	266 584.6
收益(元)	可中断负荷	0	4 588.87	2 558.54
	可转移负荷	0	0	17 328

由表 6－14 可知，在三种时前优化场景中，由于场景 1 电、热、气负荷均不参与电网和热网响应，其负荷曲线未发生变化。场景 2 和场景 3 电负荷均参与需求响应，场景 2 和场景 3 需求响应量分别为 41 299.83kW 和 23 026.86kW。场景 3 由于热负荷也参与需求响应和电热耦合设备的作用，存在电热负荷之间的交叉响应情况，负荷响应量相比于场景 2 有所降低。

针对源—荷—储协同运行系统热负荷需求响应结果负荷情况，具体如图 6－17 所示。

结合表 6－14 不同时前优化场景热负荷需求响应结果和不同时前优化场景响应前后热负荷曲线，可以得到热负荷需求响应结果，具体如表 6－15 所示：

表 6－15　　不同时前优化场景热负荷需求响应结果

时前优化场景	场景 1	场景 2	场景 3
响应容量(kW)	0	0	4 359.45
收益(元)	0	0	4 359.45

根据三种时前优化场景机组可调特征，三种场景中场景 1 和场景 2 热电联产机组电热比均不可调节，导致系统热负荷灵活性和参与需求响应的能力较差。场景 3 中由于燃机电热比可以灵活调节，系统参与城市热网需求响应的能力较强，系统日热力需求响应收益可以达到 4 359.45 元。从图 6－16 可以看出，场景 1 和场景 2 热负荷不参与需求响应，系统热负荷曲线未发生变化，场景 3 系统热负荷在用热高峰期(18:00—22:00)热负荷进行削减，降低系统热力成本。

针对源—荷—储协同运行系统气负荷需求响应结果负荷情况，具体如图 6－18 所示。

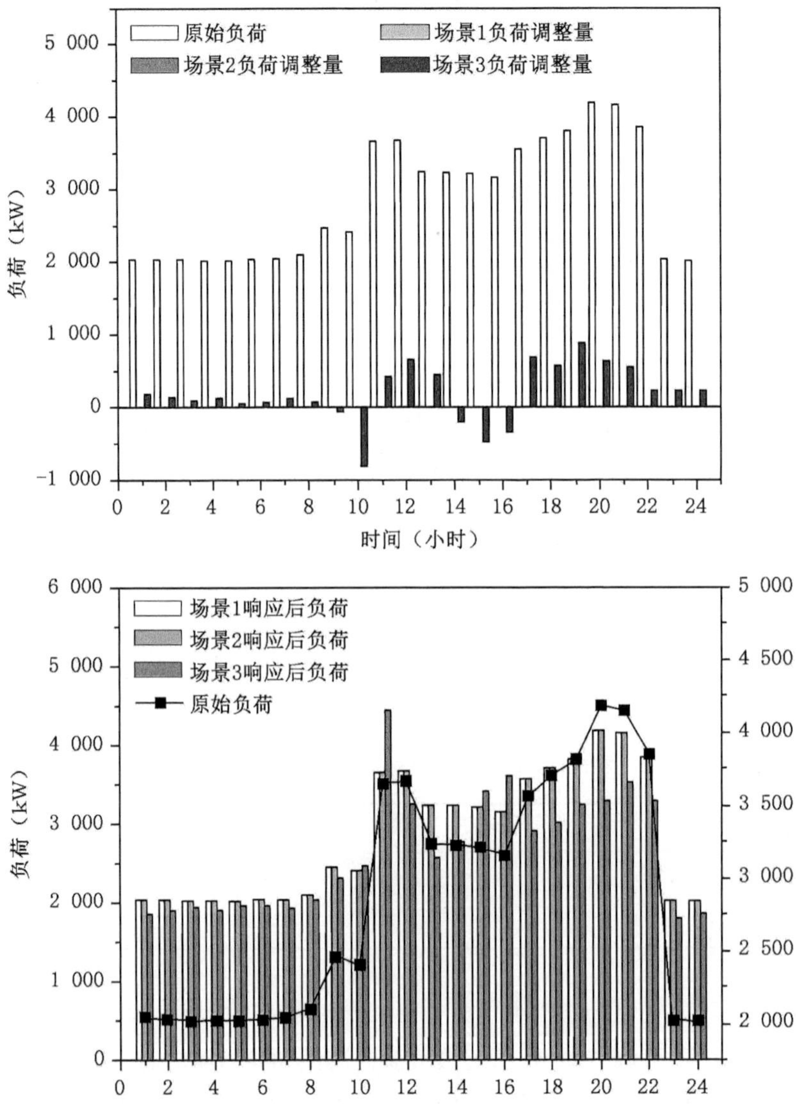

图 6－17　不同时前优化场景热负荷需求响应结果和不同时前优化场景响应前后热负荷曲线

结合图 6－18 不同时前优化场景天然气负荷响应量和响应后气负荷曲线可知，根据三个时前优化场景负荷特性，系统中的天然气负荷包括两部分，即居民气负荷和燃机气负荷。其中居民气负荷不参与系统调节，燃机天然气负荷由于

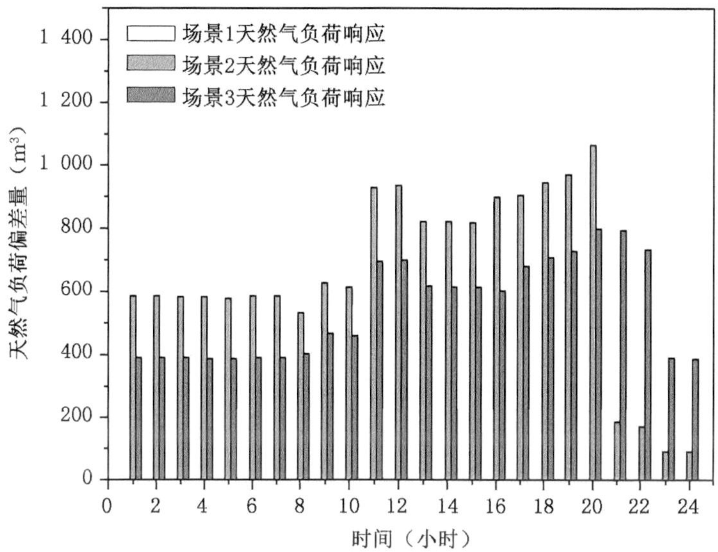

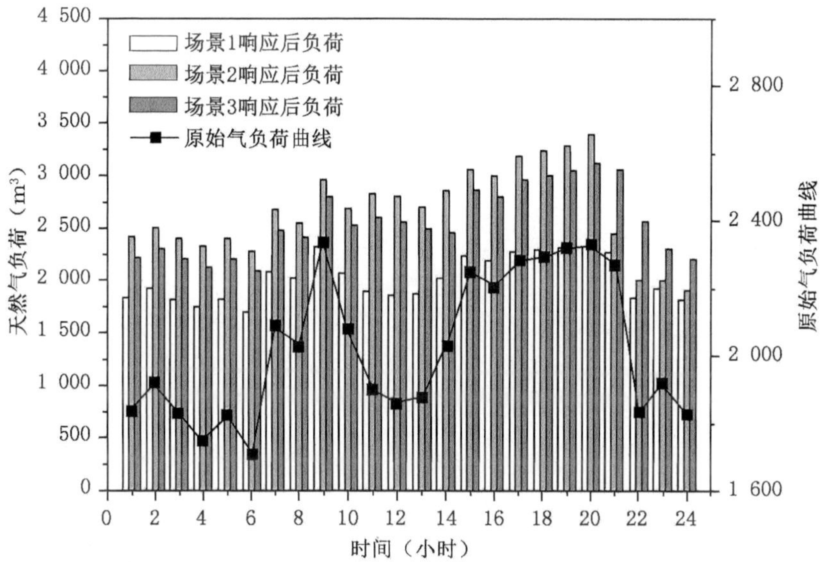

图 6－18　不同时前优化场景天然气负荷响应量和不同时前调度场景响应后气负荷曲线

热电联产机组的调整而被动参与系统运行优化调节。

综上所述，根据三种时前优化策略电、热、气负荷响应情况可知，场景 1 系统电、热负荷均不参与需求响应，且燃机电热比不可调，系统天然气负荷曲线未发生变化。场景3中系统电、热负荷均参与需求响应，且燃机电热比可调，系统中燃机运行工况较场景1和场景2更为灵活，燃机运行效率高，天然气消耗量变化相对较小。场景2虽然燃机电热比不可调，系统中的电负荷参与城市电网需求响应，导致热电联产机组运行状态发生变化，但由于热负荷不参与需求响应，热电联产系统运行灵活性较差，燃机运行效率低，系统天然气消耗量变化较大。在电、热、气负荷和燃气运行特性综合作用下，表现出场景2的气负荷响应量要低于场景3。

第七章　考虑多储能系统的综合能源系统管理

第一节　储能类型分析

一、储能的类型与特点

随着技术的不断进步，储能应用途径也随之广泛，电源侧、电网侧及需求侧皆有涉及。例如可再生能源电站、抽水蓄能电站、微网储能、电动汽车等[88]。根据能量转换的特点，储能技术可分为机械类储能、电化学储能、热储能、氢储能等。具体技术特点如下：

（一）机械类储能

机械类储能是将机械能转化为电能的过程中实现的能量存储与释放，主要形式有压缩空气储能、抽水蓄能和飞轮储能等。其中，抽水蓄能是目前技术成熟度最高、装机容量大、循环寿命周期长、应用最广泛的机械类储能形式[89-90]。其具有经济性能最优、绿色环保等优点。工作原理是储能时将下游水库水抽至上游存储起来，电能转化为势能；释放能量时，利用上下游水位将势能转化为电能，从而实现电能—势能—电能之间的灵活转换。缺点就是受地理条件制约同时建设周期较长。压缩空气储能是利用电机驱动压缩机通过空气的压缩和释放来实现能量的存储与释放，在内能—电能—内能之间灵活转换。具有能量密度大、寿命长、成本低等优点，同时也存在对地理条件要求高、补燃式需要化学燃料、环保性较差等缺点[91-92]。飞轮储能是利用电子装置控制电机发电或电动机工作模式改变飞轮的旋转速度来实现机械能与电能的转换，其优点是转换效率高、瞬时功率高，缺点是仅低速分轮储能技术较成熟，高速飞轮储能还有较多关键技术仍须进一步突破，如复合材料结构技术、高温超导磁轴承技术和高速电机技术等。

（二）电化学储能

电化学储能是利用电池电化学反应原理实现电能与化学能量之间的能量转换与存储。具有响应速度快、安装灵活、建设周期短、在未来能源领域具有广阔的发展前景，也是微能网中应用最广泛的储能形式[93]。电化学储能主要包括锂离子电池、夜流电池、铅酸电池等。其中，锂离子电池技术成熟，种类较多。根据锂离子电池不同的正极材料，有磷酸铁锂离子电池、锰酸锂离子电池、三元锂离子电池等。磷酸铁锂离子电池具有能量密度较高、寿命周期较长、经济性能好等优势，随着未来制造成本的降低和安全性能的提高，有望在各级能源系统中实现大规模商业应用，也是本节微能网优化调度模型中储能系统的重要选择设备。铅酸电池同样具有技术成熟、成本低、安全性好、回收率高等优点，但其能量密度低、循环寿命短而无法满足现阶段能源系统大规模储能的需求[94]。为了解决该问题，一般的途径为引入碳材料成为铅炭电池，改良其负极性能，延长使用寿命和能量存储容量。然而，从技术上碳材料选型定性改良程度尚未成熟，同时碳材料的引入对环境影响较大。流液电池是通过正负极电解液溶液活性物质发生电化学变化实现电能的存储和释放。其中全钒液电池是目前技术最诚实的液流电池，采用不同价位的活性物质，从而避免电解液溶液不同活性物质交叉污染问题。另外，其还具有安全性高、循环次数高、能量容量功率容量独立设计、自放电率低等优点，不过，其存在能量密度低、制造成本高等问题，钠硫电池具有能量密度高、使用寿命长、无自放电等优点，但是其对运行温度要求特殊，需要在高温300度至350度之间运行，这对安全控制、结构设计、材料选取等方面提出了较高的要求，因此，对于钠硫电池商业应用，关键在于需要进一步提升其安全性、可靠性和经济性[95]。

（三）热储能

热储能根据不同储热材料特性，可以分为显热储热、潜热储热和热化学储热。显热储热是通过改变储热材料温度变化实现热能的存储与释放，如水、熔融盐、导热油、混凝土等，具有技术成熟、成本较低、材料丰富等优点，得到广泛的应用[96]；潜热储热是利用储热材料发生相变过程中存储或释放热能，主要分为有机相变和无机相变，其具有储热密度高、温度变化小等优点，是目前储热技术研究重点和热点；热化学储热主要是利用化学可逆反应过程中吸热或放热来实现热能的存储与释放，选择合适的化学反应体系是该类储热的技术关键，虽然储热密度高于前面两者，但是安全性、经济性、高效性等问题亟待解决，多数热化学储热仍处于技术研发阶段。

（四）氢储能

氢能是未来重要的能源载体之一。氢储能的工作原理是通过制氢、储氢、氢发电等关键技术实现电能和氢能之间相互转换。由于具有能量密度大、运维成本低、绿色环保等突出优点，氢储能被认为是极具发展潜力的新型大容量储能技术。目前国内外氢储能技术还处于示范阶段，存在能量转换效率低、制造成本高等问题，不过，随着材料和关键技术的不断突破，氢储能实现商业应用指日可待[97]。

综上可知，不同储能形式因工作原理不同呈现出不同的技术特点，特别是在功率特性、能量特性方面的表现会有所差异。因此，在储能选型时需要考虑电力系统应用需求或应用场景的特点来选取合适的储能类型，有利于充分挖掘储能技术在电网中的应用价值和切实提高电力系统供电充裕性、运行灵活性及动态稳定性。

二、储能数学模型构建

在微能源系统中，储能系统可以在时间上解耦能量的生产和消耗，从而实现能量跨时段转换协调电源和负荷的不平衡，实现清洁能源弃能的消纳。通过上述分析对比，选取合适的储电储热设备满足微能网优化调度需求[98]。

（一）电储能

电能存储作为电负荷削峰填谷的主要手段，此处选择能量密度高、存储容量大、可调度周期长的磷酸铁锂离子蓄电池作为储能主要设备[99]。储能容量与充放电功率和充放电效率有关，其数学模型可表示为：

$$E_{EES,t}=\begin{cases}E_{EES,t-1}+\theta\eta_{ele}^{cha}g_{EES,t}^{cha}-(1-\theta)\dfrac{1}{\eta_{ele}^{dis}}g_{EES,t}^{dis},t>1\\E_{EES,0},t=1\end{cases}\tag{7-1}$$

式中：$E_{ESS,t}$ 为 t 时刻的储电能容量；$g_{ESS,t}^{cha}$ 和 $g_{ESS,t}^{dis}$ 分别代表 t 时刻储能系统充放电功率；η_{ele}^{cha}、η_{ele}^{dis} 分别代表储能系统充放电效率，θ 为 0-1 变量，储能系统充电时为 1，放电时为 0。

（二）热储能

热电联产机组实现了能源的梯级利用，是一种经济、环境友好的设备。然而供暖季热电联产机组"以热定电"模式和风能反调峰特性也是清洁能源弃能的重要原因。当热能需求较低而电能需求较高时，部分联产机组将受热能限制而不能充分投入运行；反之热能需求较高而电能需求较低时，多余电力将无法上网或不经济上网，进而产生了大量弃能。储热技术能够打破热电联产机组的热电耦合约束，灵活的储热间接与清洁能源互动，有效提高系统的灵活性和经济性，从而提升清洁能源消纳比例。同时热储能与电储能同时运行时有利于平缓储热设备储放曲线，延长使用寿命进而实现电热进行统一协调管理[100]。

热储能的存储特性表明了存储容量与输出输入功率和热效率等几部分的关系，其数学模型可表示为：

$$H_{TES,t}\begin{cases}H_{TES,t-1}+\delta\eta_{heat}^{cha}Q_{heat}^{cha}-(1-\delta)\dfrac{1}{\eta_{heat}^{dis}}Q_{heat}^{dis} & ,t>1\\ H_{TES,0},t=1\end{cases}\tag{7—2}$$

式中：$H_{TES,t}$ 为 t 时刻的储热容量；Q_{heat}^{cha}、Q_{heat}^{dis} 为 t 时刻的吸放热功率；η_{heat}^{cha} 和 η_{heat}^{dis} 分别代表储热系统充放热效率。δ 为 0-1 变量，储热系统储热时为 1，放热时为 0。

储能设备的容量约束：

$$\begin{cases}E_{EES,min}\leqslant E_{EES,t}\leqslant E_{EES,max}\\ H_{TES,min}\leqslant H_{TES,t}\leqslant H_{TES,max}\end{cases}\tag{7—3}$$

式中：$E_{EES,\min}$、$E_{EES,\max}$、$H_{TES,\min}$、$H_{TES,\max}$ 分别为储电和储热容量的上下限。由于储能还满足功率约束，且功率约束形式相同，故本章使用同一功率符号表示功率约束：

$$\begin{cases}\mu_{EES,t}^{cha}g_{ESS\min}^{cha}\leqslant g_{EES,t}^{cha}\leqslant\mu_{EES,t}^{cha}g_{EES\max}^{cha}\\ \mu_{ESS,t}^{dis}g_{EES\min}^{dis}\leqslant g_{EES,t}^{dis}\leqslant\mu_{EES,t}^{dis}g_{EES\max}^{dis}\end{cases}\tag{7—4}$$

式中：$g_{EES\min}^{cha}$、$g_{EES\max}^{cha}$、$g_{EES\min}^{dis}$、$g_{EES\max}^{dis}$ 分别表示 t 时刻储能设备存储能量和释放能量的最小、最大值，$\mu_{EES,t}^{cha}$、$\mu_{EES,t}^{dis}$ 表示 t 时刻储能设备的储放状态，且满足：

$$\begin{cases}\mu_{EES,t}^{cha}=\{0,1\}\\ \mu_{EES,t}^{dis}=\{0,1\}\end{cases}\tag{7—5}$$

式中：1 表示储能设备处于工作状态，0 表示不工作。同时，考虑储能设备在一个周期内不能同时充放电。

第二节　含储能设备的微能网系统结构

一、系统结构

本章构建由风能、光能、天然气驱动的微能网能量管理系统，该系统包含电力子系统和热力子系统。其中，电力子系统包含小型风力发电群、光伏发电群、传统燃气轮机和磷酸铁锂离子蓄电池；热力子系统包含太阳能光热、电锅炉和蓄热槽等[101]。该系统与配电网联络线进行电能交互，且网内单元均由中央控制器进行统一控制和信息传达。系统结构如图 7－1 所示：

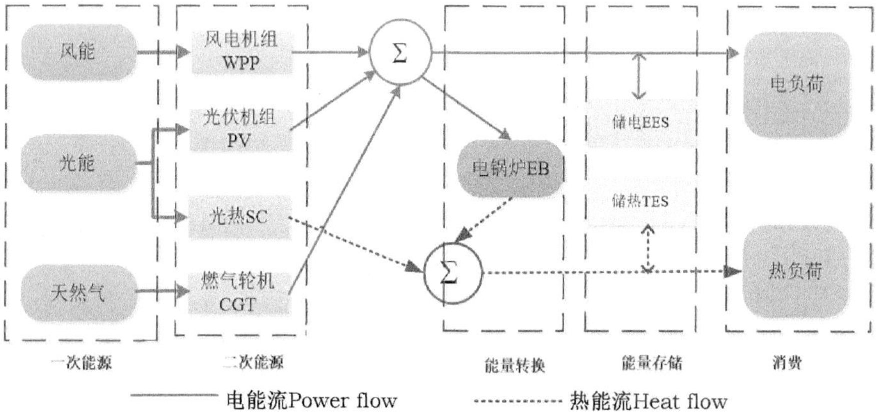

图 7－1　系统运行结构图

二、运行特征

系统采取最大功率跟踪模式使得风能、太阳能等清洁能源充分利用，天然气作为备用能源。其中，风能、光能主要用于满足电负荷需求，传统燃气轮机利用自身启停速度快等优势为系统提供备用。由于清洁能源出力情况和负荷需求呈现逆向分布的特征，可将负荷低谷时期的弃风弃光转换或存储。热负荷主要通过电锅炉和太阳能光热供给，同时配置储热装置，用于存储转换峰谷间电能转换的热能。系统与外网并联，根据实时电价、气价关系，选择购电、供电、供热或储能。系统协同优化调度清洁能源、电锅炉、燃气轮机和储能满足电热负荷需求，实现微能网电热经济调度，提高清洁能源综合利用效率[102]。

第三节　多目标优化调度模型

一、目标函数

风电、太阳能等清洁能源具有较好的经济效益和环境效益，然而输出功率的不确定性，给系统安全调度带来一定风险。因此，微能网能量系统收益和风险的平衡成为网内电热经济调度的关键性问题。本章在部分单元策略已定的情况下，满足网内运行约束，构建多目标函数，合理安排各单元出力，实现微能网运行最大运营收益和最低运营风险，系统协调运行。

系统内收益最大化目标函数具体如下：

(一)最大化经济效益目标

$$\max obj_1=\sum_{t=1}^{T}\left\{\begin{pmatrix}R_{WPP,t}+R_{PV,t}+R_{SC,t}\\+R_{CGT,t}+R_{EB,t}\end{pmatrix}-\begin{pmatrix}C_{CGT,t}+C_{PG,t}+C_{EB,t}\\+C_{EES,t}+C_{TES,t}\end{pmatrix}\right\} \tag{7-6}$$

其中：$R_{WPP,t}$、$R_{PV,t}$、$R_{SC,t}$、$R_{CGT,t}$、$R_{EB,t}$ 表示系统中在 t 时刻风电、光伏、光热、燃气轮机和电锅炉收益。同时 $C_{CGT,t}$ 表示传统燃气轮机在 t 时刻的运行成本；$C_{PG,t}$ 为系统 t 时刻向公共电网的购电价格和购电量的乘积；$C_{ESS,t}$、$C_{TES,t}$ 表示 t 时刻储电、储热的成本。风电、光伏、光热供能的边际成本几乎为零，故其运营收益等于供能量与价格的乘积。由于电锅炉主要利用负荷低谷时风光进行电能转热能，则其用电成本为零；当弃风、弃光不足时，使用低谷时存储的公共电网电能转化热能。

对于燃气轮机，其运行成本均包括燃料成本和启停成本，具体成本计算如下：

$$C_{CGT,t}^{f}=a_i g_{CGT,t}^{2}+b_i g_{CGT,t}+c_i \tag{7-7}$$

$$C_{CGT,t}^{sd}=[\mu_{CGT,t}^{u}(1-\mu_{CGT,t-1}^{u})]C_{CGT,t}^{u}+[\mu_{CGT,s}^{d}(1-\mu_{CGT,s+1}^{d})]C_{CGT,s+1}^{d} \tag{7—8}$$

其中，$C_{CGT,t}^{f}$、$C_{CGT,t}^{sd}$ 表示 t 时刻燃气轮机燃料成本和启停成本；t 和 s 为时间参数，且 $t\neq s$；a_i、b_i、c_i 为燃气轮机成本系数；$\mu_{CGT,t}^{u}$、$\mu_{CGT,t}^{d}$ 为 0-1 变量，表示 t 时刻燃气轮机运行状态；$C_{CGT,t}^{u}$、$C_{CGT,s+1}^{d}$ 表示 t 和 $s+1$ 时刻燃气轮机启停成本。

（二）最小化运行风险目标

风电、光能等出力具有波动性和间歇性等特性，需要合理控制微网不确定性因素。因此，在考虑系统收益的同时考虑风险均衡，选择系统净负荷波动最小为优化运行目标，具体目标函数如下：

$$\min obj_2=\left\{\sum_{t=1}^{T}[(g_{WPP,t}+g_{PV,t}+g_{CGT,t}-g_{EB,t}-g_{PG,t})-\bar{G}]/T\right\}^{\frac{1}{2}} \tag{7—9}$$

$$\bar{G}=\sum_{t=1}^{T}[(g_{WPP,t}+g_{PV,t}+g_{CGT,t}-g_{EB,t}-g_{PG,t})]/T \tag{7—10}$$

式中：obj_2 为风能和光伏接入微能网后系统的净负荷波动值，即负荷波动的标准差；$\bar{G}$ 为系统在整个调度周期内负荷波动的平均值。

二、约束条件

HES 在运行期间主要满足能量平衡约束和各单元运行约束。

（一）能量供需平衡约束

为保证系统安全可靠运行，需考虑能量供需平衡约束、旋转备用约束及负荷波动约束等。

$$\begin{aligned}&\sum_{w=1}^{W}g_{W,t}(1-\varphi_{W})+\sum_{p=1}^{P}g_{PV,t}(1-\varphi_{PV})+\sum_{es=1}^{ES}(g_{EES,t}^{dis}-g_{EES,t}^{cha})\\&+\sum_{c=1}^{C}g_{CGT,t}(1-\varphi_{CGT})+g_{PD,t}-\sum_{e=1}^{E}g_{EB,t}=L_t\end{aligned} \tag{7—11}$$

式中：L_t 表示 t 时刻负荷需求，$g_{WPP,t}$、$g_{PV,t}$、$g_{CGT,t}$ 为 t 时刻风电、光伏、燃气轮机出力功率；W、P、G、C 和 E 分别表示风电机组、光伏机组、储能、燃气和电暖气发电机组总数。φ_{WPP}、φ_{PV}、φ_{CHP}、φ_{CGT} 为风、光、燃气轮机的厂用电率；$g_{EB,t}$ 为 t 时刻电锅炉消耗的电功率；$g_{PD,t}$ 为 t 时刻外网购电量。

$$\sum_{s=1}^{S} Q_{SC,t} + \sum_{e=1}^{E} Q_{EB,t} + \sum_{h=1}^{H} (Q_{heat,t}^{dis} - Q_{heat,t}^{cha}) = Q_t \tag{7-12}$$

式中：Q_t 表示 t 时刻系统热负荷需求；$Q_{EB,t}$ 为 t 时刻电锅炉热供热量 $Q_{heat,t}^{dis}$、$Q_{heat,t}^{cha}$ 为储热设备放热量和储热量。

（二）系统备用约束

$$g_{HES,t}^{\max} - g_{HES,t} \geqslant r_1 \cdot L_t + r_2 \cdot g_{WPP,t} + r_3 \cdot g_{PV,t} \tag{7-13}$$

$$g_{HES,t} - g_{HES,t}^{\min} \geqslant r_4 \cdot g_{WPP,t} + r_5 \cdot g_{PV,t} \tag{7-14}$$

式中：$g_{HES,t}^{\max}$、$g_{HES,t}^{\min}$ 表示 t 时刻系统最大和最小发电可用出力；$g_{HES,t}$ 表示 t 时刻系统发电出力；r_1 r_2、r_3 表示负荷、风电和光伏的上旋转备用系数；r_4 和 r_5 分别表示风电和光伏的下旋转备用系数。

三、系统功率输出模型

（一）风电机组出力模型

受风电机组技术性参数限定，风电出力随风速变化呈现阶段性特征，即：

$$g_{WPP,t} = \begin{cases} 0, & 0 \leqslant v_t < v_{in},\ v_t > v_{out} \\ 0.5 C_W \rho A_{WT} {v_t}^3, & v_{in} \leqslant v_t \leqslant v_{rated} \\ g_{WPP,t}^{rated}, & v_{rated} \leqslant v_t \leqslant v_{out} \end{cases} \tag{7-15}$$

$$0 \leqslant g_{W,t} \leqslant g_{W,t}^{\tau} \tag{7-16}$$

式中：C_W 为风电机组性能参数；ρ 为空气密度；A_{WT} 为风电机组叶片扫过面积在风速垂直平面上的投影；v_t 表示风能在时刻 t 的实时风速；v_{in}、v_{rated} 和 v_{out} 分别表示切入风速、额定风速和切出风速；为风电机组额定功率，当风速低于切入风速 ν_{in} 或高于切入风速 ν_{out} 时，风电机组将停止工作。若风速介于额定风速 ν_{rated} 与切入风速 ν_{out} 之间，风电机组将以额定功率出力 $g_{WPP,t}^{\tau}$，其他情况风电机组出力依赖风速大小。

由于风速在不同高度上存在差异，因此将特定高度处的风速转换成风电机组塔高处的实际风速。

$$f(v'_t) = \left(\frac{h}{h'}\right)^{\beta} v'_t \tag{7-17}$$

式中：v'_t 为在高度 h' 处测量的风速，$f(v'_t)$ 为 v_t 风电机组在塔高 h 处测量的风速，β 为测算系数。

（二）光伏机组出力模型

光伏发电基于半导体界面的光生伏特效应，将半导体上吸收的太阳能直接转化为电能。假设光伏设备配有最大功率点跟踪光伏功率输出为：

$$g_{PV,t}=\left[1-\gamma\left(T_{air}+\frac{T_n-20}{800}\theta_t-T_{ref}\right)\right]\eta_{PV}\theta_t S_{PV}N_{PV} \tag{7-18}$$

式中：γ 为温度参数，代表光伏面板的光电转换效率；T_{air} 为大气环境温度，T_n 为正常工作温度；T_{ref} 为参考温度，η_{PV} 为参考效率，θ_t 为 t 时刻光辐射强度；S_{PV} 为单个面板面积，N_{PV} 为光伏面板数量。

光伏发电同样具有随机性、间歇性、波动性等特征，其出力强度与光照辐射强度有关，常用 Beta 分布函数描述太阳能光伏辐射强度，具体公式如下：

$$f(\theta)\begin{cases}\dfrac{\theta^{\alpha-1}(1-\theta)^{\beta-1}}{\int_0^1\theta^{\alpha-1}(1-\theta)^{\beta-1}d\theta},0\leqslant\theta\leqslant1,\alpha\geqslant0,\beta\geqslant0\\0,\text{其他}\end{cases} \tag{7-19}$$

式中：θ 表示太阳能辐射。α 和 β 表示 Beta 分布的形状参数。

基于光照辐射强度的历史数据，在获取光照辐射强度的期望值 μ 和方差值 σ 后，α 和 β 值为：

$$\beta=(1-\mu)\times\left(\frac{u\times(1+\mu)}{\sigma^2}-1\right) \tag{7-20}$$

$$\alpha=\frac{\mu\times\beta}{1-u} \tag{7-21}$$

式中：u 和 σ 分别表示太阳能光照辐射强度的期望值和标准差值。

因此，太阳能光照辐射强度分布函数为：

$$P(\theta)=\int_{\theta_{\min}}^{\theta_{\max}}f(\theta)d\theta \tag{7-22}$$

式中：$\theta_{\max}$、$\theta_{\min}$ 分别为太阳能辐射强度的上限值和下限值。

（三）燃气轮机出力模型

燃气轮机通过燃烧天然气产生蒸汽带动发电机转子高速旋转产生交流电，废热通过余热锅炉回收，通过蒸汽热水转换装置产生一定数量的热能。作为主要发电设备，发电效率受输出功率影响较大，在一定的输出功率范围内，发电效率和输出功率呈正相关，燃气机排气余热回收量与机组电负荷率 λ 有关，燃气轮机发电功率为：

$$g_{CGT,t}=\eta_C L_{NG} V_{NG} \tag{7—23}$$

$$\eta_c=(a\lambda^3+b\lambda^2+c\lambda+d)\eta_c^E \tag{7—24}$$

式中：$g_{CGT,t}$ 为燃气轮机 t 时刻的发电功率；η_C 为燃气轮机发电效率；L_{NG} 为天然气热值，一般取 9.7kW·h/m³；V_{NG} 为运行时间内燃气轮机所消耗的天然气量；Q_r 为燃气轮机排气余热回收量；η_r 为燃气轮机余热回收量；η_c^E 为燃气轮机额定发电效率；a、b、c、d 为系数。

（四）光热出力模型

太阳能光热是系统供热的主要能源之一，主要通过复合抛物线收集器（CPC）收集太阳辐射的中低温光热提供热源。CPC 具有较大的接收角度，可以大范围集中度接收热源，并可以同时间跟踪太阳能。此外 CPC 还具有优于平板集热器更高的发电温度。下列公式计算了吸收器表面吸收的总有效通量：

$$S_t=[I_t^{\mathrm{b}}R_t^{\mathrm{b}}+I_t^{\mathrm{d}}/C]\tau\rho\alpha \tag{7—25}$$

式中：S_t 表示 t 时刻吸收器表面吸收的总有效通量；I_t^{b} 表示 t 时刻每小时的光束辐射；R_t^{b} 表示 t 时刻光束的倾斜因子；I_t^{d} 表示 t 时刻扩散辐射；C 是浓度比；α 是吸收体表面的吸收率；ρ 是聚光器表面对所有辐射的有效反射率；τ 是聚光器表面对所有辐射的有效反射率。然后，可用公式（7—26）给出有用的热增益：

$$Q_{SC,t}=F_R WL\left[S_t-\frac{U_{lo}}{C}(T_t^{\mathrm{fi}}-T_{\mathrm{air}})\right] \tag{7—26}$$

式中：$Q_{SC,t}$表示 t 时刻光热有用热增加量；W、L 分别是集热管的长度和宽度；T_t^{fi} 表示 t 时刻光热集热入口温度；T_{air}表示 t 时刻的环境温度；U_{lo} 表示总损耗系数；F_R 表示光热系统运行传动比，详细的计算方法在文献中。

（五）电锅炉运行模型

电锅炉安装简单、控制灵活且维修更换方便，因而其被广泛应用于微电网中。电锅炉可在电价引导下配合热电联产系统满足热负荷需求并增加谷时段用电量，因此引入电锅炉可实现电热转换并对电热负荷进行峰谷协调。其出力模型为：

在 SC 出力低谷时期，利用弃风电量带动电锅炉供热，满足系统主要热负荷需求，电锅炉的供热功率为：

$$Q_{EB,t}=3.6\eta_{EB} g_{EB,t} \tag{7—27}$$

式中：$Q_{EB,t}$ 为电锅炉的热输出功率，QJ/h；$g_{EB,t}$ 为电锅炉消耗的电功率（MW）；η_{EB} 为电锅炉的热转换效率。

四、MINLP 模型处理

（一）线性化处理

公式（7－6）和（7－9）确定了系统的目标函数，决策变量包括连续变量与 0-1 变量，属于混合整数非线性规划（MINLP）。机组出力作为决策变量，风电发电功率与风速为幂函数，燃气轮机运行成本为二次方程。针对模型求解复杂、计算量大、难以得到最优解等情况，本章在求解模型之前，对目标函数和非线性因子进行线性化处理。

根据风能发电功率为幂函数情况，对其运行函数取对数，使得变量 y_t^* 和 x_t^* 为线性关系。解得风电输出功率为：

$$y_t^* = 3x_t^* + \ln C_W \rho A_{WT} - 0.69 \tag{7－28}$$

根据燃气轮机运行成本为二次函数的情况，将其划分为 N 段，转化为分段函数，则分段处理后线性方程表示为：

$$\begin{aligned} f'(C_{CGT,t}) = & f'(C_{CGT}^{\min} + n\Delta C_{CGT}) + (C_{CGT,t} - g_{CGT}^{\min} - n\Delta C_{CGT}) \\ & \times [b + (2n+1)c \cdot \Delta C_{CGT} + 2cC_{CGT}^{\min}] \end{aligned} \tag{7－29}$$

$$C_{CGT,t} \in [C_{CGT,t}^{\min} + n\Delta C_{CGT}, C_{CGT,t}^{max} + (n+1)\Delta C_{CGT}] \tag{7－30}$$

式中，$n=0,1,\cdots,N-1$，$\Delta C_{CGT} = (C_{CGT}^{\max} - C_{CGT}^{\min})/N$。

（二）模糊化处理

本章设计含储能参与清洁能源弃能消纳的微能网系统，系统含最大化运行收益和最小化系统负荷波动两个目标函数。如何在满足运行约束的条件下，求得系统最优解是本章研究的关键问题。求解多目标模型一般存在两种方法：一是智能算法；二是将多目标函数转化为单一目标函数，利用数学模型求解。考虑所提目标函数具有不同量纲且优化方向相反，难以直接赋权，需要进行预处理。模糊满意度理论能够通过分析目标函数值与理想值间的距离，将数值优化转换为程度优化。这里选取升半直线形隶属度函数处理最大化运营收益目标，选择降半梯度隶属度函数处理最小化运营风险，具体过程如下。

经济效益最大化目标的隶属函数为：

$$\mu(obj_1)=\begin{cases}1 & obj_1 \geqslant obj_1^* \\ \dfrac{(obj_1 - obj_1^* + \delta_1)}{\delta_1} & obj_1^* - \delta_1 \leqslant obj_1 < obj_1^* \\ 0 & obj_1 < obj_1^* - \delta\end{cases} \tag{7-31}$$

运行风险最小化目标的隶属度函数值为：

$$\mu(obj_2)=\begin{cases}1 & obj_2 \leqslant obj_2^* \\ \dfrac{(obj_2^* + \delta_2 - obj_2)}{\delta_2} & obj_2^* < obj_2 \leqslant obj_2^* + \delta_2 \\ 0 & obj_2 > obj_2^* + \delta\end{cases} \tag{7-32}$$

式中，obj_1 为第 i 个目标函数数值，obj_1^* 为第 i 个目标函数理想值；δ_i 为决策者可接受的第 i 个目标函数的增加值，是将目标进行一定的伸缩。隶属度函数如图 7—2 所示：

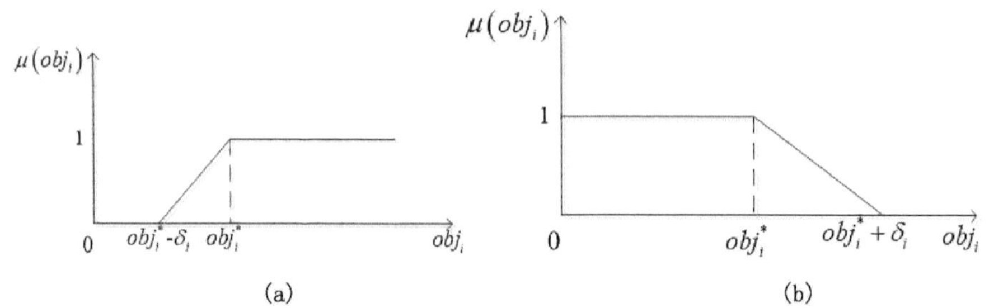

图 7—2　不同目标函数的隶属度函数

（三）多目标模糊优化调度模型流程

根据本章构建多目标函数，当系统实现经济效益最优时，风能、光能运行成本较低，并网量较大，同时也给系统带来一定运行风险；当系统净负荷波动较小时，相应清洁能源利用率也较低，燃气轮机输出功率较高，经济性相应降低。为了平衡两者关系，使用模糊满意度将多目标转化为单一目标函数，求解流程如下：

(1)输入原始数据，包括风光预测出力功率、参数，燃机轮机出力、爬坡、启停等限值，系统正负旋转备用需求，电锅炉出力热功率限值等。

(2)以经济效益最大化为优化目标，求解系统运行优化模型，得到经济最优

值 obj_1^* 及此时的运行风险值 obj_2。

(3)以运行风险最小化为优化目标，求解系统运行优化模型，得到运行风险最低值 obj_2^* 和此时的经济效益值 obj_1。

(4)将各单目标值进行伸缩，确定 δ_1、δ_2。由于为了双目标模糊优化，优化结果不能低于 obj_2^*，也不能超过 obj_1^*，因此，δ_1、δ_2 优化结果取值范围分别是 $0 \leqslant \delta_1 \leqslant obj_1^* - obj_1$ 和 $0 \leqslant \delta_2 \leqslant obj_2 - obj_2^*$，根据决策者需求，进行不同程度伸缩，充分体现其意愿和偏好。

(5)将 δ_1、δ_2 代入下式，可得各目标函数表达式。

设 μ 为所有目标隶属度函数中的最小值，它可用来表示决策的满意程度，其满意度指标为：$\lambda = \min\{\mu(obj_1), \mu(obj_2)\}$ 这样原问题转化为求解满足所有约束条件的满意度指标 λ 最大化的单目标非线性优化问题：

$$\max \lambda$$

$$s.t \begin{cases} \mu[obj_i] \geqslant \lambda \\ 0 \leqslant \lambda \leqslant 1 \\ eq(4-6)-(4-28) \end{cases} \tag{7-33}$$

第四节　微能网能量调度优化模型

一、不确定性分析

风电和光伏发电都具有随机性和波动性，风电受季节性和时段性制约，光伏发电小时数低，两种不稳定的能源结合起来使用，对系统控制要求比较高。另外，风光可用功率根据场景模拟测算出期望值，提前制定出精确的出力方案是不可能的，因此风光不确定性给系统带来的风险性不能忽略。

系统必须时刻保持电力负荷供需的动态平衡，风电和光伏出力不确定性使得维持系统平衡比较困难，但是燃气轮机发电是比较稳定的，相关技术已经比较成熟。本章运用鲁棒随机优化理论来克服风光不确定性带来的弊端，鲁棒随机优化理论能够根据系统风险承受能力的要求制定不同的调度方案，在特定的风险承受能力下达到最优的经济效益。

二、鲁棒随机优化模型

负荷全部由燃气轮机承担时系统运行的稳定性较高，但是运行成本较高且对环境破坏严重。由于风电和光伏发电出力具有间歇性和随机性，风电和光伏发电的大量并网必然会给系统的稳定运行带来阻碍。依据鲁棒随机优化理论，通过具有自由调节性能的鲁棒系数Γ，对约束条件进行修饰，增加其确定性。风和光的实际发电量并不能被精确地预测，但可将其变成区间提高预测精度：

$$\tilde{g}_{WPP,t}=g_{WPP,t}+\eta_t e_{WPP,t}g_{WPP,t}\quad \eta_t\in[-1,1] \tag{7-34}$$

$$\tilde{g}_{PV,t}=g_{PV,t}+\gamma_t e_{PV,t}g_{PV,t}\quad \gamma_t\in[-1,1] \tag{7-35}$$

则功率波动区间为：

$$\tilde{g}_{WPP,t}\in[(1-e_{WPP,t})g_{WPP,t},(1+e_{WPP,t})g_{WPP,t}] \tag{7-36}$$

$$\tilde{g}_{PV,t}\in[(1-e_{PV,t})g_{PV,t},(1+e_{PV,t})g_{PV,t}] \tag{7-37}$$

式中：$\tilde{g}_{WPP,t}$ 和 $\tilde{g}_{PV,t}$ 分别为WPP和PV发电的不确定形式；$e_{WPP,t}$ 和 $e_{PV,t}$ 分别为WPP、PV发电的误差系数。

等式约束条件式(7—35)转换为不等式约束条件如下：

$$\begin{aligned}&\tilde{g}_{WPP,t}(1-\varphi_{WPP})+\tilde{g}_{PV,t}(1-\varphi_{PV})+g_{CGT,t}(1-\varphi_{CGT})+g_{PD,t}\\&\geqslant L_t+g_{EB,t}-(g_{EES,t}^{dis}-g_{EES,t}^{cha})\end{aligned} \tag{7-38}$$

然后，设 H_t 为系统净负荷，可以计算为：

$$H_t=g_{CGT,t}(1-\varphi_{CGT})+g_{PD,t}-(L_t+g_{EB,t}-(g_{EES,t}^{dis}-g_{EES,t}^{cha})) \tag{7-39}$$

根据式(7—36)可以转换约束条件式后：

$$-\tilde{g}_{WPP,t}(1-\varphi_{WPP})-\tilde{g}_{PV,t}(1-\varphi_{PV})\leqslant H_t \tag{7-40}$$

即

$$-(g_{WPP,t}+\eta_t e_{WPP,t}g_{WPP,t})(1-\varphi_{WPP})-(g_{PV,t}+\gamma_t e_{PV,t}g_{PV,t})(1-\varphi_{PV})\leqslant H_t \tag{7-41}$$

不等式约束条件式(7—40)有很强的不确定性，在实际中，几乎不可能达到极端情形。设 $W_t=g_{WPP,t}(1-\varphi_{WPP})$，$P_t=g_{PV,t}(1-\varphi_{PV})$，引入变量 $\theta_{WPP,t}$、$\theta_{PV,t}$ ($\theta_{WPP,t}\geqslant|W_t|$，$\theta_{PV,t}\geqslant|P_t|$)来刻画当实际输出的功率在预测区间边界时的约

束条件。然后随机调度模型引入鲁棒系数 Γ_{WPP} 和 Γ_{PV}($\Gamma\in[0,1]$)来增加对约束条件的可控性。式(7—40)表示如下：

$$-(W_t+e_{WPP,t}W_t)-(P_t+e_{PV,t}P_t)\leqslant -W_t+e_{WPP,t}|W_t|-P_t+e_{PV,t}|P_t|$$
$$\leqslant -W_t+\Gamma_{WPP}e_{WPP,t}\theta_{WPP,t}-P_t+\Gamma_{PV}e_{PV,t}\theta_{PV,t}\leqslant H_t \tag{7—42}$$

建立可控制受影响程度的系统随机调度模型。鲁棒系数可以控制系统受到风光不确定性影响的程度，结合式(7—6)—式(7—27)和式(7—34)—式(7—43)，约束条件如下：

$$s.t.\begin{cases} eq(4-6)-(4-28) \\ eq(4-35)-(4-44) \\ -W_t+\Gamma_{WPP}e_{WPP,t}\theta_{WPP,t}-P_t+\Gamma_{PV}e_{PV,t}\theta_{PV,t}\leqslant H_t,\forall t \\ |W_t|\leqslant\theta_{WPP,t},|P|_t\leqslant\theta_{PV,t} \\ \theta\geqslant 0,\forall t \\ \Gamma\in[0,1] \end{cases} \tag{7—43}$$

本章在兼顾系统经济效益和系统风险的基础上，为克服风电和光伏发电的不确定性，引入鲁棒随机优化理论并构造鲁棒随机优化调度模型，设置预测误差，讨论不同鲁棒系数设置下对系统调度结果的影响，满足决策者在不同风险偏好情况下的决策制定。

第五节　应用分析

一、基础数据

为验证所提模型有效性和适用性，本章选择冬季中国北方某微型区域多能源综合系统，系统内包含小型风电集群(wind power plant，WPP)、小型光伏发电集群(photo voltaic，PV)、传统燃气轮机(conventional gas turbine，CGT)及储电(electric energy storage，EES)、储热(heat energy storage，TES)设备等。系统对多能协同优化调度，同时储能以灵活的结构运行，以满足电力和热负荷的需求。其中，电力子系统配置 3×2.5MW 小型风电集群、3×1MW 小型光伏发电集群以及3×1M燃气轮机机组。CGT机组的上下爬坡速率分别为01. MW/h和0. 2MW/h,(20%/min)启停时间分别为0. 1h和0. 2h,启停成本为0. 102￥/kW·h,将其成本曲线分两段线性化,两段斜率系数分别为110￥/MW和362￥/MW,发电的损耗效率为0. 052。热力子系统主要包括2×1MW光热集群。2台电锅炉最大供热功率为4. 2MW和3. 5MW,热转换效率为0. 90,额定功率为2MW,爬坡率为0. 12MW/h,启停成本为2. 74元/kW·h,电储能采用磷酸铁锂离子蓄电池,储能采用蓄热槽,具体参数见表7—1。

表7—1　　能量存储系统参数

类型	初始容量(MWh)	最大容量(MWh)	充放电功率(MW)	η_{ele},η_{heat}	成本￥/kW·h	寿命
EES	2	4	3. 75	0. 9	0. 80	15
TES	0	2	40	0. 9	0. 60	15

注:储能成本已含政府补贴1. 0￥/kW·h。

设定典型日数据根据内蒙古自治区某地取暖季负荷情况选取,数据采集的时间间隔为1小时,系统内最大电负荷和热负荷分别为4. 05MW和3. 61MW。网内典型日电负荷、热负荷如图7—3所示。

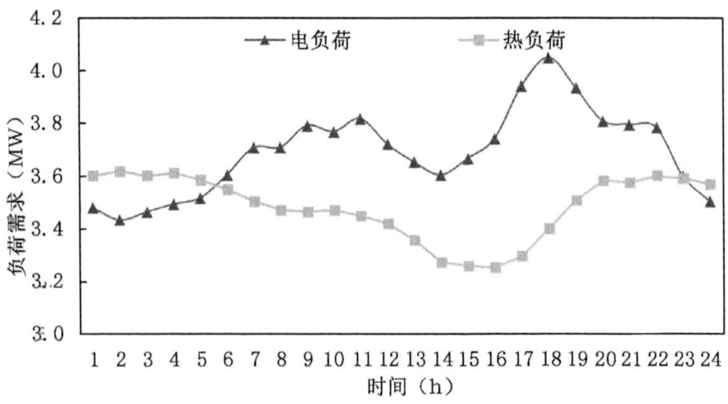

图7—3　典型日电、热负荷变化曲线

根据实际情况,主网电价和天然气采取分时价格,划分负荷峰、平、谷时段。其中,外网气价21:00—09:00、12:00—15:00、18:00—19:00为峰时段,3. 75￥/

kW·h;19:00—21:00 为平时段,3.00¥/kW·h;09:00—12:00/15:00—18:00 为谷时段,2.5¥/kW·h。主网电价 0:00—08:00 为谷时段,0.45¥/kW·h;08:00—12:00、17:00—22:00 为峰时段,0.9¥/kW·h;12:00—17:00、22:00—24:00 为平时段,0.75¥/kW·h;并设定风机、光伏和燃机轮机发电上网电价为 0.49¥/kW·h、0.65¥/kW·h 和 0.65¥/kW·h,系统供热价格为 0.25 元/kW·h。

为获取风电和光伏的可用出力,设定风电参数 $v_{in}=3m/s$、$v_{rated}=14m/s$、$v_{out}=25m/s$。设定光照强度参数 α 和 β 分别为 0.39 和 8.54。根据该地区太阳能光热强度分布数据,获得并计算 SC 热功率。本章采用场景模拟法,使用上述参数生成 50 组模拟场景,并削减到 10 组典型场景,最后使用出现概率最大的场景作为输出数据。典型日风光输出功率见图 7—4。

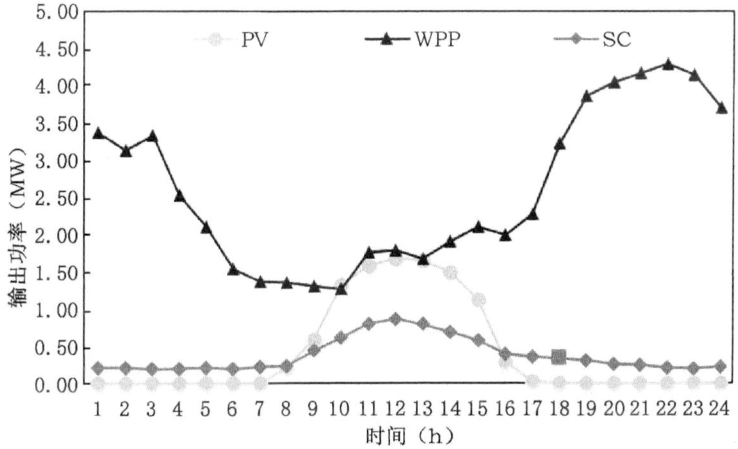

图 7—4　典型日清洁能源输出功率

二、仿真结果

为了分析不同优化目标系统运行的影响,分别求解不同目标函数的最优解。首先,以经济效益最优作为优化目标,求取系统的最优运行策略。此时系统运行收益和净负荷波动值为 68.50 ×103¥ 和 0.056,图 7—5 和图 7—6 为系统目标函数 1 下各组件输出功率。

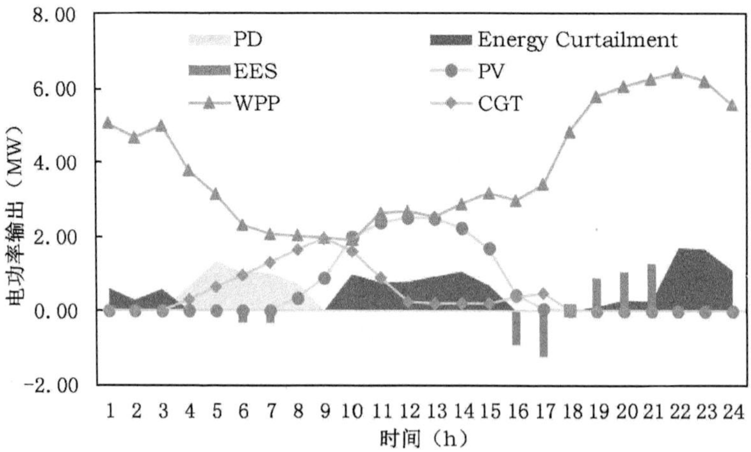

图 7—5　经济效益最优下，电力子系统能量输出

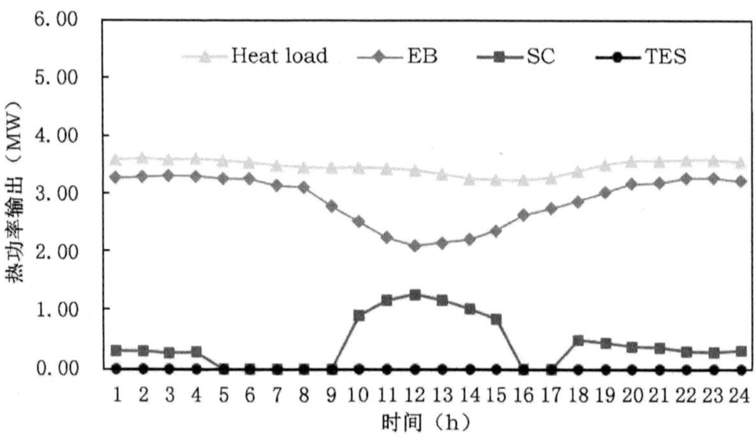

图 7—6　经济效益最优下，热力子系统能量输出

根据图 7—5 和图 7—6 可知，为了追求最大化经济收益，系统会优先利用风电、光伏和光热满足电负荷和热负荷需求。传统燃气轮机利用自身启停速度快等优势，为其提供备用，协同运行。风电输出功率为 93.33MW·h、光伏为 14.93MW·h、光热为 10.40 MW·h、燃气轮机为 10.94MW·h。其中部分利用电锅炉转化为热能补充 SC 供热达 70.12MW·h；外网购电 4.84MW·h。在追求最大化经济效益的模式下，根据实时电价、气价、热力价格、外网购售电价格和储能成本，系统将无法一次利用的风能和光能进行能量转换、存储和利用。其中，在 06:00—07:00、16:00—17:00 储能系统放电 2.86 MW·h；19:00—21:00 系统储电 3.16MW·h，累计达 6.02MW·h。储热为 0MW·h，系统弃能 11.07MW·h。可见在目标函数下，即使存在大量弃能，仍从外网购电 4.84MW·h，说明储能成本仍然过高，大量能量在目标函数 1 下无法被存储再利用。

然而，在微能网中，这些高渗透率的间歇性能源随机性功率输出和大功率电力负荷投切而引起的有功功率供需不平衡问题给系统稳定运行带来了较大的挑战和风险，故在讨论系统最优运行策略时，同时分析风能、光能给系统带来的风险。即采用系统净负荷波动量来衡量含高渗透率的间歇性能源的电网稳定水平。与目标函数最优运行策略不同，最小负荷波动被计算，此时，系统运行收益为 58.91×103￥，系统净负荷波动为 0.033，图 7—7 和图 7—8 为系统满足目标函数 2 下的功率输出。

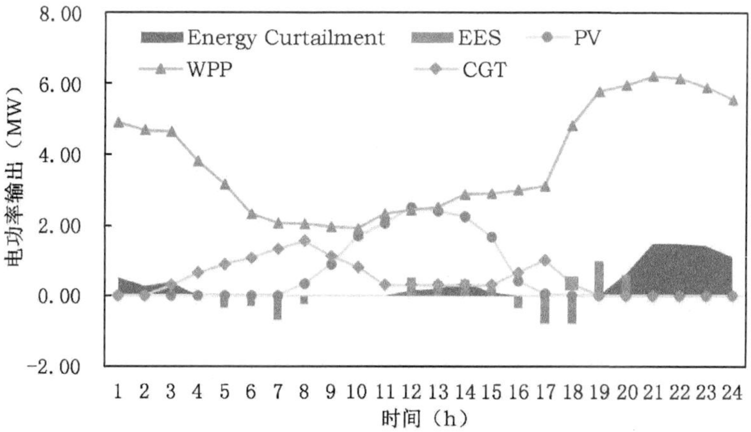

图 7—7　系统净负荷波动最小时电力子系统功率输出

根据图 7—7 和图 7—8 可知，当以系统净负荷波动最低为最优目标时，系统会降低风光等不确定性清洁能源功率输出，优先调用燃气轮机和电锅炉满足电负荷和热负荷需求。风电、光伏、光热的输出功率为 90.95MW·h、14.27MW·h、10.40MW·h，燃气轮机输出功率为 12.24MW·h，相比模式 1 增加了 1.32MW·h。同时燃气轮机通过电锅炉转化热能 67.64MW·h，光热仅提供了 10.40MW·h。在追求系统风险最小模式下，储能系统 05:00—08:00、16:00—

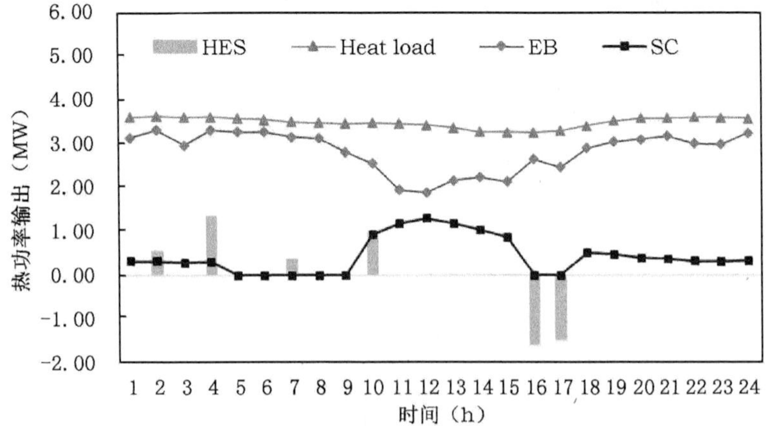

图 7—8　系统净负荷波动最小时热力子系统功率输出

18:00 放电 3.49MW·h;12:00—15:00、19:00—20:00 储电 3.15 MW·h;02:00、04:00、07:00、10:00 储热 1.14 MW·h;16:00—17:00 放热 0.98 MW·h。系统弃能 12.26,比模式 1 多 1.19 MW·h。同时储热参与了能量交换,说明在系统波动最小目标下,储能调节了不确定能源出力的波动性。

上文分别求解不同目标下的经济效益和系统净负荷波动,为使得最优运行策略能够同时兼顾不同目标函数优化诉求,需要均衡考虑二者最大最小值,采取最大最小满意度方法将多目标函数结合隶属度函数转化为单目标函数。将 obj_1^* 的理想值取为 68 495,$obj_1+\delta_1$ 取为 59 980,obj_2^* 的理想值取为 0.33,$obj_2+\delta_2$ 取为 0.049,则以经济效益和净负荷波动多目标优化结果如表 7—2 所示。

表 7—2　多目标优化结果

λ	$\mu(obj_1)$	$\mu(obj_2)$	obj_1	obj_2
0.394	0.894	0.394	67483	0.050
0.455	0.769	0.455	66983	0.045
0.515	0.647	0.515	66108	0.041
0.576	0.597	0.576	65867	0.037
0.333	0.433	0.636	62100	0.035
0.216	0.316	0.667	60981	0.034

令 μ 为所有目标函数隶属度函数中的最小值，$\lambda = \min\{\mu(obj_1), \mu(obj_2)\}$，当 λ 取最大 0.576 时，运行收益为￥65 867，系统净负荷波动为 0.037。根据表 7—2，当 $\lambda = 0.517$ 时，经济效益和净负荷波动实现相对均衡。当 $\mu(obj_1) \in [0.2, 0.5]$ 时，目标函数 1 的数值增加较快；当 $\mu(obj_1) \in [0.5, 0.8]$ 时，目标函数 1 数值达到相对稳定状态；当 $\mu(obj_2) \in [0.3, 0.5]$ 时，目标函数 2 数值增加较快；当 $\mu(obj_2) \in [0.5, 0.7]$ 时，目标函数 2 数值达到相对稳定状态。当 λ 取 0.576 时，目标函数值已经达到稳定状态。根据最大最小满意度函数，它可用来表示决策的满意程度，意味着最优权重系数分布该区间。因此本章选择 0.576 作为 λ 值，给出 λ 在该值下系统均衡状态下最优解。

由图 7—9 和图 7—10 可知，当系统经济效益和净负荷波动达到均衡时，各单元功率输出为风电 91.86MW·h、光伏 14.57 MW·h、光热 11.38 MW·h、燃气轮机 10.93MW·h、电锅炉电转热 72.22MW·h。在均衡运行模式下，储能系统累计充放电 10.05MW·h，充放热 6.42MW·h。清洁能源弃能 9.49 MW·h。说明在系统均衡运行中，储能起到了重要的作用。

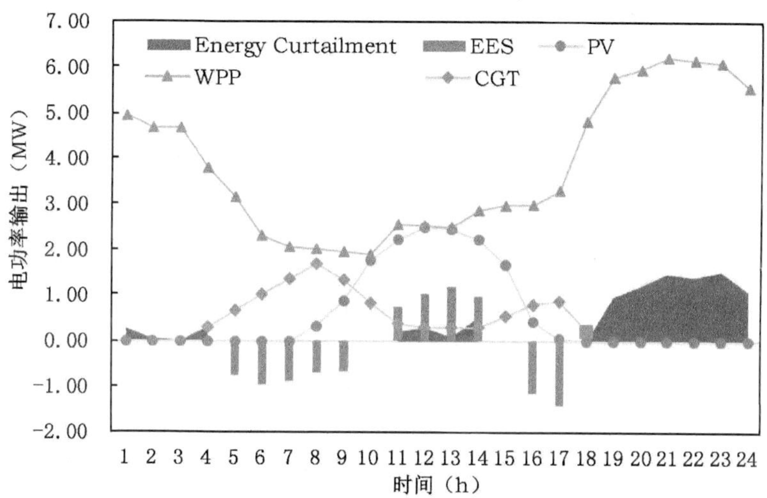

图 7—9　均衡模式时电力子系统功率输出

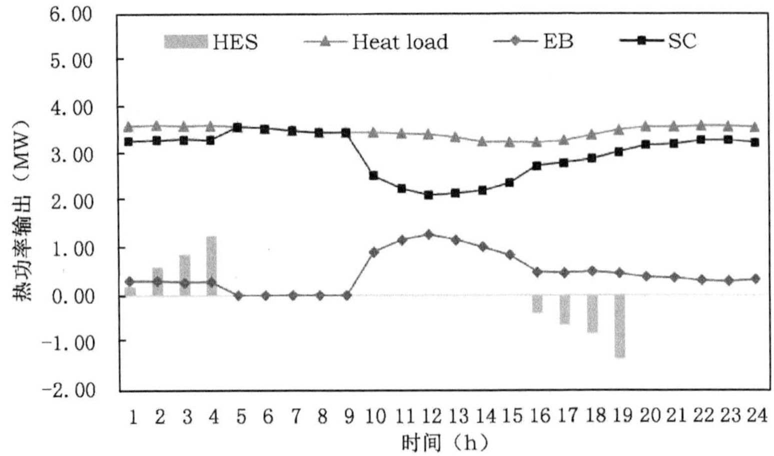

图 7—10 均衡模式时热力子系统功率输出

三、鲁棒随机优化理论有效性分析

为了讨论风光输出功率给系统带来的不确定性影响，引入鲁棒随机优化理论构造 HES 鲁棒随机优化模型，预定经验误差系数 $e_{WPP}=e_{PV}=0.05$，讨论鲁棒系数分别为 $\Gamma_{WPP}=\Gamma_{PV}=0.5$ 和 $\Gamma_{WPP}=T_{PV}=0.9$ 时 HES 的调度优化情况。鲁棒优化理论中 Γ 的值可以反映系统应对风险的能力，Γ 取值 0.5 时，表示系统应对风险能力为中等；Γ 取值 0.9 时，表示系统应对风险能力为高。表 7—3 表示不同鲁棒系数下 HES 系统调度方案。

表 7—3　　不同鲁棒系数下系统优化结果

风险程度	Γ	WPP (MW·h)	PV (MW·h)	SC (MW·h)	CGT (MW·h)	Energy Curtailment (MW·h)	obj_1 (yuan)	obj_2
低	0.0	91.86	14.57	11.38	10.93	9.49	65 867.54	0.037
中	0.5	90.23	14.11	10.94	13.24	11.81	64 793.00	0.036
高	0.9	88.97	13.65	10.23	15.48	13.70	63 762.84	0.034

对比 Γ=0，当鲁棒系数为 0.5 时，由于考虑风电随机性，系统调度方案发生变化，风电并网电量由 91.86MW·h 降低至 90.23MW·h，弃风电量由 9.49

MW·h 增加至 11.81 MW·h，系统经济效益有一定损失，负荷波动性降低。这说明若不考虑风电随机特性，系统会根据其预测电量安排调度方案，虽然并网电量可能会有所增加，但相应的需要承担较大的风险。图 7—11 表示鲁棒系数为 0 或者 0.5 时各机组出力方案。当鲁棒系数为 0.9 时，清洁能源并网量进一步降低，CGT 出力不断增加，系统负荷波动值接近单目标函数最低点，此处不过多描述。

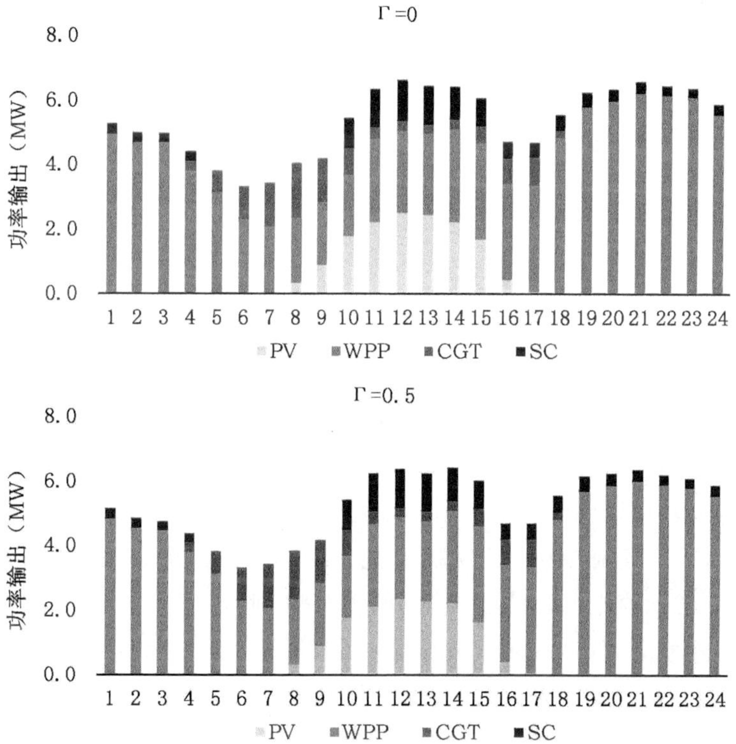

图 7—11　不同鲁棒系数下系统功率输出

因此，鲁棒系数的引入能够反映决策者的风险态度，其值越大，表明决策者风险承受能力越低，为了最小化运营风险，系统会降低清洁能源发电并网电量。

第八章　考虑条件风险价值的跨区域综合能源系统管理

第一节　能源集线器

一、结构与原理

能源集线器是综合能源系统的组成单元，一般而言，一个能源集线器主要由四个部分构成：可控单元、不可控单元、储能和配套设施[103]。可控单元主要由燃气轮机和锅炉构成，通过实时控制来调节出力；不可控单元主要由分布式能源构成，包括风机、光伏等，这一类能源出力受外部影响较大；储能主要由储电和储热两个部分构成，用以调整用电和用热时间，减少系统资源浪费；配套设施主要包括热交换器、压缩制冷机、吸收制冷机、余热回收装置等，辅助系统能源转化[104—105]。常规的能源集线器结构图如图 8—1 所示。

然而，在实际生产中，并不是所有区域都适合这种完整的能源集线器，主要是分布式能源构成的差异，一些区域含有风电，一些区域含有光伏，还有一些区域仅含有燃气系统，不含分布式能源[106—107]。为了提高整体综合能源系统的运行效率，可通过辐射型电网、环型热网和环型冷网将这些区域相连，通过整体调度产生冷、热、电负荷互补的效果。多类型综合能源系统示意图如图 8—2 所示。

二、目标函数

本章重点分析的是在市场电价和燃气价格不确定的情况下，在满足各区域电、热、冷负荷需求的前提下，如何通过系统运行调度来降低多类型综合能源系统运行成本过高的风险[108]，首先是在测算最优运行状况下的运行费用，因此目

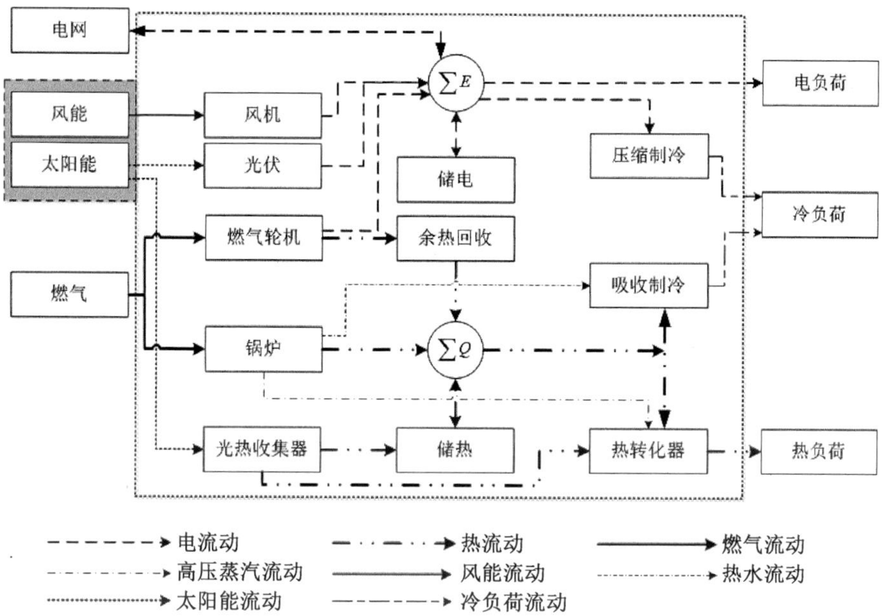

图 8—1　能源集线器结构示意图

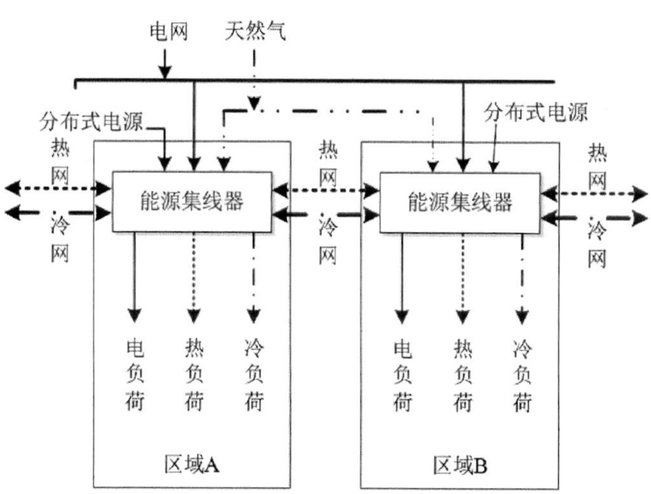

图 8—2　多类型综合能源系统示意图

标函数设计为多个成本之和，具体如下所示：

$$\min C=\sum_{i=1}^{n}\sum_{t=1}^{24}(C_{i,t}^{ng}+C_{i,t}^{e}+C_{i,t}^{sd}+C_{i,t}^{es}+C_{i,t}^{hs}) \tag{8-1}$$

式中，n 表示综合能源系统区域个数；$C_{i,t}^{ng}$ 表示区域 i 在时刻 t 的燃气消耗成本；$C_{i,t}^{e}$ 表示区域 i 在时刻 t 的电网购电成本；$C_{i,t}^{sd}$ 表示区域 i 在时刻 t 的燃气轮机启停成本；$C_{i,t}^{es}$ 表示区域 i 在时刻 t 的储电设备运行成本，这里特指运行损耗成本；$C_{i,t}^{hs}$ 表示区域 i 在时刻 t 的储热设备运行成本。

（一）燃气消耗成本

$$C_{i,t}^{ng}=\gamma_t^{ng}\cdot E_{i,t}^{gt}+\gamma_t^{ng}\cdot E_{i,t}^{boil} \tag{8-2}$$

式中，γ_t^{ng} 表示时刻 t 的燃气市场价格；$E_{i,t}^{gt}$ 表示区域 i 在时刻 t 的燃气轮机燃气消耗量；$E_{i,t}^{boil}$ 表示区域 i 在时刻 t 的锅炉燃气消耗量。

（二）购电成本

$$C_{i,t}^{e}=\gamma_t^{e}\cdot P_{i,t}^{e} \tag{8-3}$$

式中，γ_t^{e} 表示时刻 t 的市场电价；$P_{i,t}^{e}$ 表示区域 i 在时刻 t 的电网电量。需要注意的是，电网电量可正可负，当其为正数时说明系统需要从电网购电，当其为负数时说明系统向电网售电[109]。

（三）启停成本

$$C_{i,t}^{sd}=\gamma_i^{su}\cdot \mu_{i,t}^{su}+\gamma_i^{d}\cdot \mu_{i,t}^{d} \tag{8-4}$$

式中，γ_i^{s} 表示区域 i 的燃气轮机启动成本；γ_i^{d} 表示区域 i 的燃气轮机停机成本；$\mu_{i,t}^{s}$ 和 $u_{i,t}^{d}$ 是布尔变量，表示燃气轮机是否处于启动或停机状态，若是则取值为 1，否则取值为 0。

（四）储电设备运行成本

$$C_{i,t}^{es}=\gamma_i^{es}(P_{i,t}^{esc}\cdot \mu_{i,t}^{esc}+P_{i,t}^{esd}\cdot \mu_{i,t}^{esd}) \tag{8-5}$$

式中，γ_i^{es} 表示区域 i 储电设备的单位电量运行成本；$P_{i,t}^{esc}$ 表示区域 i 在时刻 t 的充电功率；$P_{i,t}^{esd}$ 表示区域 i 在时刻 t 的放电功率；$\mu_{i,t}^{esc}$ 和 $u_{i,t}^{esd}$ 是布尔变量，表示储电设备是否处于充电或放电状态，若是则取值为 1，否则取值为 0。

（五）储热设备运行成本

$$C_{i,t}^{hs}=\gamma_i^{hs}(P_{i,t}^{hsc}\cdot \mu_{i,t}^{hsc}+P_{i,t}^{hsd}\cdot \mu_{i,t}^{hsd}) \tag{8-6}$$

式中，γ_i^{hs} 表示区域 i 储热设备的单位热量运行成本；$P_{i,t}^{hsc}$ 表示区域 i 在时刻

t 的储热功率；$P_{i,t}^{hsd}$ 表示区域 i 在时刻 t 的放热功率；$\mu_{i,t}^{hsc}$ 和 $u_{i,t}^{hsd}$ 是布尔变量，表示储热设备是否处于储热或放热状态，若是则取值为 1，否则取值为 0。

三、约束条件

（一）能量流平衡

1. 电平衡

$$P_{i,t}^{gt}+P_{i,t}^{wpp}+P_{i,t}^{pv}+P_{i,t}^{esd}+P_{i,t}^{e}=P_{i,t}^{el}+P_{i,t}^{esc}+P_{i,t}^{ec} \tag{8—7}$$

式中，$P_{i,t}^{gt}$ 表示区域 i 在时刻 t 的燃气发电功率；$P_{i,t}^{wpp}$ 表示区域 i 在时刻 t 的风机发电功率；$P_{i,t}^{pv}$ 表示区域 i 在时刻 t 的光伏发电功率；$P_{i,t}^{el}$ 表示区域 i 在时刻 t 的用户电负荷；$P_{i,t}^{ec}$ 表示区域 i 在时刻 t 的压缩制冷功率。

2. 热平衡

$$Q_{i,t}^{pv}+Q_{i,t}^{hrs}+Q_{i,t}^{boil}+Q_{i,t}^{hsd}+\sum_{j,j\neq i}Q_{i,j,t}^{tfi}=Q_{i,t}^{hl}+Q_{i,t}^{he}+Q_{i,t}^{hsc}+Q_{i,t}^{ac}+\sum_{j,j\neq i}Q_{i,j,t}^{tfo} \tag{8—8}$$

式中，$Q_{i,t}^{pv}$ 表示区域 i 在时刻 t 的光热功率；$Q_{i,t}^{hrs}$ 表示区域 i 在时刻 t 的燃气轮机的发电余热功率；$Q_{i,t}^{boil}$ 表示区域 i 在时刻 t 的锅炉热功率；$Q_{i,t}^{hsd}$ 表示区域 i 在时刻 t 的储热放热功率；$Q_{i,j,t}^{tfi}$ 表示区域 j 向区域 i 在时刻 t 的输入热功率；$Q_{i,t}^{hl}$ 表示区域 i 在时刻 t 的用户热负荷；$Q_{i,t}^{he}$ 表示热转化器热消耗功率；$Q_{i,t}^{hsc}$ 表示区域 i 在时刻 t 的储热设备储热功率；$Q_{i,t}^{ac}$ 表示区域 i 在时刻 t 的吸收制冷功率；$Q_{i,j,t}^{tfo}$ 表示区域 i 向区域 j 在时刻 t 的输出热功率。

3. 冷平衡

$$W_{i,t}^{ec}+W_{i,t}^{ac}+\sum_{j,j\neq i}W_{i,j,t}^{cfi}=W_{i,t}^{cl}+\sum_{j,j\neq i}W_{i,j,t}^{cfo} \tag{8—9}$$

式中，$W_{i,t}^{ec}$ 表示区域 i 在时刻 t 的压缩制冷功率；$W_{i,t}^{ac}$ 表示区域 i 在时刻 t 的吸收制冷功率；$W_{i,j,t}^{cfi}$ 表示区域 j 向区域 i 在时刻 t 的输入冷功率；$W_{i,j,t}^{tfo}$ 表示区域 i 向区域 j 在时刻 t 的输出冷功率。

（二）分布式电源

1. 风电

WPP 可发电量一般取决于自然来风速度[110]，如下所示：

$$P_i^{wpp}=\begin{cases}0, & 0\leqslant v<v_{in},\ v>v_{out}\\ \dfrac{v-v_{in}}{v_{rated}-v_{in}}P_i^{wpp,r}, & v_{in}\leqslant v\leqslant v_{rated}\\ F_{WPP,R}, & v_{rated}\leqslant v\leqslant v_{out}\end{cases}\tag{8—10}$$

式中，v_{in}、v_{rated}、v_{out} 分别表示是风机的切入速度、额定速度和切出速度；v 表示风机的实际转速；$P_i^{wpp,r}$ 表示风机的额定输出功率，风速一般服从 Weibull 分布[111]。

2. 光伏

光伏发电主要与太阳辐射强度有关，它遵守 Beta 分布[112]。光伏发电产量可以计算为：

$$P_i^{pv}=\eta_{pv}\times S_{pv}\times\theta\tag{8—11}$$

式中，η_{pv} 是光伏效率。S_{pv} 是 PV 的总面积。θ 是太阳辐射。

太阳能集热器的能量输入主要与太阳热强度有关，计算公式为：

$$Q_i^{pv}=A_pI_{fc}\left[1+\frac{1}{3}\left(\frac{T_a}{T_s}\right)^4-\frac{4}{3}\left(\frac{T_a}{T_s}\right)\right]\tag{8—12}$$

其中，A_p 是集热板的面积。T_s 是太阳温度，等于 6 000K。T_a 是集热板的环境温度。I_{fc} 是平板集热器的辐射。

3. 燃气轮机

$$P_{i,t}^{gt}=E_{i,t}^{gt}\cdot\varphi_i^{gt}\tag{8—13}$$

$$P_i^{gt,\min}\cdot\mu_{i,t}^0\leqslant P_{i,t}^{gt}\leqslant P_i^{gt,\max}\cdot\mu_{i,t}^0\tag{8—14}$$

$$-r_i^l\leqslant P_{i,t}^{gt}-P_{i,t-1}^{gt}\leqslant r_i^u\tag{8—15}$$

$$-\mu_{i,t}^d\leqslant\mu_{i,t}^0-\mu_{i,t-1}^0\leqslant\mu_{i,t}^{su}\tag{8—16}$$

式中，φ_i^{gt} 表示区域 i 的燃气轮机发电效率；$P_i^{gt,\min}$ 和 $P_i^{gt,\max}$ 分别表示区域 i 的燃气轮机发电功率下限和上限；$\mu_{i,t}^0$ 是布尔变量，燃气轮机运行时取值为 1，否则为 0；r_i^l 和 r_i^u 分别表示区域 i 的燃气轮机爬坡功率的下限和上限。

4. 锅炉

$$Q_{i,t}^{gt}=E_{i,t}^{gt}(1-\varphi_i^{gt}-\varphi_i^{loss})\tag{8—17}$$

$$Q_{i,t}^{hrs}=Q_{i,t}^{gt}\cdot\varphi_i^{hrs}\tag{8—18}$$

$$Q_{i,t}^{boil}=E_{i,t}^{boil}\cdot\varphi_i^{boil}\tag{8—19}$$

$$0 \leqslant Q_{i,t}^{boil} \leqslant Q_i^{boil,\max} \tag{8-20}$$

$$0 \leqslant Q_{i,t}^{hrs} \leqslant Q_i^{hrs,\max} \tag{8-21}$$

式中，φ_i^{loss} 表示区域 i 的燃气轮机热损失率；φ_i^{hrs} 表示区域 i 的余热利用效率；φ_i^{boil} 表示区域 i 的锅炉利用效率；$Q_i^{boil,\max}$ 表示区域 i 的锅炉功率上限；$Q_i^{hrs,\max}$ 表示区域 i 的余热利用功率上限。

5. 储电系统

$$S_{i,t}^{es} = S_{i,t-1}^{es}(1-\theta_i^{es}) + P_{i,t}^{esc}\varphi_i^{esc} - P_{i,t}^{esd}/\varphi_i^{esd} \tag{8-22}$$

$$0 \leqslant P_{i,t}^{esc} \leqslant P_i^{esc,\max} \cdot \mu_{i,t}^{esc} \tag{8-23}$$

$$0 \leqslant P_{i,t}^{esd} \leqslant P_i^{esd,\max} \cdot \mu_{i,t}^{esd} \tag{8-24}$$

$$\mu_{i,t}^{esc} + \mu_{i,t}^{esd} \leqslant 1 \tag{8-25}$$

$$S_i^{es,\min} \leqslant S_{i,t}^{es} \leqslant S_i^{es,\max} \tag{8-26}$$

$$S_{i,0}^{es} = S_i^{esi} \tag{8-27}$$

$$S_{i,24}^{es} = S_i^{esf} \tag{8-28}$$

式中，$S_{i,t}^{es}$ 表示区域 i 在时刻 t 的储电量；θ_i^{es} 表示区域 i 储电设备的损耗率；φ_i^{esc} 表示区域 i 储电设备充电效率；φ_i^{esd} 表示区域 i 储电设备放电效率；$P_i^{esc,\max}$ 和 $P_i^{esd,\max}$ 分别表示区域 i 的储能设备充电功率上限和放电功率上限；$S_i^{es,\min}$ 和 $S_i^{es,\max}$ 分别表示区域 i 储电设备容量下限和上限；S_i^{esi} 和 S_i^{esf} 分别表示区域 i 储电设备的初始值和末值。

6. 储热系统

$$S_{i,t}^{hs} = S_{i,t-1}^{hs}(1-\theta_i^{hs}) + Q_{i,t}^{hsc}\varphi_i^{hsc} - Q_{i,t}^{hsd}/\varphi_i^{hsd} \tag{8-29}$$

$$0 \leqslant Q_{i,t}^{hsc} \leqslant Q_i^{hsc,\max} \cdot \mu_{i,t}^{hsc} \tag{8-30}$$

$$0 \leqslant Q_{i,t}^{hsd} \leqslant Q_i^{hsd,\max} \cdot \mu_{i,t}^{hsd} \tag{8-31}$$

$$\mu_{i,t}^{hsc} + \mu_{i,t}^{hsd} \leqslant 1 \tag{8-32}$$

$$S_i^{hs,\min} \leqslant S_{i,t}^{hs} \leqslant S_i^{hs,\max} \tag{8-33}$$

$$S_{i,0}^{hs} = S_i^{hsi} \tag{8-34}$$

$$S_{i,24}^{hs} = S_i^{hsf} \tag{8-35}$$

$$Q_{i,t}^{hl}(1-\varphi_i^{he}) = Q_{i,t}^{he} \cdot \varphi_i^{he} \tag{8-36}$$

式中，$S_{i,t}^{hs}$ 表示区域 i 在时刻 t 的储热量；θ_i^{hs} 表示区域 i 储热设备的损耗率；φ_i^{hsc} 表示区域 i 储热设备储热效率；φ_i^{hsd} 表示区域 i 储热设备放热效率；$Q_i^{hsc,\max}$

和 $Q_i^{hsd,\max}$ 分别表示区域 i 的储能设备储热功率上限和放热功率上限；$S_i^{hs,\min}$ 和 $S_i^{hs,\max}$ 分别表示区域 i 储热设备容量下限和上限；S_i^{hsi} 和 S_i^{hsf} 分别表示区域 i 储热设备的初始值和末值；φ_i^{he} 表示热转换器的效率。

7. 制冷系统

$$W_{i,t}^{ec}=P_{i,t}^{ec}\cdot\kappa_i^{copec} \tag{8-37}$$

$$W_{i,t}^{ac}=Q_{i,t}^{ac}\cdot\kappa_i^{copac} \tag{8-38}$$

$$0\leqslant P_{i,t}^{ec}\leqslant P_i^{ec,\max} \tag{8-39}$$

$$0\leqslant Q_{i,t}^{ac}\leqslant Q_i^{ac,\max} \tag{8-40}$$

式中，κ_i^{copec} 表示区域 i 压缩制冷系数；κ_i^{copac} 表示区域 i 吸收制冷系数；$P_i^{ec,\max}$ 表示区域 i 压缩制冷电功率上限；$Q_i^{ac,\max}$ 表示区域 i 吸收制冷功率上限。

8. 道约束

$$Q_{j,i,t}^{tfi}=Q_{i,j,t}^{tfo}(1-\theta^{tf}d_{i,j}) \tag{8-41}$$

$$W_{j,i,t}^{cfi}=W_{i,j,t}^{cfo}(1-\theta^{cf}d_{i,j}) \tag{8-42}$$

$$0\leqslant Q_{i,j,t}^{tfo}\leqslant Q_{i,j}^{tf,\max}\cdot\mu_{i,j,t}^{tf} \tag{8-43}$$

$$0\leqslant Q_{i,j,t}^{tfi}\leqslant Q_{i,j}^{tf,\max}\cdot(1-\mu_{i,j,t}^{tf}) \tag{8-44}$$

$$0\leqslant W_{i,j,t}^{cfo}\leqslant W_{i,j}^{cf,\max}\cdot\mu_{i,j,t}^{cf} \tag{8-45}$$

$$0\leqslant W_{i,j,t}^{cfi}\leqslant W_{i,j}^{cf,\max}\cdot(1-\mu_{i,j,t}^{cf}) \tag{8-46}$$

式中，θ^{tf} 和 θ^{cf} 分别表示热管道和冷管道单位距离损耗；$d_{i,j}$ 表示区域 i 和区域 j 的传输距离；$Q_{i,j}^{tf,\max}$ 和 $W_{i,j}^{cf,\max}$ 分别表示热管道和冷管道传输量上限；$\mu_{i,j,t}^{tf}$ 和 $\mu_{i,j,t}^{cf}$ 是布尔变量，有能量传输则取值为 1，否则取值为 0，该值可以有效限定管道的单向传输。

第二节　风险评估模型

一、条件风险价值理论

条件风险价值理论(CVaR)衍生于 VaR，是指损失超过 VaR 的条件均值，反映了超过 VaR 值可能遭受的平均潜在损失大小[113]，CVaR 的示意图如图 8－3 所示。

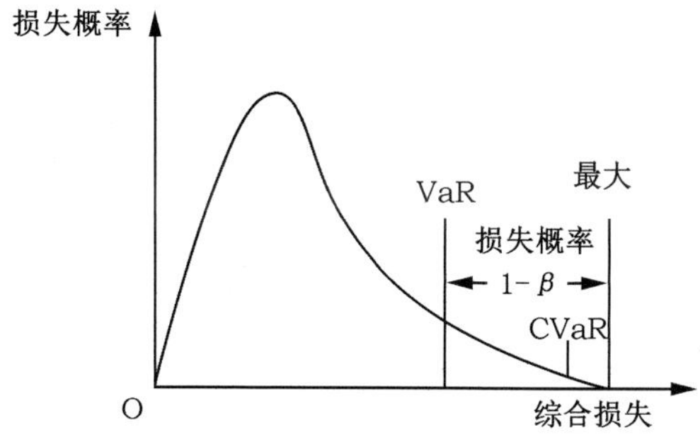

图 8—3 CVaR 示意图

假定 X 为投资组合可行集，$X \subset R_n$，损失函数记为 $f(x,y)$，其中 $x \in X$ 为 n 维组合方案向量，y 为 m 维随机变量，表示市场的随机因素。y 的联合概率密度函数记为 $p(y)$，那么对于确定的 x，$f(x,y)$ 是由 y 决定的随机变量，其不超过临界值 α 的分布函数记为：

$$\psi(\vec{x},\alpha)=\int_{f(x,y)\leqslant\alpha} p(\vec{y})dy \tag{8—47}$$

对于任意固定的 x，$\psi(\vec{x},\alpha)$ 作为 α 的函数是投资组合 x 下的损失分布函数，并且它是对 α 非减且右连续。

如果以 $\alpha_\beta(\vec{x})$ 表示当投资组合为 x 时损失 $f(x,y)$ 所对应的 VaR 值，则计算公式为：

$$VaR:\alpha_\beta(\vec{x})=\min\{\alpha\in R;\psi(\vec{x},\alpha)\geqslant\beta\} \tag{8—48}$$

以 $\varphi_\beta(\vec{x})$ 表示资产损益 $f(x,y)$ 不小于 $\alpha_\beta(x)$ 时的 CVaR 值，计算公式为：

$$\begin{aligned}\mathrm{CVa}R:\varphi_\beta(\vec{x})&=E\left[f(\vec{x},\vec{y})\mid f(\vec{x},\vec{y})\geqslant\alpha_\beta(x)\right]\\&=\frac{1}{1-\beta}\int_{f(\vec{x},\vec{y})\geqslant\alpha_\beta(\vec{x})} f(\vec{x},\vec{y})p(y)dy\end{aligned} \tag{8—49}$$

由于上式中存在复杂函数项，难以解析表达式，故而引入一个相对简单的函数来替代 $\varphi_\beta(\vec{x})$，定义该函数为 $F_\beta(\vec{x},\alpha)$，具体计算公式为：

$$F_\beta(\vec{x},\alpha)=\alpha+\frac{1}{1-\beta}\int_{y\in R^m}\left[f(\vec{x},\vec{y})-\alpha\right]^+ p(\vec{y})dy \tag{8—50}$$

其中，$[f(\vec{x},\vec{y})-\alpha]^+$表示$\max[0,f(x,y)-\alpha]$。

通常情况下，概率密度函数$p(y)$的解析表达式难以得到，这时可以利用随机变量y的历史数据[114-115]，或者通过情景分析法应用蒙特卡洛模拟生成样本数据来给出该积分的估计值，即假设收集到y的m个样本，分别定义为$y^1,y^2,\cdots,y^m$，则函数$F_\beta(\vec{x},\alpha)$的估计值计算公式转化为：

$$\overline{F_\beta}(\vec{x},\alpha)=\alpha+\frac{1}{m(1-\beta)}\sum_{k=1}^{m}[f(\vec{x},\vec{y^k})-\alpha]^+ \tag{8-51}$$

二、模型构建

在多类型综合能源系统最优运行的前提下，结合条件风险价值理论，引入优化运行的CVaR值，构建新的目标函数，如下所示：

$$\min f=\alpha C+(1-\alpha)C_{\mathrm{CVaR}} \tag{8-52}$$

式中，C表示最优运行成本；C_{CVaR}表示模拟场景的条件风险价值；α表示两者的偏重程度，对于风险规避者，取值较小，对于风险偏好者，取值较大[116-117]。

由于缺少实际场景数据，可以对市场电价和燃气价格进行蒙特卡洛模拟，获取多组数据，并作为样本数据进行测算。对于市场电价而言，设定电价为分时电价，在24小时电价期望基础上，假定电价波动符合正态分布[118-119]，通过蒙特卡洛模拟获取10组电价数据。对于燃气价格而言，设定燃气价格也为固定价格，即24小时内燃气价格不变，同样假定燃气价格波动符合正态分布，通过模拟获取10组燃气价格数据。由此可以得到100组市场价格数据，定义为s，$s=1,2,\cdots,100$，每一组数据的概率为0.01。

$$C=\sum_{s=1}^{100}\sum_{i=1}^{n}\sum_{t=1}^{24}(C_{i,t}^{ng}+C_{i,t}^{e}+C_{i,t}^{sd}+C_{i,t}^{es}+C_{i,t}^{hs})\rho_s \tag{8-53}$$

$$C_{\mathrm{CVaR}}=\zeta+\frac{1}{1-\beta}\sum_{s=1}^{100}\rho_s[C_s-\zeta]^+ \tag{8-54}$$

式中，ρ_s表示每组数据的概率；ζ表示VaR值；β表示置信水平；C_s表示场景s的最优运行成本。

根据模型构建可知，本章所构建的数学模型是混合整数非线性规划问题，可以通过增加辅助变量将非线性转化为线性规划，因此最终需要解决的是混合整数线性规划问题。这里采用 GAMS 进行建模，并求解该问题[120]。

第三节　应用分析

一、基本参数

选取 3 个区域进行仿真分析，定义为区域 A、区域 B 和区域 C。其中，区域 A 为工业园区，区域 B 为商业区，区域 C 为居民区，为了简化计算，这里以夏季典型日负荷为初始数据，三个区域的电负荷、热负荷、冷负荷需求如图 8－4 所示[121]。

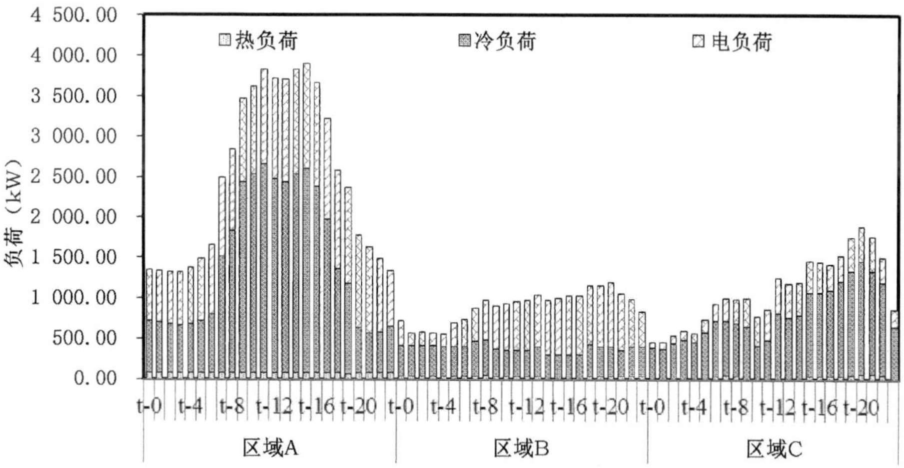

图 8－4　各区域的负荷需求

由于各区域设备投资不同，部分参数存在差异，从而为调度优化提供了可能，各区域的参数如表 8－1 所示。

表 8－1　各区域参数

参数	量纲	区域 A	区域 B	区域 C	参数	量纲	区域 A	区域 B	区域 C
$P_i^{gt,\max}$	kW	900	700	800	S_i^{hsf}	kWh	200	200	200
$P_i^{gt,\min}$	kW	60	50	55	r_i^u	kWh	1500	1500	1500
$P_i^{ec,\max}$	kW	3000	1000	1500	r_i^l	kWh	1500	1500	1500

续表

参数	量纲	区域 A	区域 B	区域 C	参数	量纲	区域 A	区域 B	区域 C
$P_i^{esc,\max}$	kW	300	300	300	φ_i^{loss}	1	0.1	0.1	0.1
$P_i^{esd,\max}$	kW	300	300	300	φ_i^{boil}	1	0.75	0.75	0.75
$Q_i^{boil,\max}$	kW	800	750	800	φ_i^{gt}	1	0.4	0.4	0.4
$Q_i^{hrs,\max}$	kW	750	700	700	φ_i^{hrs}	1	0.75	0.75	0.75
$Q_i^{ac,\max}$	kW	600	600	600	φ_i^{esc}	1	0.95	0.95	0.95
$Q_i^{hsc,\max}$	kW	230	200	200	φ_i^{esd}	1	0.95	0.95	0.95
$Q_i^{hsd,\max}$	kW	230	200	200	φ_i^{hsc}	1	0.9	0.9	0.9
$Q_{ij}^{tf,\max}$	kW	500	500	500	φ_i^{hsd}	1	0.9	0.9	0.9
$W_{ij}^{tf,\max}$	kW	500	500	500	φ_i^{he}	1	0.9	0.9	0.9
$S_i^{es,\max}$	kWh	600	600	600	κ_i^{copec}	1	4	4	4
$S_i^{es,\min}$	kWh	50	50	50	κ_i^{copac}	1	1.2	1.2	1.2
S_i^{esi}	kWh	250	200	200	θ_i^{tf}	1	0.15	0.15	0.15
S_i^{esf}	kWh	250	200	200	θ_i^{cf}	1	0.05	0.05	0.05
$S_i^{hs,\max}$	kWh	150	150	150	θ_i^{es}	1	0.04	0.04	0.04
$S_i^{hs,\min}$	kWh	0	0	0	θ_i^{hs}	1	0.1	0.1	0.1
S_i^{hsi}	kWh	200	200	200					

根据模型设计，需要通过蒙特卡洛模拟分别收集 10 组典型日实时电价数据和 10 组典型日燃气价格数据，模拟所需参数设计如表 8－2 所示。需要说明的是，为了简化计算，这里的电价分三个时段：峰时段、平时段、谷时段，而且这里的电价是配网电价，因此不考虑用户类型差异的电价区别[122]。

表 8－2　　蒙特卡洛模拟参数设计

参数	峰时段	平时段	谷时段
时间跨度	7:00—11:00 19:00—23:00	11:00—19:00	23:00—7:00
电价期望	0.91 元/千瓦时	0.72 元/千瓦时	0.53 元/千瓦时
电价标准差	0.12 元/千瓦时	0.11 元/千瓦时	0.13 元/千瓦时

续表

参数	峰时段	平时段	谷时段
燃气期望价格	2.66 元/立方米	2.66 元/立方米	2.66 元/立方米
燃气价格标准差	0.48 元/立方米	0.48 元/立方米	0.48 元/立方米

根据电价和气价模拟结果，共组成场景 100 组，例如编号 1—1 定义为场景 1，即电价采用编号 1 结果，气价采用编号 1 结果，组合成场景 1 的数据基础，以此类推（见表 8—3）。

表 8—3　　价格模拟结果

	编号 1	编号 2	编号 3	编号 4	编号 5
电价(元/千瓦时)	0.83/0.63/0.44	0.87/0.66/0.51	0.91/0.72/0.53	0.94/0.76/0.58	0.98/0.81/0.62
气价(元/立方米)	2.21	2.25	2.37	2.48	2.59
	编号 6	编号 7	编号 8	编号 9	编号 10
电价(元/千瓦时)	1.02/0.85/0.67	1.07/0.89/0.69	0.92/0.78/0.58	0.93/0.73/0.54	0.88/0.74/0.51
气价(元/立方米)	2.68	2.71	2.76	2.81	2.91

二、调度优化结果

采用 GAMS 建模，输入初始数据后，在不同电价与气价组合下运行所构建的仿真模型，得到各类场景下的最优运行结果，以场景 1 结果为例。在满足夏季典型日负荷需求下，各类能源及系统管道传输结果累计如图 8—5 所示。

从图 8—5 各区域三种负荷的供应总体对比情况可以看出，电负荷的供应主要还是来源于电网，其次来源于燃气发电，其他负荷供给占比不到 16%。对于热负荷而言，由于是夏季典型日，对热负荷的需求量较小，主要来源是燃气发电后的余热供给，由于区域 A 的热负荷需求明显高于其他两个区域，因此只有区域 A 通过管道输入的热负荷供给，这与区域 C 的锅炉供热量较大有关系。对于冷负荷供给情况，区域 A 和区域 C 的需求量较大，尤其是压缩制冷的冷负荷供给，和热负荷情况相似的是，区域 A 的部分冷负荷来源于其他两个区域的管道输入。单从各类负荷供给总量来看，区域 A 由于其供给需求大，各类负荷供给量都是最大的，但是就各类负荷供给来源占比看，区域 C 的热负荷供给最大占比是锅炉（47.89%），而其他区域都是燃气发电的余热供给。

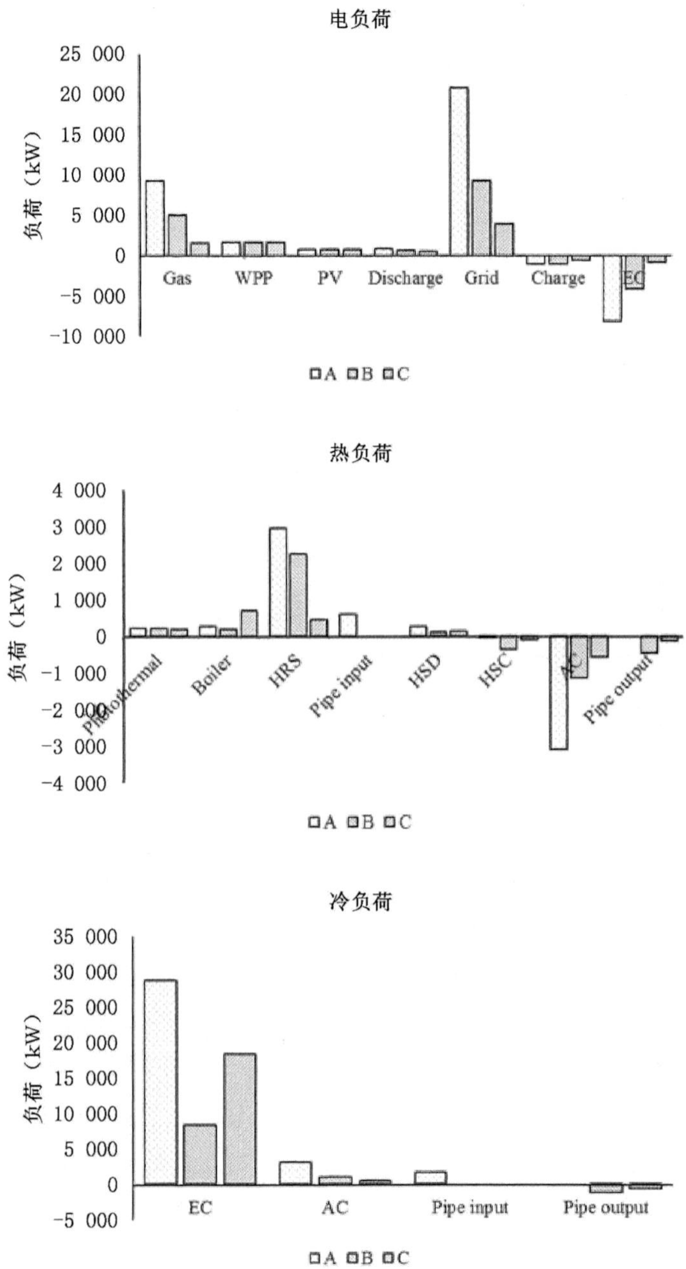

图 8—5 冷、热、电负荷供应总体概况

为了更好地分析各时段负荷受燃气价格、分时电价的影响，统计三个区域电负荷、热负荷、冷负荷在 24 小时各个时段的供给情况。三个区域夏季典型日的 24 小时负荷具体情况如图 8—6 所示。

从图 8—6 可以看出，区域 A 的电负荷供应在多种能源共同作用下相比完全由电网供电能源的利用效率更高，尤其是充分利用了白天的光伏和夜间的风电，在用电过剩的情况下通过储能进行储电，然后在需要的时候进行放电，相对于负荷在时间上的转移，提高能源整体的利用率。对于热负荷供给，A 区域主要是燃气发电产生的余热进行供应，结合其他区域热供应大于需求量，超出部分通过管道输送到 A 区域，从而减少 A 区域热负荷自身的供应，降低了 A 区域的供能成本。对于冷负荷而言，区域 A 的主要供给来源是通过压缩制冷，与热负荷供给类似，也有一定量的冷负荷是通过管道从其他区域输入，同样降低了 A 区域的供能成本。

从图 8—7 可以看出，与 A 区域不同，B 区域的电负荷虽然大部分来源于电网直供，但是燃气发电比例也很大，这也能解释 B 区域过多的热负荷产生，通过管道输送给 A 区域，而且 B 区域的储能调度相比 A 区域更多，更加充分利用了储能的负荷转移作用。冷负荷的供应和输出与热负荷情况类似，为了保障 A 区域的冷负荷供应，B 区域会产生更多的冷负荷，通过管道输送到 A 区域。

C 区域的电负荷明显小于其他两个区域，但冷负荷需求较大，在电负荷供应方面，电网直供和燃气发电占比依旧最大，但由于其本身电负荷需求小，在充分利用光电和风电的情况下，清洁能源发电占比也会较大；热负荷供应主要依靠的是燃气发电余热以及锅炉供热，过剩的热负荷也通过管道输出到 A 区域；冷负荷需求较大的情况下，C 区域主要是依靠压缩制冷来产生冷负荷，但同样有过剩冷负荷，也是通过管道输出到 A 区域(见图 8—8)。

表 8—4 显示的是夏季典型日各时段冷、热管道功率优化后的结果，需要说明的是，表中所示的功率为负荷输出功率，其他在典型日各时段输送功率均为 0，表中没有列出。

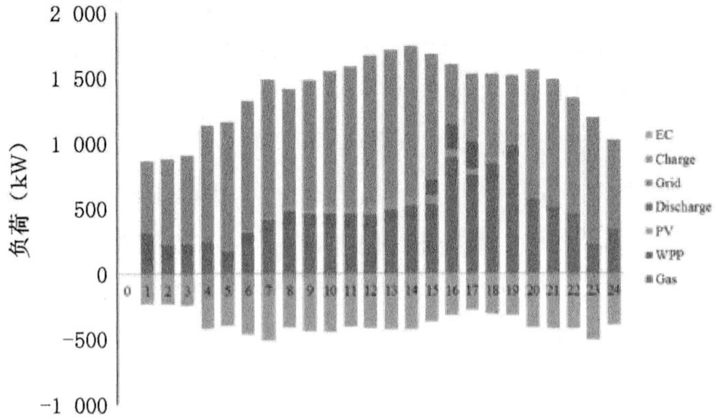

(a) 电负荷

(b) 热负荷

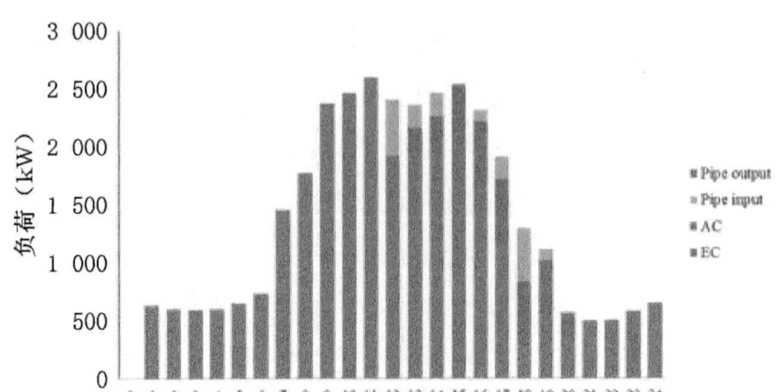

(c) 冷负荷

图 8—6　区域 A 典型日负荷情况

(a)电负荷

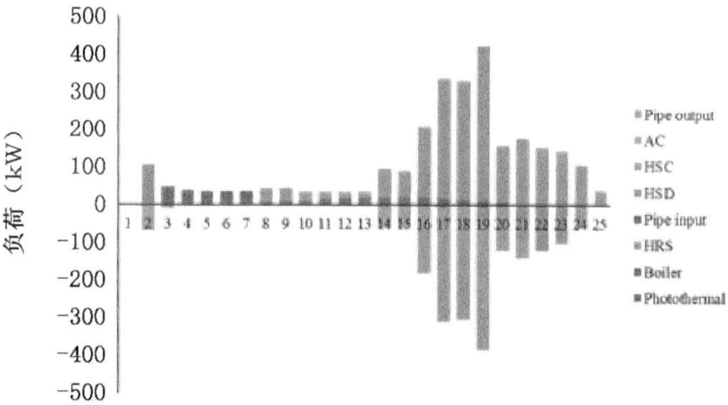

(b)热负荷

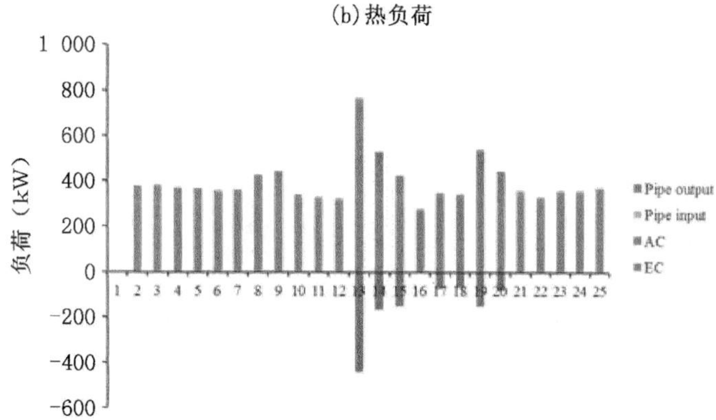

(c)冷负荷

图 8—7　区域 B 典型日负荷情况

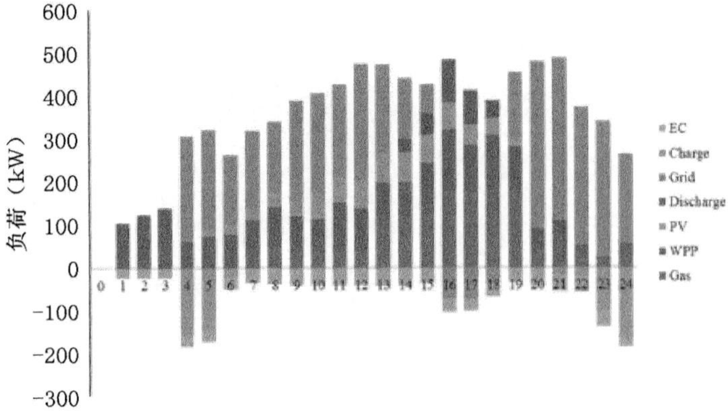

(a)电负荷

(b)热负荷

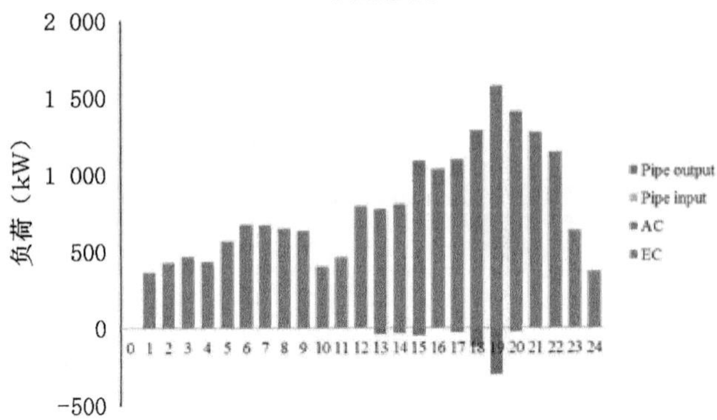

(c)冷负荷

图 8—8　区域 C 典型日负荷情况

表 8—4　　　　夏季典型日冷、热管道功率情况

时间	热功率(kW)		冷功率(kW)	
	B→A	C→A	B→A	C→A
1	69.4	40.4	0	0
2	9	67	0	0
3	0	0	0	0
4	0	0	0	0
5	0	0	0	0
6	0	0	0	0
7	0	0	0	0
8	0	0	0	0
9	0	0	0	0
10	0	0	0	0
11	0	0	0	0
12	0	0	442	0
13	0	0	166	38
14	0	0	150	34
15	0	0	0	50
16	109	0	74	0
17	102	0	70	26
18	103	0	150	120
19	0	0	80	300
20	0	0	0	20
21	0	0	0	0
22	0	0	0	0
23	58	0	0	0
24	0	0	0	0

由于区域A的热负荷和冷负荷需求量大，因而部分时段由B区域和C区域通过管道输送向区域A供热、供冷。结合三个区域各时段负荷供给情况，1～2时段，区域A的热负荷需求量大，分别从B区域和C区域供给，而这一部分热负荷更多是初始的储热量。16～18时段，区域B由于燃气轮机处于满发状态，通过余热回收装置，产生了大量热负荷，除去大部分热功率以吸收制冷机最大功率制冷，少部分存入储热装置外，还存在多余热负荷，而区域A需求量大，这时B区域通过热管道向A区域输送过剩的热负荷。相比热负荷的转移，冷负荷管道输送主要集中在12～20时段，这一段时段A区域冷负荷需求量大，而B区域和C区域在燃气轮机满发状态下，吸收式制冷剂最大功率制冷产生多余的冷负荷，都可以通过冷管道输送到A区域，从而减少了A区域的能源消耗，实现了区域间的能源优化。

三、结果比较分析

为了更好显示本章提出的跨区域综合能源系统的特点，这里将三个区域综合能源系统单独运行结果与跨区域综合能源系统运行结果进行了比较分析，具体数据如表8—5所示。

表8—5　　调度运行成本对比结果

	燃气成本	用电成本	其他成本	总运行成本
区域A	5 943.75	14 589.37	42.15	20 575.27
区域B	2 895.45	6 389.88	23.69	9 309.02
区域C	900.58	2 688.14	15.97	3 604.69
跨区域系统	9 280.55	23 198.72	74.32	32 553.59
节约成本	459.23	468.67	7.49	935.39

从表8—5可以看出，当三个区域不联通时，各自形成一个独立的综合能源系统，在场景1设定条件下，三个区域各自调度运行成本明显高于跨区域综合能源系统调度运行成本。其中，燃气成本从9 280.55元增长到9 739.78元，增加了459.23元，增幅达到4.9%；用电成本从23 198.72元增长到23 667.39，增加了468.67元，增幅达到2%；总的调度运行成本也增加了935.39元，增幅达到

2.87%。由此可见，通过三个区域的跨区域联通，能够有效提高能源利用率，尤其是热负荷和冷负荷的优化配置，从而降低区域单位用能成本。

四、置信水平对调度的影响及分析

通过调整不同时段的电价和燃气价格，会对调度运行成本构成影响，为了测算不同水平下的调度运行水平情况，考虑到置信水平能够有效反映调度决策者对风险厌恶水平的高低，这里采用置信水平作为自变量，测算在不同置信水平对调度结果的影响情况。

图 8—9 显示的是不同置信水平下的计及 CVaR 的调度运行成本。从图中可以看出，随着置信水平的增加，调度运行成本也在不断上升，这一方面反映了决策者对于风险厌恶水平的提高，比如当置信水平取 0.7 时，VaR 的取值为 50 571 元，也就是说，在未来 24 个时间段内，由于各种不确定因素的存在，该系统经济调度过程可能产生最大损失超过 50 571 元的概率为 30%。此外，置信水平也可以作为系统运行的安全指标，置信水平增大说明系统对安全性的要求增加，此时系统的调度运行成本也会增大，从而导致系统运行的经济性变差。因此，调度人员可以根据系统实际需求情况，综合考虑系统运行的安全性和经济性，协调一种最合适的调度方案。

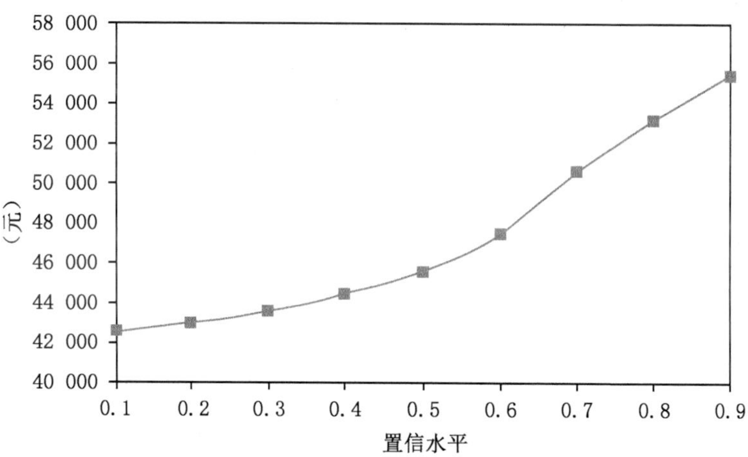

图 8—9　置信水平对调度运行成本的影响情况

五、灵敏度分析

为了研究不同影响因素对系统调度运行成本的影响,需要做灵敏度分析,这里选取储能容量和输送管道容量作为影响因素进行灵敏度分析,具体结果如图 8—10 和图 8—11 所示。

(一)储能容量

图 8—10 展示了不同储能容量下,对调度运行成本的影响情况。首先对于储电容量对调度运行成本影响而言,选取储热容量固定为 250kW,储电容量从 100kW 到 800kW 的变化过程,对应的调度运行成本变化曲线。从图中可以看出,随着储电容量的增加,总的调度运行成本是不断减少的,这是由于储电容量越大,调度人员通过转移电力负荷的容量就越大,更好地利用电价的波动性,在低谷时充电、在高峰时放电,从而降低整体的供电成本。

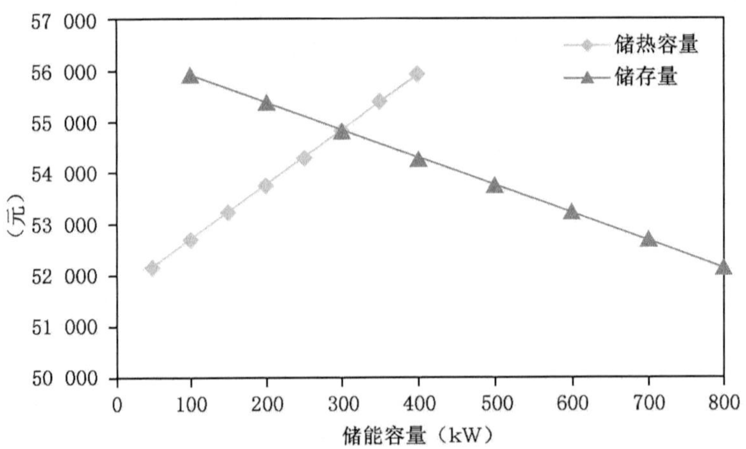

图 8—10　储能容量对调度运行成本的影响情况

对于储热容量来说,选取储电容量为 600kW,储热容量从 50kW 到 400kW 变化过程,对应的调度运行成本变化曲线。从图中可以看出,随着储热容量的增加,调度运行成本是增长的,虽然增加量不是特别大。出现这种曲线的原因在于本章研究定义天然气的价格是一个常数,不受时间段的影响,故而没有电价那样的负荷转移功能,而且又由于储热设备的要求需要在 24 小时结束时回到初始状态，这样就会增加储热放热的过程成本。

（二）管道容量

图 8—11 展示了管道容量对调度运行总成本的影响情况。选取管道容量从 300kW 到 650kW 变化过程，对应的调度运行成本变化曲线。从图中可以看出，在本例中，随着管道容量从 300kW 到 450kW 过程中，调度运行成本是不断下降的，这说明管道容量确实影响到区域整体的调度运行成本，通过各区域间的负荷转移，能够降低总成本；但是随着管道容量从 450kW 再增加时，总的调度运行成本不再受影响，这说明可进行转移的负荷达到了上限，增加管道容量不再降低总成本，故而出现了图中的曲线走势。

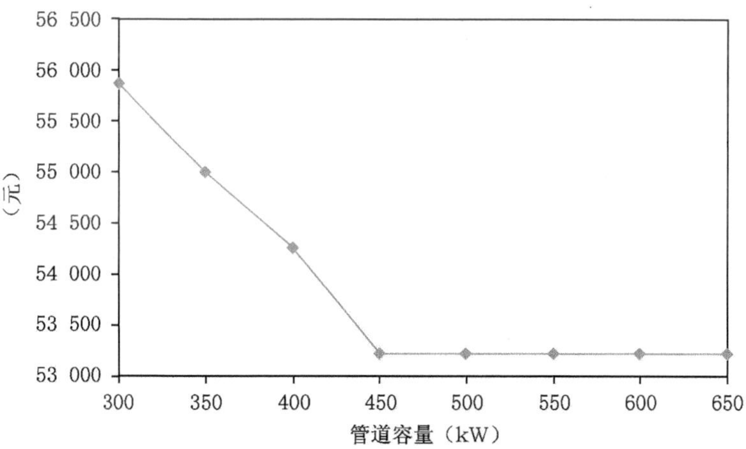

图 8—11　管道容量对调度运行成本的影响情况

第九章　综合能源运营主体信用风险研究——以售电公司为例

第一节　售电公司信用风险系统

一、售电公司分类

根据资本构成将售电公司大致分为四类：

第一类是电网资产型售电公司[123]，由不承担电力输配任务的市县级供电局重组为独立的售电公司。第二类是电厂窗口型售电公司，由五大发电集团为主的发电企业组成。第三类是增量配电网售电公司，得到的模式和经验有助于更广泛的推广。第四类是其他与电力能源相关的售电公司。第五类是独立售电公司，是社会资本组建的跨界售电公司[124]。

具体阐述见表 9—1。

表 9—1　　售电公司分类

售电公司类型	构成	优势	劣势	用户	威胁
电网资产型	从电网公司剥离出来的售电公司	1. 掌握输配电网络资源 2. 客户资源覆盖各个行业 3. 丰富的售电经验 4. 完备的客户服务体系 5. 有规模优势和很强的抗风险能力	1. 缺少发电资源 2. 决策不灵活	居民以及电力大小用户	电改政策有限制

续表

售电公司类型	构成	优势	劣势	用户	威胁
电厂窗口型	隶属发电企业中央或地方能源集团（五大发电集团等），包含火电发电、水电发电、核电、并网风电发电等	1. 掌握发电资源 2. 对电力行业非常熟悉 3. 在多轮大用户直接交易中积累了一定的经验和客户基础 4. 有规模优势和很强的抗风险能力	1. 没有配电网资源 2. 缺乏客户经验 3. 缺乏增值服务技术 4. 运营效率不高	居民以及电力大小用户	产业结构调整，新增大工业用户数量有限或与电厂直接交易
增量配电网售电公司	包括大型用电企业（如中石化等）、高新园区、供水热气等公共服务行业、节能服务公司等	1. 在园区拥有配电网资源，部分拥有电源资源 2. 区内大用户集中 3. 注册资本较大，有一定的规模优势和抗风险能力 4. 多为混合所有制，融合政府、电网、电厂、银行等企业的多重优势	1. 发电资产不够雄厚 2. 运营配电网经验不足 3. 配电网、电源及客户资源集中在固定区域，发展受限 4. 兜底服务不完善	园区电力大用户等	1. 取得供电营业许可证有难度 2. 构成复杂，难以协调各方利益
其他与电力能源相关的售电公司	与电网相关的工程建设公司，与用户贴近的节能服务公司	1. 很强的增值服务能力 2. 可将业务在不同领域互相延伸 3. 市场营销能力较强	1. 没有发电资源 2. 没有配电资源 3. 缺少售电经验	能源用户、节能大用户	产业结构调整，新增大工业用户数量有限
独立售电公司	纯社会资本组建的跨界售电公司	1. 决策灵活 2. 市场营销能力强 3. 庞大的客户群体 4. 金融、保险及互联网企业本身拥有完美的销售渠道和平台，线上业务实力强	1. 没有发电资源、配电网资源 2. 缺少售电经验 3. 缺乏增值服务技术和经验 4. 抗风险能力较差	电力大、小用户	后期准入门槛提高，监管严

二、售电公司信用风险评价指标

随着新一轮电力体制改革的深入推进，从可持续发展角度构建售电公司信用风险综合指标体系具有重大的意义[125－126]。参考中电联发布的《售电企业信用评价指标体系（试行）》、查阅大量参考文献以及相关专家建议，构建了售电公司信用风险评价指标体系，包括 3 个一级指标[127]：外部基础环境、经营信用风险、财务信用风险、经营风险等 8 个二级指标；市场活跃度等 20 个三级指标，具体见图 9—1。

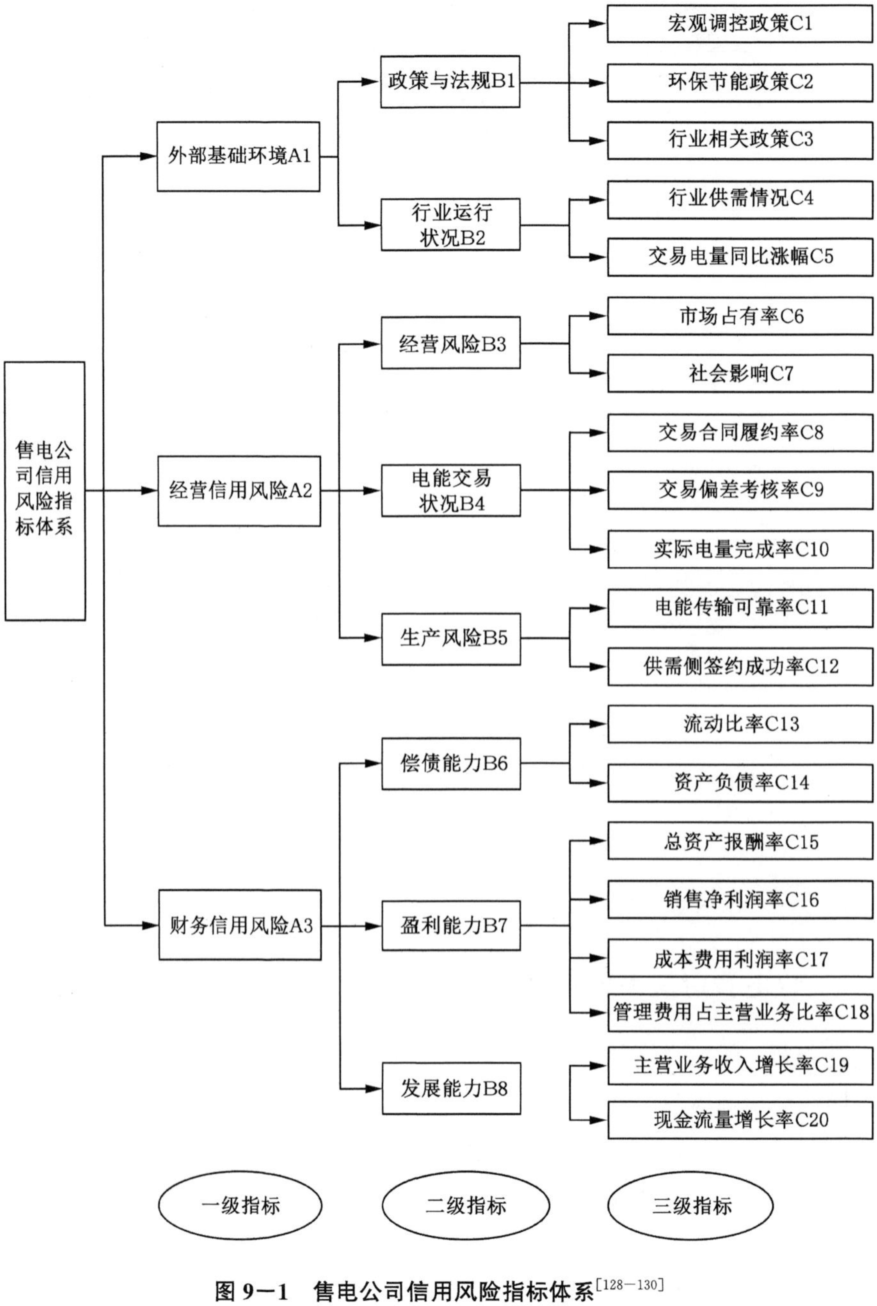

图 9—1　售电公司信用风险指标体系[128—130]

（一）外部基础环境指标

外部基础环境是售电公司可持续发展的保障，也是中国新一轮电力体制改革下售电公司战略转型的重要支撑，能够更好适应外部环境的售电公司能有更长远的发展[131－132]。从政策与法规和行业运行状况两个维度对售电公司外部基础环境进行信用风险评估，确定了5个三级指标，即宏观调控政策、环保节能政策、行业相关政策、行业供需情况和交易电量月环比涨幅。具体解释如下：

宏观调控政策是指国家干预，在电力体制改革方面发布的影响电力市场以及售电公司的一系列政策指导；环保节能政策是指国家在环保方面发布的影响售电公司的方针政策、法令法规等，例如：涉及脱硫、脱硝、除尘等超低排放改造，燃煤电厂节能环保法规政策体系等；行业相关政策是指电力行业内发布的改革性政策和其他引导性政策。宏观调控政策、环保节能政策和行业相关政策均会对售电公司产生影响。此外，售电公司所面对的政策风险只能降低不能消除。

行业的供需情况决定了售电公司的竞争环境，直接影响售电公司的盈利水平，一个行业的发展与其供需情况息息相关。对于售电公司而言，全国发电量和交易电量十分重要，需要选取能够反映交易电量变化的指标。售电公司交易电量同比涨幅就是同比增长幅度，涨幅大会增加售电公司的利润，进而增加售电公司的盈利能力和偿债能力。

（二）生产经营风险指标

生产经营风险是售电公司可持续发展的驱动力，包括产品风险、销售风险、总体经营风险等，也是提高售电公司核心竞争力的关键[133－134]。从经营风险、生产经营、电能交易状况三个维度进行售电公司信用风险评估，并且确定了7个三级指标，即市场占有率、社会影响、交易合同履约率、交易偏差考核率、实际电量完成率、电能传输可靠率和供需侧签约成功率。具体解释如下：

市场占有率是指售电公司交易电量在总交易电量中的占比，反映售电公司在行业中的地位和重要性，市场份额越高，竞争力越强。社会影响是指随着新一轮电力体制改革的推进，中国各地成立售电公司数量不断增加，反映售电公司在社会的被接受程度，电改示范地的售电公司尤为突出[135]。

交易合同履约率是发电侧与用户侧通过售电公司交易电量时，成功履行合同的比率，该指标体现了在电力交易过程中，售电公司的履约信用率；交易偏差考核率是实际执行与交易结果的偏差，售电公司参照电力大用户结算其参与批发市场的价差电费，当偏差考核超出了地区固定的正负偏差范围，售电公司将受到一定的惩罚，该指标也是近年提出的新考核指标；实际电量完成率是指实际用电电量与合同签订用电总量的比值，主要体现售电公司在电量交易过程中合同电量的完成情况[136]。

电能传输可靠率是反映售电公司安全可靠传输电能的主要指标，从发电侧到用户侧的实际总传输电能与总预计传输电能之比，该比值越大，表明安全可靠率越高，反之则弱；供需侧签约成功率是指发电企业与用电客户向电力交易中心报价，最终供需侧签约成功率。

（三）财务信用风险指标

财务信用风险是售电公司可持续发展的基础，也是售电公司整体效益的核心体现[137]。从偿债能力、盈利能力和发展能力三个维度进行售电公司信用风险评估，并且确定了 12 个三级指标，即总资产报酬率、销售净利润率、成本费用利润率、管理费用占主营业务比率、流动比率、资产负债率、资产报酬率、销售净利润率、成本费用利润率、管理费用占主营业务比率、主营业务收入增长率、现金流量增长率。具体解释如下：

总资产报酬率是投资报酬与投资总额之间的比率，总资产报酬率越高，说明售电公司创造利润的能力越强。销售净利润是净利润与销售收入的比值，反映售电公司电能交易的获利能力，净利润越高，售电公司的偿债能力越高。成本费用利润率是利润总额与成本费用总额的比值，该指标越高越好，能体现一个单位的成本带来多少利润；管理费用占主营业务比率体现了经营过程中不同售电公司对期间费用的控制情况，该指标越小，说明售电公司成本控制能力越强，盈利能力越强[138]。

流动比率是流动资产对流动负债的比率，主要衡量售电公司流动资产在短期债务到期以前，可以变为现金用于偿还负债的能力。售电公司流动比率越高，售电公司的变现能力越强，短期偿债能力越强，反之则越弱。资产负债率是指负债总额与资产总额的比率，是衡量售电公司负债水平及风险程度的重要指标。

资产报酬率表示资产的获利能力。该指标越高，表明资产利用效率越高，说明企业在增加收入、节约资金使用等方面取得了良好的效果；该指标越低，说明企业资产利用效率低，应分析差异原因，提高销售利润率，加速资金周转，提高企业经营管理水平。

销售净利润一般指销售净利率，表示每一元销售收入可获得多少净利润，与净利润成正比关系，与销售收入成反比关系，用以衡量企业营业利润的获取能力。

成本费用利润率即利润总额与成本费用总额的比率，表示每一元成本费用可获得多少净利润，与净利润成正比关系，与成本费用成反比关系，体现企业经营耗费所带来的经营成果。

管理费用占主营业务比率即管理费用率，是管理费用和主营业务收入之比，通常用来衡量公司的管理效率。

主营业务收入增长率是指本期主营业务收入较上期主营业务收入增加值与上期主营业务收入的比值。主营业务收入增长率反映售电公司的产品生命周期，一般认为，当主营业务收入增长率低于－30％时，说明公司主营业务大幅滑坡，预警信号产生；现金流量增长率是本年现金流量增长值与上年现金流量的比值，用环比表示，指标增长越快说明售电公司的正常可持续发展能力越好[139]。

三、指标定性定量分类

根据以上描述，可以把这些指标分为定性指标和定量指标（见表9－2），定量指标可以通过数据统计得到，定性指标则通过专家或专业评价公司打分的方式获得[140]。

表9－2　　售电公司信用风险评价指标分类

指标	定量指标	定性指标	相关性
宏观调控政策		√	
环保节能政策		√	
行业相关政策		√	
行业供需情况		√	＋
交易电量月环比涨幅	√		＋
市场占有率		√	＋
社会影响		√	＋
交易合同履约率	√		＋
交易偏差考核率	√		＋
实际电量完成率	√		＋

续表

指标	定量指标	定性指标	相关性
电能传输可靠率	√		+
供需侧签约成功率	√		+
流动比率	√		+
资产负债率	√		−
资产报酬率	√		+
销售净利润率	√		+
成本费用利润率	√		+
管理费用占主营业务比率	√		−
主营业务收入增长率	√		+
现金流量增长率	√		+

第二节　模型构建

一、直觉模糊层次分析

(一)直觉模糊集

在模糊理论和模糊控制的基础上,保加利亚的阿坦纳索夫(Atannassov)等学者[141−143]提出了直觉模糊集定义及其基本运算法则:

定义 1:设 X 是一个非空集合,则称 $A=\{x=(\mu_A(x),\upsilon_A(x)),x\in X\}$ 为直觉模糊集,其中 $\mu_A(x)$ 和 $\upsilon_A(x)$ 分别是 X 中元素 x 属于集合 A 的隶属度和非隶属度,同时满足:$\mu_\alpha\in[0,1]$,$\upsilon_\alpha\in[0,1]$,$\mu_\alpha+\upsilon_\alpha\leqslant1$,且 $0\leqslant\mu_A(x)+\upsilon_A(x)\leqslant1$。此外,$\pi_A(x)=1-\mu_A(x)-\upsilon_A(x)$,$x\in X$ 表示元素 x 属于 A 的犹豫度。

定义 2:设 $\alpha=(\mu_\alpha,\upsilon_\alpha)$ 为直觉模糊数,其中 $\mu_\alpha\in[0,1]$,$\upsilon_\alpha\in[0,1]$,$\mu_\alpha+\upsilon_\alpha\leqslant1$。例如 $\alpha=(\mu_\alpha,\upsilon_\alpha)=(0.6,0.3)$,代表一个方案有 10 个人进行投票,投票结果为 6 个人同意,3 个人反对,1 个人弃权。

对于任意的直觉模糊数 $\alpha=(\mu_\alpha,\upsilon_\alpha)$,都可以通过得分函数 s 对其评估:

$$s_{(\alpha)}=\mu_{(\alpha)}-\upsilon_{(\alpha)} \tag{9—1}$$

其中,$s_{(\alpha)}$ 为 α 的得分值,$s_{(\alpha)}\in[-1,1]$,$s_{(\alpha)}$ 越大,则说明直觉模糊数越大。

(二)直觉模糊判断矩阵的建立

判断矩阵是人们对于每一层次各因素的相对重要性给出的判断并且将判断写成矩阵形式，是直觉模糊层次分析法重要的一步，能够更直观、全面地表达和描述决策者的偏好。

将决策者对属于同一上层指标的同层次不同指标进行两两比较的定性偏好关系并且转换成上文提到的直觉模糊数，构造直觉模糊判断矩阵 $R=(r_{ij})_{n\times n}$，其中 $r_{(ij)}=(\mu_{ij},\upsilon_{ij},\pi_{ij})$ ，$(i,j=1,2,\cdots,n)$，i 和 j 分别表示判断矩阵的行和列；μ_{ij} 表示隶属度，代表指标 i 优于指标 j 的程度；υ_{ij} 代表指标 j 优于指标 i 的程度；π_{ij} 表示犹豫度，即在指标 i 和指标 j 徘徊的程度，且 $\pi_{ij}=1-\mu_{ij}-\upsilon_{ij}$。

本章直觉模糊判断矩阵中的直觉模糊偏好关系是邀请了五位相关专家打分获得，相应的评分标度如表 9—3 所示：

表 9—3　　直觉模糊判断矩阵评分标度

含义	标度
因素 i 极其优于因素 j	(0.90,0.10,0.00)
因素 i 强烈优于因素 j	(0.80,0.15,0.05)
因素 i 明显优于因素 j	(0.70,0.20,0.10)
因素 i 稍微优于因素 j	(0.60,0.25,0.15)
因素 i 等同于因素 $j(i\neq j)$	(0.50,0.30,0.20)
因素 j 稍微优于因素 i	(0.40,0.45,0.15)
因素 j 明显优于因素 i	(0.30,0.60,0.10)
因素 j 强烈优于因素 i	(0.20,0.75,0.05)
因素 j 极其优于因素 i	(0.10,0.90,0.00)

(三)云模型基本概念

云模型是由中国工程院院士李德毅提出的，处理定性概念与定量描述的不确定转换模型。对于模糊不确定的概念，云模型能够使其有一个量的评判标准。它可以表示由定性概念到定量表示的过程(即正向云发生器)也可表示由定量表示到定性概念的过程(即逆向云发生器)。

定义：设 U 是一个用精确数值表示的定量论域，C 是 U 上的定性概念，若定量值 $x\in U$，且 x 是定性概念 C 的一次随机实现，x 对 C 的确定度 $\mu(x)\in[0,1]$ 是具有稳定倾向的随机数。

若 $\mu:U\rightarrow[0,1]$，$\forall x\in U,x\rightarrow\mu(x)$，则 x 在论域 U 上的分布称为云，每一个 x 成为一个云滴。

用云的 3 个数字特征表征云滴的分布规律。

(1)期望 E_x：最能代表定性概念的点，云滴在论域空间分布的期望。

计算方法：

$$E_x=\frac{1}{n}\sum_{i=1}^{n}X_i \tag{9-2}$$

(2)熵 E_n：代表云滴分布的不确定性和模糊性，用以度量不确定的程度以及云滴的离散程度，反应在曲线上就是带宽，同时反映了期望的模糊程度。

计算方法：

$$E_n=\sqrt{\frac{\pi}{2}}\times\frac{1}{n}\sum_{i=1}^{n}|X_i-E_x| \tag{9-3}$$

(3)超熵 H_e：熵的熵，熵的不确定性度量，超熵越大，模型的不确定性越大，云的厚度越大。反应了云滴的离散程度和隶属度随机性，表征了预测误差波动范围的集中程度，其数值大小与云滴厚度成正比，值越小，稳定性越好。

计算方法 ：

$$H_e=\sqrt{S^2-E_n^2} \tag{9-4}$$

其中，$S^2=\frac{1}{n-1}\sum_{i=1}^{n}(X_i-E_x)^2$。

(四)云发生器

云的生成算法既可以用软件的方式实现，又可以固化成硬件实现，称为云发生器。常用的云发生器是正态云发生器，又分为正向云发生器和逆向云发生器。

正向云发生器是从定性概念到定量表示的映射，根据云的数字特征产生云滴，每个云滴都是该概念的一次具体实现，具体实现方法如下：

(1)生成以 E_n 为期望，以 H_e 为方差的正态随机数 E_{nn}；(2)生成以 E_x 为期望，以 E_{nn} 为方差的正态随机数 x_i；(3)计算确定度：

$$\mu=e^{-\left[\frac{(x-E_x)^2}{2E_n^2}\right]}=y_i \tag{9-5}$$

(4)确定一个以 (x_i,y_i) 为坐标的云滴；(5)重复上述四个步骤直到得到足够数量的云滴。

逆向云发生器是从实现定量值到定性概念的转换的模型，它可以将一定数量的精确数据转换为以三个数字特征表示的定性概念。逆向云发生器的实现过程不再描述，计算方法上文已提及。

（五）售电公司信用度风险分析模型

基于上述基本知识的介绍，提出售电公司信用度风险分析模型，具体实现过程如下：

步骤一：指标权重分析。

邀请五位相关专家对属于同一上层指标的同层次不同指标进行两两比较，得到直觉模糊判断矩阵，以直觉模糊集的距离测度[23]为基础，得到直觉模糊判断矩阵的一致性的检验公式[24]：

$$d(\bar{R},R)=\frac{1}{2(n-1)(n-2)}\sum_{i=1}^{n}\sum_{j=1}^{n}\left(|\bar{\mu}_{ij}-\mu_{ij}|+|\bar{\upsilon}_{ij}-\upsilon_{ij}|+|\bar{\pi}_{ij}-\pi_{ij}|\right) \tag{9-6}$$

其中，$R=(r_{ij})_{n\times n}$ 是直觉模糊判断矩阵，$\bar{R}=\left(\bar{r}_{ij}\right)_{n\times n}$ 是由直觉模糊判断矩阵计算得到的直觉模糊一致性判断矩阵，构造方法为：

当 $j>i+1$ 时，令 $\bar{R}=\left(\bar{\mu}_{ij},\bar{\upsilon}_{ij}\right)$，即[22]：

$$\bar{\mu}_{ij}=\frac{\sqrt[j-i-1]{\prod_{t=i+1}^{j-1}\mu_{it}\mu_{tj}}}{\sqrt[j-i-1]{\prod_{t=i+1}^{j-1}\mu_{it}\mu_{tj}}+\sqrt[j-i-1]{\prod_{t=i+1}^{j-1}(1-\mu_{it})(1-\mu_{tj})}} \tag{9-7}$$

$$\bar{\upsilon}_{ij}=\frac{\sqrt[j-i-1]{\prod_{t=i+1}^{j-1}\upsilon_{it}\upsilon_{tj}}}{\sqrt[j-i-1]{\prod_{t=i+1}^{j-1}\upsilon_{it}\upsilon_{tj}}+\sqrt[j-i-1]{\prod_{t=i+1}^{j-1}(1-\upsilon_{it})(1-\upsilon_{tj})}} \tag{9-8}$$

当 $j=i+1$ 或 $j=i$ 时，令 $\bar{r}_{ij}=r_{ij}$；当 $j<i+1$ 时，令 $\bar{r}_{ij}=\left(\bar{\upsilon}_{ij},\bar{\mu}_{ij}\right)$。

经过上述三个步骤的计算后，将结果代入式(9－6)进行一致性检验，若满足以下条件，则认为直觉判断矩阵 R 的一致性是可以通过的：

$$d(\bar{R},R)<\tau \tag{9-9}$$

其中，τ 称为一致性指标的阈值，一般取 $\tau=0.1$。

若 $d(\bar{R},R)\geqslant\tau$，则未通过一致性检验，需要进行参数 σ 的设置来迭代，通过调节 σ 的不同值来改变直觉模糊判断矩阵的一致性，直到通过一致性检验。参数 σ 的调整过程如下：

设置参数 p，其中 $p\in[0,1]$，令[24]：

$$\widetilde{\mu_{ij}}=\frac{\left(\mu_{ij}\right)^{1-p}\left(\bar{\mu}_{ij}\right)^{p}}{\left(\mu_{ij}\right)^{1-p}\left(\bar{\mu}_{ij}\right)^{p}+\left(1-\mu_{ij}\right)^{1-p}\left(1-\bar{\mu}_{ij}\right)^{p}}\qquad(i,j=1,2,\cdots,n)\tag{9—10}$$

$$\widetilde{\upsilon_{ij}}=\frac{(\upsilon_{ij})^{1-p}\left(\bar{\upsilon}_{ij}\right)^{p}}{(\upsilon_{ij})^{1-p}\left(\bar{\upsilon}_{ij}\right)^{p}+(1-\upsilon_{ij})^{1-p}\left(1-\bar{\upsilon}_{ij}\right)^{p}}\qquad(i,j=1,2,\cdots,n)\tag{9—11}$$

通过上述计算，得到转换后的直觉模糊一致性判断矩阵 $\tilde{R}=\left(\widetilde{r_{ij}}\right)_{n\times n}$，其中 $\widetilde{r_{ij}}=\left(\widetilde{\mu_{ij}},\widetilde{\upsilon_{ij}}\right)$，得此判断矩阵后，同样代入公式进行一致性检验，直到最后通过一致性检验。

$$d\left(\widetilde{R},R\right)=\frac{1}{2(n-1)(n-2)}\sum_{i=1}^{n}\sum_{j=1}^{n}\left(|\widetilde{\mu_{ij}}-\mu_{ij}|+|\widetilde{\upsilon_{ij}}-\upsilon_{ij}|+|\widetilde{\pi_{ij}}-\pi_{ij}|\right)\tag{9—12}$$

通过上述计算得到通过一致性检验的直觉模糊判断矩阵，运用公式(9—13)计算同层各指标相对于同一上层指标的直觉模糊权重：

$$\omega_i=(\mu_i,\upsilon_i)=\left(\frac{\sum_{j=1}^{n}\mu_{ij}}{\sum_{i=1}^{n}\sum_{j=1}^{n}(1-\upsilon_{ij})},1-\frac{\sum_{j=1}^{n}(1-\mu_{ij})}{\sum_{i=1}^{n}\sum_{j=1}^{n}\upsilon_{ij}}\right)\qquad(i=1,2,\cdots,n)\tag{9—13}$$

根据公式计算属于同一上层指标的各指标的得分权重：

$$G_i=\frac{1-\upsilon_i}{1+\pi_i}\qquad(i=1,2,\cdots,n)\tag{9—14}$$

其中，$\pi_i = 1 - \mu_i - \upsilon_i$。

归一化处理得到每个指标相对于上一层指标的权重：

$$\lambda_i = \frac{G_i}{\sum_{i=1}^{n} G_i} \tag{9—15}$$

步骤二：信用度风险云模型标度。

按照2019年国家能源局发布的《能源行业市场主体信用评价工作管理办法（试行）》的通知，售电公司信用风险等级可以划分为AAA、AA、A、B、C五个等级（见表9—4），定义AAA表示信用度风险极低，AA表示信用度风险低，A表示信用度风险一般，B表示信用度风险略高，C表示信用度风险高。考虑黄金分割法将[0,100]的得分区间划分为五个等级。

表9—4　售电公司信用风险等级划分

等级	区间分数	标准正态云模型
AAA级	[0,15]	(0,10.4,1.31)
AA级	[15,25]	(20,6.4,0.81)
A级	[25,35]	(30,3.9,0.5)
B级	[35,50]	(40,6.4,0.81)
C级	[50,100]	(100,10.4,1.31)

通过划分的云模型标尺，实现定性向定量的转换，可以得出售电公司信用度风险等级（见图9—2）。

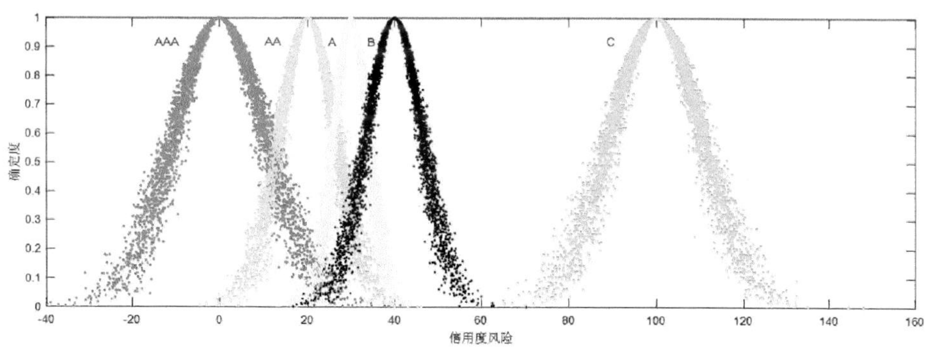

图9—2　售电公司风险等级综合云图

步骤三:建立指标体系,得到云模型数字特征。

按照上文建立的指标体系,邀请五位专家根据中电联信用办2019年发布的《关于新能源企业、售电公司、电力施工企业、电力监理企业、电力调试(承试)企业信用评价评分细则(试行)的通知》对20个三级指标按比例进行打分,根据式(9—8)~式(9—11)计算20个三级指标的三个云模型数字特征E'_{xi}、E'_{ni}、H'_{ei},则二级指标的云模型数字特征可以由下述公式得到:

$$E_{xBj}=\frac{\sum_{i=1}^{n}\lambda'_i E'_{xi}}{\sum_{i=1}^{n}\lambda'_i} \tag{9—16}$$

$$E_{nBj}=\frac{\sum_{i=1}^{n}\lambda'^2_i E'_{ni}}{\sum_{i=1}^{n}\lambda'^2_i} \tag{9—17}$$

$$H_{eBj}=\frac{\sum_{i=1}^{n}\lambda'^2_i H'_{ei}}{\sum_{i=1}^{n}\lambda'^2_i} \tag{9—18}$$

其中,λ'_i为各指标权重,$i=1,2,\cdots,20$; $j=1,2,\cdots,9$。

通过计算得到一级指标的云模型数字特征,最后得到售电公司最终的数字特征,运用matlab软件进行云图绘制,通过与云模型标度中的期望值进行对比,得到每个售电公司的信用度风险等级(见图9—3)。

第三节 应用分析

一、基于直觉模糊层次分析法的指标权重分析

本章从五种类别的售电公司中各自挑选一家售电公司A、B、C、D、E作为研究对象。邀请五位业内专家对同一上层指标的各同级指标进行两两比较打分,如表9—5~表9—8所示;经过式(9—6)~式(9—8)得到各级指标未经过一致性检验的直觉模糊一致性判断矩阵:

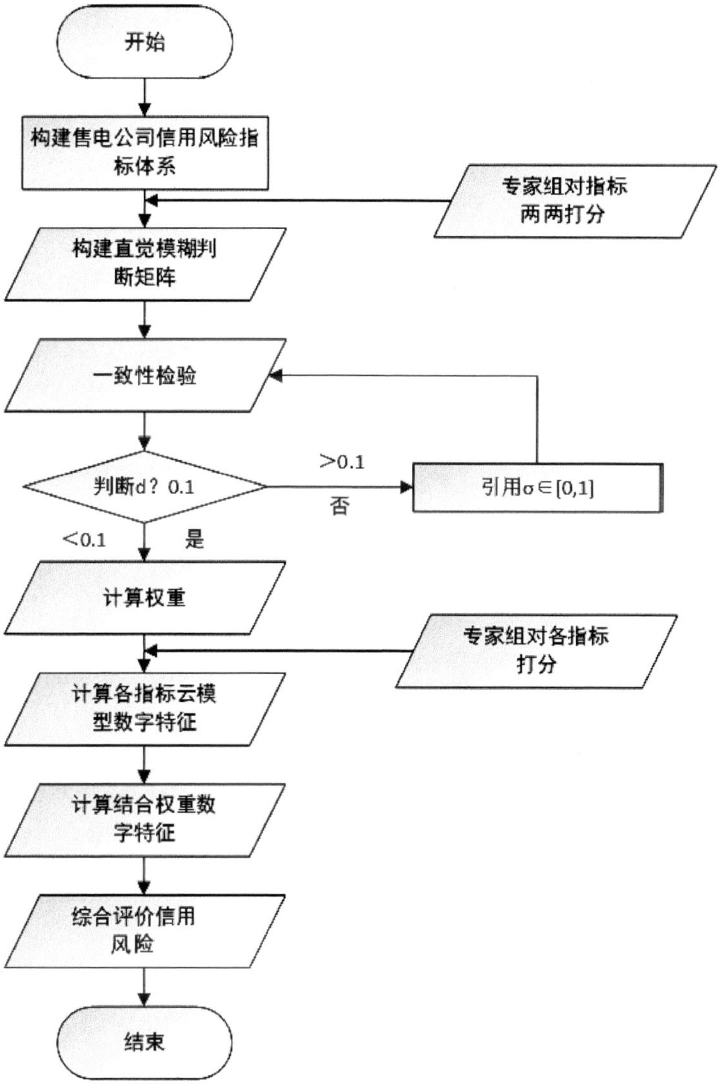

图 9—3　售电公司信用度风险分析流程

$$\bar{R}_A=\begin{bmatrix}(0.5000,0.5000) & (0.3900,0.4600) & (0.3618,0.4010)\\(0.4600,0.3900) & (0.5000,0.5000) & (0.4700,0.4400)\\(0.4010,0.3818) & (0.4400,0.4700) & (0.5000,0.5000)\end{bmatrix} \quad (9-19)$$

表 9—5　　第一层指标直觉偏好关系

(0.5,0.5)	(0.39,0.46)	(0.45,0.49)
(0.46,0.39)	(0.5,0.5)	(0.47,0.44)
(0.49,0.45)	(0.44,0.47)	(0.5,0.5)

表 9—6　　一级指标下的直觉偏好关系

(0.5,0.5)	(0.48,0.44)
(0.44,0.48)	(0.5,0.5)

表 9—7　　一级指标下的直觉偏好关系

(0.5,0.5)	(0.43,0.48)	(0.42,0.49)
(0.48,0.43)	(0.5,0.5)	(0.5,0.42)
(0.49,0.42)	(0.42,0.5)	(0.5,0.5)

表 9—8　　一级指标下的直觉偏好关系

(0.5,0.5)	(0.29,0.63)	(0.56,0.3)
(0.63,0.29)	(0.5,0.5)	(0.59,0.31)
(0.3,0.56)	(0.31,0.59)	(0.5,0.5)

计算 R_A 和 $\bar{R}_A$ 的距离，得到 $d\left(\bar{R}_A, R_A\right)=0.1772>0.1$，未通过一致性检验，设置参数，令 $p=0.5$，通过式(9—11)～(9—12)进行调整，得到：

$$\tilde{R}_A=\begin{bmatrix}(0.5000,0.5000) & (0.3900,0.4600) & (0.4051,0.4450)\\(0.4600,0.3900) & (0.5000,0.5000) & (0.4700,0.4400)\\(0.4450,0.4051) & (0.4400,0.4700) & (0.5000,0.5000)\end{bmatrix} \quad (9-20)$$

调整后 $d\left(\tilde{R}_A, R_A\right)=0.0898<0.1$，矩阵 $\tilde{R}_A$ 通过一致性检验。将 $\tilde{R}_A$ 代入

式(9－14)，得到 A1 的直觉模糊权重 ω_{A1}＝(0.264 9，0.585 2)；同样可以得到 ω_{B1}＝(0.471 2，0.468 8)，ω_{B2}＝(0.451 9，0.447 9)；ω_{C1}＝(0.322 3，0.653 8)，ω_{C2}＝(0.309 9，0.639 4)，ω_{C3}＝(0.227 3，0.543 3)。

进一步，通过式(9－15)计算得到各指标得分权重：G_{A1}＝0.360 7；G_{B1}＝0.501 1，G_{B2}＝0.501 8；G_{C1}＝0.338 1，G_{C2}＝0.343 2，G_{C3}＝0.371 5。

经过归一化处理后，得到各指标最后权重：λ_{A1}＝0.338 6；λ_{B1}＝0.499 6λ，λ_{B2}＝0.500 3；λ_{C1}＝0.321 1，λ_{C2}＝0.326 0，λ_{C2}＝0.352 9。

同理可以得出其他指标的权重(见表 9－9)。

表 9－9　　权重表

一级指标	二级指标	三级指标
0.338 6	0.499 6	0.321 1
		0.325 9
		0.352 9
	0.500 4	0.498 6
		0.501 4
0.329 1	0.337 9	0.497 3
		0.502 7
	0.328 5	0.322 6
		0.354 1
		0.323 3
	0.333 7	0.495 9
		0.504 1
0.332 4	0.343 9	0.500 1
		0.499 9
	0.307 1	0.231 9
		0.243 5
		0.269 9
		0.255 1
	0.348 9	0.424 5
		0.575 5

二、基于云模型的售电公司得分分析

同样，5 位专家分别对 5 个售电公司的 20 个三级指标打分，根据计算可以得到 A 公司：$E_{xc4}=6$，$Ex_{c5}=34$；$E_{nc4}=3.008$，$E_{nc5}=2.0053$；$H_{ec4}=1.2441$，$H_{ec5}=0.9893$；经过式（9－15）～（9－17）计算：$Ex_{B2}=20.0389$；$En_{B2}=2.5039$；$He_{B2}=1.1160$；$Ex_{A1}=20.0195$，$En_{A1}=1.2537$，$He_{A1}=0.5588$。

5 个公司最后的信用度风险得分是：A（14.866 6，2.582 0，1.118 0）；B（20.647 3，2.778 8，1.277 0）；C（24.802 3，3.254 7，1.571 3）；D（24.235 7，3.156 3，0.860 8）；E（26.970 6，3.293 4，0.962 3）。云模型图如图 9－4 所示：

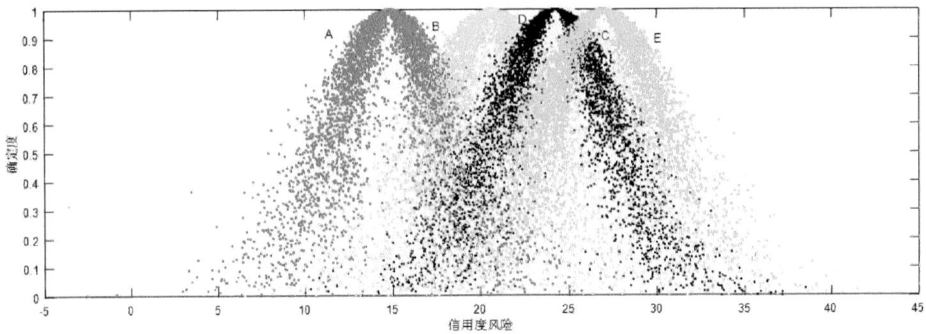

图 9—4 云模型图

对比 5 个公司的最终结果，A（电网资产型）公司风险得分最低（见表 9—10），属于 AAA 风险极低这个等级；D（独立售电）公司风险得分最高，属于 A 风险一般这个等级；其余三个售电公司属于 AA 风险低这个等级。通过熵和超熵可以看出：E（独立售电）公司的熵最大，表明其指标值分布最离散；C（增量配网型）公司超熵最大，表明其指标值受各种干扰的偏离程度在 5 个公司中最大，符合增量配网型售电公司在电力市场的取得供电营业许可证有难度、兜底服务不完善等特点。

表 9—10　　　　A公司得分

一级指标	二级指标	三级指标
(20.019 5,1.253 7,0.558 8)	(20,0,0)	(20,0,0)
		(20,0,0)
		(20,0,0)
	(20.038 9,2.503 9,1.116)	(6,3.008,1.244 1)
		(34,2.005 3,0.989 3)
(4.672 1,3.534 3,1.513 2)	(4.497 2,3.250 4,1.848 6)	(5,4.010 6,1.189 6)
		(4,2.506 6,2.493 4)
	(5.030 8,4.106 4,1.692 0)	(5,2.506 6,2.493 4)
		(6,5.514 6,1.445 5)
		(4,4.010 6,1.189 6)
	(4.495 9,3.271 0,1.830 8)	(5,2.506 6,2.493 4)
		(4,4.010 6,1.189 6)
(19.711 5,3.026 5,1.310 9)	(4.499 6,2.256 1,1.741 8)	(3,2.506 6,2.493 4)
		(6,2.005 3,0.989 3)
	(22.134 4,3.178 9,0.954 8)	(16,2.005 3,0.989 3)
		(35,4.511 0,0.597 9)
		(32,4.010 6,1.189 6)
		(5,2.005 3,0.989 3)
	(32.575 5,3.657 3,1.167 9)	(32,3.008,1.244 1)
		(33,4.010 6,1.189 6)

三、与层次分析—云模型法的比较分析

基于相同的信息采集，用层次分析—云模型对5个公司进行了分析比较，具体结果见表9—11。

表 9－11　　直觉模糊—云模型与层次分析—云模型结果比较

	直觉模糊—云模型	层次分析—云模型
A	(14.866 6,2.582 0,1.118 0)	(14.958 6,2.230 5,1.232 0)
B	(20.647 2,2.778 8,1.277 0)	(22.049 8,2.596 9,1.479 5)
C	(24.802 3,3.254 7,1.571 3)	(24.398 2,4.582 0,1.519 2)
D	(24.235 7,3.156 3,0.860 8)	(23.980 8,3.918 3,1.429 1)
E	(26,9 706,3.293 4,0.962 3)	(25.897 3,3.836 4,1.302 9)

从表 9－11 可知，直觉模糊—云模型与层次分析—云模型得出的 5 个公司的排名是一致的，但层次分析—云模型得到的结果并没有直觉模糊—云模型的清晰直观。并且直觉模糊—云模型的得分更加客观，在判断矩阵未通过一致性检验时，不必再邀请专家重新打分，更加快速有效。

参考文献

[1]Wu J Z,Yan J Y,Jia H J,Nikos Hatziargyriou,Ned Djilali,Sun H B. Integrated Energy Systems[J]. Applied Energy,2016,4(167),155－157.

[2]王泽森. 综合能源系统稳态建模及关联效应分析研究[D]. 华北电力大学,2019.

[3]程林,张靖,黄仁乐,王存平,田浩. 基于多能互补的综合能源系统多场景规划案例分析[J]. 电力自动化设备,2017,37(6),282－287.

[4]彭克,张聪,徐丙垠,陈羽,赵学深. 多能协同综合能源系统示范工程现状与展望[J]. 电力自动化设备,2017,37(6),3－10.

[5]曾鸣,刘英新,王星,董厚琦,张志刚,霍现旭. 区域综合能源系统仿真平台研发现状及技术路线初探[J]. 中国电力,2019,6(52),87－92.

[6]黄国日. 含电转气技术的综合能源系统协同规划及运行策略[D]. 浙江大学,2017.

[7]贾宏杰,穆云飞,余晓丹. 对我国综合能源系统发展的思考[J]. 电力建设,2015,36(1),16－24.

[8]欧阳羿,杨杰. 能源互联网技术实现路径及实践[J]. 中国能源,2017,39(2),38－43.

[9]张巍,董昕昕,孙伟卿,吴俊宏. 能源互联网中的综合能源系统研究[J]. 自动化仪表,2017,38(1),12－15.

[10]曾鸣,杨雍琦,李源非,曾博,程俊,白学祥. 能源互联网背景下新能源电力系统运营模式及关键技术初探[J]. 中国电机工程学报,2016,03:681－691.

[11]王承民,孙伟卿,衣涛,颜志敏,张焰. 智能电网中储能技术应用规划及其效益评估方法综述[J]. 中国电机工程学报,2013,07:33－41＋21.

[12]佟继春. 用于变压器油中多种溶解气体在线监测的智能化传感器研究[D]. 重庆大学,2004.

[13]李建林,田立亭,来小康. 能源互联网背景下的电力储能技术展望[J]. 电力系统自动化,2015,23:15－25.

[14]王成山,武震,李鹏.微电网关键技术研究[J].电工技术学报,2014,02:1—12.

[15]肖湘宁,陈征,刘念.可再生能源与电动汽车充放电设施在微电网中的集成模式与关键问题[J].电工技术学报,2013,02:1—14.

[16]Guo Mingxuan,Mu Yunfei,Jia Hongjie,Deng Youjun,Xu Xiandong,Yu Xiaodan. Electric/thermal hybrid energy storage planning for park-level integrated energy systems with second-life battery utilization[J]. Advances in Applied Energy,2021,4:1—17.

[17]杨浩,牛强,吴迎霞,罗建,张磊,江宇飞.负荷中心含微电网的小干扰电压稳定性分析[J].电力系统保护与控制,2010,18:38—43.

[18]赵海彭,苗世洪,李超,张迪,涂青宇.考虑冷热电需求耦合响应特性的园区综合能源系统优化运行策略研究[J/OL].中国电机工程学报:1—17[2021—09—04].

[19]李中豪,黄屹俊,张沛超,季珉杰,方陈.大型风燃协调等效电厂的自动发电控制策略研究[J].电力系统保护与控制,2016,04:44—50.

[20]Merino J,Rodriguez J,Caerts C,et al. Scenarios and requirements for the operation of the 2030+ electricity network [C]//Cired-international Conference on Electricity Distribution. Lyon,France:[s. n.],2015:1329—1333.

[21]Martin L,Radaelli L,Brunner H,et al. ELECTRA IRP approach to voltage and frequency control for future power systems with high DER penetration [C]//Cired-international Conference on Electricity Distribution. Lyon,France:[s. n.],2015:1357—1360.

[22]Smart Energy Made in Gemany|E-DeMa[EB/OL].(2014—01—02)[2017—01—22]. http://www. digitale-technologien. de/DT/Redaktion/DE/Downloads/Factsheets/ factsheet-e-dema. pdf? _blob=publication File&v=2.

[23]E-Energy[EB/OL].(2014—12—050[2017—01—22]. http://www. digitale-technologien. de/DT/Navigation/DE/Service/Abgelaufene_Programme/E-Energy/e-energy. html/.

[24]侯孚睿,王秀丽,锁涛,等.英国电力容量市场设计及对中国电力市场改革的启示[J].电力系统自动化,2015,39(24),1—7.

[25]侯孚睿,王秀丽,锁涛,等.英国电力容量市场设计及对中国电力市场改革的启示[J].电力系统自动化,2015,39(24),1—7.

[26]时珊珊,苏义荣,改传跃.智能社区低碳能源管理系统方案研究[J].华东电力,2014,

42(12),2918—2921.

[27]马一鸣,周夕然,董鹤楠,洪沨,王海鑫,杨俊友.考虑电转气与冷热负荷惯性的综合能源系统优化调度[J].电网与清洁能源,2021,37(08):118—127+138.

[28]帅轩越,王秀丽,吴雄,张航,李杰,马志程.计及电热需求响应的共享储能容量配置与动态租赁模型[J/OL].电力系统自动化:1—20[2021—09—04].

[29]沈振江,李苗裔,林心怡,胡飞瑜.日本智慧城市建设案例与经验[J].规划师,2017,33(05),26—32.

[30]Weis T M,Ilinca A. Assessing the potential for a wind power incentive for remote villages in Canada[J]. Energy Policy,2010,38(10),5504—5511.

[31]孙伟男,倪靖猛,滕松.综合能源系统中的综合需求响应研究[J].电工技术,2019,(22),136—139.

[32]孙伟男,倪靖猛,滕松.综合能源系统中的综合需求响应研究[J].电工技术,2019,(22),136—139.

[33]杨照,黄少伟,陈颖.基于多智能体强化学习的多园区综合能源系统协同优化运行研究[J].电工电能新技术,2021,40(08):1—10.

[34]李琼.天津中新生态城动漫园三联供能源系统优化分析[D].天津大学,2012.

[35]龚钢军,杨晟,王慧娟,刘林,陆俊,文亚凤,杨海霞.综合能源服务区块链的网络架构、交互模型与信用评价[J].中国电机工程学报,2020,40(18):5897—5911.

[36]陈沼宇,王丹,贾宏杰,王伟亮,郭炳庆,屈博,范孟华.考虑P2G多源储能型微网日前最优经济调度策略研究[J].中国电机工程学报,2017,37(11),3067—3077+3362.

[37]崔杨,姜涛,仲悟之,崔成伟,赵钰婷.考虑风电消纳的区域综合能源系统源荷协调经济调度[J].电网技术,2020,44(07):2474—2483.

[38]戴远航,陈磊,闵勇,徐飞,侯凯元,周莹.风电场与含储热的热电联产联合运行的优化调度[J].中国电机工程学报,2017,37(12),3470—3479+3675.

[39]Zhou Z,Zhang J,Liu P,et al. A two-stage stochastic programming model for the optimal design of distributed energy systems[J]. Applied Energy,2013,103:135—144.

[40]Yin Y H,Mizokami S,Aikawa K. Compact development and energy consumption: Scenario analysis of urban structures based on behavior simulation. Applied Energy,2015,159:449—457.

[41]郭亦宗,王楚通,施云辉,郭创新,商佳宜,杨翾.区域综合能源系统电/热云储能综合优化配置[J].电网技术,2020,44(05):1611—1623.

[42]孙强,谢典,聂青云,张立辉,陈倩,陈杰军. 含电—热—冷—气负荷的园区综合能源系统经济优化调度研究[J]. 中国电力,2020,53(04):79—88.

[43]窦迅,王俊,王湘艳,吴磊. 基于演化博弈的区域电—气互联综合能源系统用户需求侧响应行为分析[J]. 中国电机工程学报,2020,40(12):3775—3786.

[44]王成山,吕超贤,李鹏,李树泉,赵鲲鹏. 园区型综合能源系统多时间尺度模型预测优化调度[J]. 中国电机工程学报,2019,39(23):6791—6803+7093.

[45]Thornton A,Monroy CR,Distributed power generation in the United States. Renewable and Sustainable Energy Reviews,2011,15:4809—4817.

[46]DiSomma M,Yan B,Bianco N,Graditi G,Luh PB,Mongibello L,Naso V. Operation optimization of a distributed energy system considering energy costs and exergy efficiency. Energy Conversion and Management,2015,103:739—751.

[47]廖名洋. 含 CCHP 的微网经济运行优化研究[D]. 华南理工大学,2014.

[48]许周,孙永辉,谢东亮,王建喜,钟永洁. 计及电/热柔性负荷的区域综合能源系统储能优化配置[J]. 电力系统自动化,2020,44(02):53—59.

[49]崔全胜,白晓民,董伟杰,黄毕尧. 用户侧综合能源系统规划运行联合优化[J]. 中国电机工程学报,2019,39(17):4967—4981+5279.

[50]吴红斌,王东旭,刘星月. 太阳能冷热电联供系统的策略评估和优化配置[J]. 电力系统自动化,2015,39(21):46—51.

[51]Mago PJ,Hueffed AK. Evaluation of a turbine driven CCHP system for large office buildings under different operating strategies. Energy and Buildings,2010,42;1628—1636.

[52]蒋润花,曾蓉,李洪强,张国强,杨敏林,徐勇军. 考虑气候条件及建筑类型等因素的分布式冷热电三联产系统的多目标优化及评估[J]. 中国电机工程学报,2016,36(12):3206—3214.

[53]龚钢军,王慧娟,杨晟,孙跃,苏畅,文亚凤,杨海霞. 区块链技术下的综合能源服务[J]. 中国电机工程学报,2020,40(05):1397—1409.

[54]严鹏飞. 冷热电联供与温湿度独立控制耦合系统优化配置研究[D]. 湖南大学,2016.

[55]赵峰,张承慧,孙波,魏大钧. 冷热电联供系统的三级协同整体优化设计方法[J]. 中国电机工程学报,2015,35(15):3785—3793.

[56]施泉生,丁建勇,刘坤,晏伟. 含电、气、热三种储能的微网综合能源系统经济优化运行[J]. 电力自动化设备,2019,39(08):269—276+293.

[57]Hananeh F. ,Alireza Z. ,Shahram J. The role of demand response in single and multi-objective wind-thermal generation scheduling: A stochastic programming. Energy, 2014,64:853—867.

[58]Maraver D, Sin A, Sebastián F, Royo J. Environmental assessment of CCHP (combined cooling heating and power) systems based on biomass combustion in comparison to conventional generation. Energy,2013,57:17—23.

[59]Ebrahimi M, Keshavarz A, Jamalli A. Energy and exergy analyses of a micro-steam CCHP cycle for a residential building. Energy and Buildings,2012,45:202—210.

[60]王静,徐箭,廖思阳,司马莉萍,孙元章,魏聪颖. 计及新能源出力不确定性的电气综合能源系统协同优化[J]. 电力系统自动化,2019,43(15):2—9.

[61]Wang, Y. L. ; Wang, Y. D. ; Huang, Y. J. ; Li, F. ; Zeng, M. ; Li, J. P. ; Wang, X. H. ; Zhang, F. W. Planning and operation method of the regional integrated energy system considering economy and environment[J]. Energy,2019,3(171),731—750.

[62]Seán Collins ,John Paul Deane, Kris Poncelet, Evangelos Panos, Robert C, Pietzcker, Erik Delarue, Brian Pádraig ó Gallachóir. Integrating short term variations of the power system into integrated energy system models: A methodological review[J]. Renewable and Sustainable Energy Reviews,2017,9(76),839—856.

[63]刘柳,王丹,贾宏杰,王伟亮,智云强,孟政吉,周冰钰. 广义多源储能系统综合建模与能量优化分析[J]. 电力建设,2017,38(12),2—11.

[64]权超,董晓峰,姜彤. 基于 CCHP 耦合的电力、天然气区域综合能源系统优化规划[J]. 电网技术,2018,41(8),2456—2466.

[65]徐业琰,廖清芬,刘涤尘,彭思成,杨铮,邹宏亮,张黎明. 基于综合需求响应和博弈的区域综合能源系统多主体日内联合优化调度[J]. 电网技术,2019,43(7),2506—2516.

[66]宋晨辉,冯健,杨东升,周博文,齐格. 考虑系统耦合性的综合能源协同优化[J]. 电力系统自动化,2018,42(10),38—45.

[67]曹俊波,晁岱旭,刘爽,郑权国,李新军,周任军. 考虑电、气、热耦合性及随机性的 IES-CCHP 综合收益模型[J]. 电力系统及其自动化学报,2018,30(6),16—22.

[68]Yu Xiaobao ; Sun Yixin. Trading Risk Control Model of Electricity Retailers in Multi-level Power Market of China, ENERGY SCIENCE & ENGINEERING,2019,7(6): 2756—2767.

[69]Yu Xiaobao ; Geng Yuqing. Complementary Configuration Research of New Com-

bined Cooling, Heating, and Power System Driven by Renewable Energy under Energy Management Modes, ENERGY TECHNOLOGY, 2019, 7(10).

[70]Yu Xiaobao ; Zheng Dandan. Cross-regional Integrated Energy System Scheduling Optimization Model Considering Conditional Value at Risk, International Journal of Energy Research, 2020, (3).

[71]孙宏斌,郭庆来,吴文传,王彬,夏天,张伯明. 面向能源互联网的多能流综合能量管理系统:设计与应用[J]. 电力系统自动化,2019,43(12):122－128＋171.

[72]Wang Weiliang, Wang Dan, Jia Hongjie, et al. Steady state analysis of electricity-gas regional integrated energy system with consideration of NGS network status[J]. Proceedings of the CSEE, 2017, 37(5):1293－1304.

[73]Chen Sheng, Wei Zhinong, Sun Guoqiang, et al . Probabilistic energy flowanalysis in integrated electricity and natural-gas energy systems[J]. Proceedings of the CSEE, 2015, 35(24):6331－6340.

[74]Correa-Posada C M, Sánchez-Martín P. Integrated power and natural gas model for energy adequacy in short-term operation[J]. IEEE Transactions on Power Systems, 2015, 30(6):3347－3355.

[75]Shabanpour-Haghighi A, Seifi A R . Simultaneous integrated optimal energy flow of electricity, gas, and heat[J]. Energy Conversion and Management, 2015, 101: 579－591.

[76]何仲潇. 多能协同的综合能源系统协调调度方法研究[D]. 浙江大学,2018.

[77]王仰之,周任军,李娟,王昱,陈溢,任青青. 热负荷参与调节的风—电—热电厂双阶段优化调度[J]. 电力系统及其自动化学报,2019,31(5),13－20.

[78]谢华宝,许丹,胡林献,丁强,宋柏越. 电锅炉配置方式对弃风消纳效果的影响研究[J]. 电力系统保护与控制,2019,47(21),126－133.

[79]周钦君. 针对居民负荷响应资源的综合调度策略研究[D]. 华北电力大学,2017.

[80]马腾飞. 多能互补微能源网综合需求响应研究[D]. 北京交通大学,2019.

[81]Wang, Y. L. ; Wang, Y. D. ; Huang, Y. J. et al. Optimal Scheduling of the Regional Integrated Energy System considering economy and environment[J]. IEEE Transactions on Sustainable Energy, 2018, 10(4), 1939－1949.

[82]程浩忠,胡枭,王莉,刘育权,于琪. 区域综合能源系统规划研究综述[J]. 电力系统自动化,2019,43(07):2－13.

[83]陈志彤.多能流型区域综合能源系统经济调度优化运行[D].西安理工大学,2018.

[84]谢千焱,李凤婷,丁坤,等.基于NSGA-Ⅱ和博弈理论的主动式配电网多目标优化调度[J].安徽大学学报(自然科学版),2019(5):68—75.

[85]沈欣炜,郭庆来,许银亮,孙宏斌.考虑多能负荷不确定性的区域综合能源系统鲁棒规划[J].电力系统自动化,2019,43(07):34—41.

[86]辛禾.考虑多能互补的清洁能源协同优化调度及效益均衡研究[D].华北电力大学,2019.

[87]施云辉,郭创新.考虑运行风险的含储能综合能源系统优化调度[J].发电技术,2020,41(01):56—63.

[88]李子林,刘蓉晖.考虑需求侧响应的含储能区域综合能源系统运行优化[J].现代电力,2019,36(06):61—67.

[89]李艳红,王兴兴.光储充综合能源系统设计及优化[J].华电技术,2019,41(11):76—79.

[90]刘蓉晖,李子林,杨秀,孙改平,李莉华.考虑用户侧柔性负荷的社区综合能源系统日前优化调度[J].太阳能学报,2019,40(10):2842—2850.

[91]侯瑞.基于粒子群算法的区域综合能源系统规划及运行优化[J].内蒙古电力技术,2019,37(04):43—48.

[92]宫飞翔,李德智,田世明,张杨,石坤,张鹏飞,李骏驰.综合能源系统关键技术综述与展望[J].可再生能源,2019,37(08):1229—1235.

[93]施泉生,丁建勇,刘坤,晏伟.含电、气、热三种储能的微网综合能源系统经济优化运行[J].电力自动化设备,2019,39(08):269—276+293.

[94]钟永洁,谢东亮,孙永辉,翟苏巍,常福刚,张明理.考虑能源子系统与储能的综合能源系统优化分析[J].电力建设,2019,40(08):59—68.

[95]李浩鹏.综合能源系统设计与应用方法[D].华北电力大学,2019.

[96]曾鸣,邱锋凯.综合能源系统与储能[J].云南电力技术,2019,47(02):23—25+28.

[97]黄武靖,张宁,董瑞彪,刘永笑,康重庆.多能源网络与能量枢纽联合规划方法[J].中国电机工程学报,2018,38(18):5425—5437.

[98]董帅,王成福,徐士杰,张利,查浩,梁军.计及网络动态特性的电—气—热综合能源系统日前优化调度[J].电力系统自动化,2018,42(13):12—19.

[99]曾鸣,韩旭,李源非,刘金洁,彭丽霖.基于Tent映射混沌优化NSGA-Ⅱ算法的综合能源系统多目标协同优化运行[J].电力自动化设备,2017,37(06):220—228.

[100]刘洪，陈星屹，李吉峰，徐科. 基于改进CPSO算法的区域电热综合能源系统经济调度[J]. 电力自动化设备，2017，37(06)：193－200.

[101]卫志农，张思德，孙国强，臧海祥，陈胜，陈霜. 计及电转气的电—气互联综合能源系统削峰填谷研究[J]. 中国电机工程学报，2017，37(16)：4601－4609＋4885.

[102]张巍，董昕昕，孙伟卿，吴俊宏. 能源互联网中的综合能源系统研究[J]. 自动化仪表，2017，38(01)：12－15.

[103]徐业琰，廖清芬，刘涤尘，彭思成，杨铮，邹宏亮，张黎明. 基于综合需求响应和博弈的区域综合能源系统多主体日内联合优化调度[J]. 电网技术，2019，43(07)：2506－2518.

[104]Yin YH，Mizokami S，Aikawa K. Compact development and energy consumption：Scenario analysis of urban structures based on behavior simulation. Applied Energy，159(2015)，pp. 449－457.

[105]DiSomma M，Yan B，Bianco N，Graditi G，Luh PB，Mongibello L，Naso V. Operation optimization of a distributed energy system considering energy costs and exergy efficiency. Energy Conversion and Management，103(2015)，pp. 739－751.

[106]WU Hongbin，WANG Dongxu，LIU Xingyue. Strategies Evaluation and Optimal Allocation of Combined Cooling Heating and Power System with Solar. Automation of Electric Power Systems，39(2015)，pp. 46－51.

[107]周亦洲，孙国强，黄文进，胥峥，卫志农，陈胜，陈霜. 多区域虚拟电厂综合能源协调调度优化模型[J]. 中国电机工程学报，2017，37(23)：6780－6790＋7069.

[108]王伟亮，王丹，贾宏杰，何桂雄，智云强，刘柳，范孟华. 考虑运行约束的区域电力—天然气—热力综合能源系统能量流优化分析[J]. 中国电机工程学报，2017，37(24)：7108－7120＋7425.

[109]Peng Ke，Zhang Cong，Xu Bingyin，et al. Status and prospect of pilot projects of integrated energy system with multi-energy collaboration[J]. Automation of Electric Power Systems，2017，37(6)：3－10.

[110]E-Energy model region [EB/OL]. [2017－11－05]. http:// www. efficiency-from-germany. info /ENEFF/Redaktion/EN/Standardartikel/e-energy. html.

[111]刘洪，李吉峰，葛少云，张鹏，陈星屹. 基于多主体博弈与强化学习的并网型综合能源微网协调调度[J]. 电力系统自动化，2019，43(01)：40－48.

[112]Wang Weiliang，Wang Dan，Jia Hongjie，et al. Steady state analysis of electricity-gas

regional integrated energy system with consideration of NGS network status[J]. Proceedings of the CSEE,2017,37(5):1293—1304.

[113]Chen Sheng,Wei Zhinong,Sun Guoqiang,et al . Probabilistic energy flowanalysis in integrated electricity and natural-gas energy systems[J]. Proceedings of the CSEE, 2015,35(24):6331—6340.

[114]Correa-Posada C M,Sánchez-Martín P. Integrated power and natural gas model for energy adequacy in short-term operation[J]. IEEE Transactions on Power Systems, 2015,30(6):3347—3355.

[115]张宇帆,艾芊,郝然,孙树敏,林琳,袁帅. 基于机会约束规划的楼宇综合能源系统经济调度[J]. 电网技术,2019,43(01):108—116.

[116]Wu Yang,Liu Junyong,Gao Hongjun,et al. Research on power generation right trading between wind power and thermal power based on risky decision-making[J]. Power System Technology,2016,40(3):833—839.

[117]Yang Meng,Ai Xin,Tang Liang,et al. Optimal trading strategy in balancing market for electricity retailer considering risk aversion[J]. Power System Technology,2016, 40(11):3300—3309.

[118]Kim I,James J A,Crittenden J. The case study of combined cooling heat and power and photovoltaic systems for building customers using HOMER software [J] . Electric Power Systems Research,2017,143 :490—502.

[119]JIANG Runhua,ZENG Rong,LI Hongqiang,et al. Multi-objective Optimization and Evaluation of Distributed CCHP System Considering Influence of Climate Condition and Building Type. Proceedings of CSEE,36(2016),pp. 3206—3214.

[120]熊文,刘育权,苏万煌,郝然,王玥,艾芊. 考虑多能互补的区域综合能源系统多种储能优化配置[J]. 电力自动化设备,2019,39(01):118—126.

[121]Ju,Liwei;Tan,Zhongfu;Yuan,Jinyun. A bi-level stochastic scheduling optimization model for a virtual power plant connected to a wind-photovoltaic-energy storage system considering the uncertainty and demand response. APPLIED ENERGY,171:184—199.

[122]戚艳,刘敦楠,徐尔丰,王旭东,徐玉杰,刘梦璇. 面向园区能源互联网的综合能源服务关键问题及展望[J]. 电力建设,2019,40(01):123—132.

[123]王清. 我国电力行业信用评级研究[D]. 天津大学,2014.

[124]ZHU R, LIANG Q, ZHAN H. Analysis of aero-engine performance and selection based on fuzzy comprehensive evaluation[J]. Procedia Engineering, 2017, 174: 1202－1207.

[125]喻小宝. 电力市场环境下售电公司购售电交易优化模型研究[D]. 华北电力大学, 2018.

[126]任艺, 李庚银, 周明. 售电公司购售电决策及风险管理评述[J]. 现代电力, 2017, 34(04): 79－85.

[127]李德智, 袁伟伟. 售电公司最优购电模型研究[J]. 微型电脑应用, 2019, 35(08): 12－14＋37.

[128]加鹤萍, 丁一, 宋永华, 胡怡霜, 尚楠, 刘月琴. 信息物理深度融合背景下综合能源系统可靠性分析评述[J]. 电网技术, 2019, 43(01): 1－11.

[129]罗琴. 市场环境下售电公司购售电策略研究[D]. 上海交通大学, 2014.

[130]张云雷, 段光, 俞静, 王海潮, 张子筠, 牛东晓. 基于 KPCA-MEE 的电力市场售电公司信用评价研究[J]. 中国电力, 2018, 51(07): 128－135.

[131]黄为群, 刘吉成, 王刚. 基于价值链的独立售电公司核心竞争力分析与评价研究[J]. 华北电力大学学报(社会科学版), 2017(05): 26－33.

[132]朱兰, 王吉, 唐陇军, 刘伸, 黄超. 计及电转气精细化模型的综合能源系统鲁棒随机优化调度[J]. 电网技术, 2019, 43(01): 116－126.

[133]刘桐. 新电改背景下发电企业与售电公司信用评价研究[D]. 西安理工大学, 2019.

[134]张恒. 输配电价改革背景下售电公司运营风险研究[D]. 华北电力大学, 2016.

[135]喻小宝, 谭忠富, 屈高强. 基于电力客户评估的差异化电价套餐研究[J/OL]. 中国电力: 1－10[2019－11－25].

[136]杨婷, 刘江艳. 基于云模型的售电公司客户等级综合评估模型[J]. 电力大数据, 2019, 22(07): 41－47.

[137]余培, 刘其辉, 石城. 新电改背景下电力用户信用风险预警模型与评价方法[J]. 电力需求侧管理, 2020, 22(02): 34－38.

[138]谭钧方. 电力数据在中小企业信用风险评估中的应用[J]. 现代企业, 2020(03): 108－109.

[139]刘敦楠, 张潜, 李霄彤, 顾宇桂, 谭忠富. 基于云模型与模糊 Petri 网的电力市场潜在危害行为识别[J]. 电力系统自动化, 2019, 43(02): 25－37.

[140]姚建华, 姚多朵, 蔡金明, 盛跃峰, 牛东晓. 基于云模型和熵权法的配电网项目融资租

赁风险评估[J]. 科学技术与工程,2017,17(18):226－230.

[141]Atanassov K T. Intuitionistic Fuzzy Sets and Systems,1986,20(1):87－96.

[142]Krassimir T. Atanassov. Remarks on the intuitionistic fuzzy sets-III[J]. Fuzzy Sets and Systems,1995,75(3).

[143]Atanassov K. T.. New Operations Defined over the Intuitionistic Fuzzy Sets. Fuzzy Sets and Systems,1994,61(2):137－142.